Ulf Abraham

Sprechen als reflexive Praxis.
Mündlicher Sprachgebrauch in einem kompetenzorientierten Deutschunterricht

Bibliografische Information der Deutschen Bibliothek
Die Deutsche Bibliothek verzeichnet diese Publikation in der
Deutschen Nationalbibliografie;
detaillierte bibliografische Daten sind im Internet über
http://dnb.ddb.de abrufbar.

Ulf Abraham
Sprechen als reflexive Praxis.
Mündlicher Sprachgebrauch in einem kompetenzorientierten Deutschunterricht

© Herbert-Jürgen Welke Fillibach Verlag Freiburg im Breisgau
Typografische Konzeption: Herbert-Jürgen Welke, Freiburg im Breisgau
Umschlagbild: Peng Sun, Jinan, China
Druck und Bindung: Jungbluth Digital+Print, Freiburg im Breisgau
Printed in Germany 2008

ISBN 978-3-931240-47-9

Finanziert aus
Studienbeiträgen

Ulf Abraham

# Sprechen als reflexive Praxis

Mündlicher Sprachgebrauch
in einem kompetenzorientierten Deutschunterricht

Fillibach Verlag Freiburg im Breisgau 2008

# Inhalt

Einleitung .................................................. 7

## 1 Sprechen / Miteinander reden in einem kompetenzorientierten Deutschunterricht

1.1 Zur Geschichte des Lernbereichs ................................ 9
1.2 „Konzeptionelle" Mündlichkeit als Forschungsgegenstand und didaktische Aufgabe. ....................................... 13

*Info-Seiten 1: „Varietäten" – Sprachen in der Sprache*

1.3 Zur Modellierung von Kompetenzen der Mündlichkeit (Lernziele – Sprachfunktionen – Fähigkeiten/Fertigkeiten ...) ...... 23
1.4 Bildungsstandards im Bereich der Mündlichkeit ................... 30

*Info-Seiten 2: „Sprachliches Handeln" und „Kommunikationssituation"*

1.5 Lehrkompetenzen für die Förderung mündlicher Sprachfähigkeiten 37

## 2 Erzählen

2.1 Spontanes Erzählen in Alltag und Klassenzimmer ................. 41

*Info-Seiten 3: Körperlichkeit des Sprechens; verbale und nonverbale Kommunikation*

2.2 Vorbereitetes Erzählen (mündliches „Nach- und Wiedererzählen") .. 55
2.3 Phantasiereisen ............................................. 59

## 3 Informieren

3.1 Informieren in Alltag, Medien und Unterricht .................... 63
3.2 Berichten, Beschreiben, Schildern im Deutschunterricht ........... 65

*Info-Seiten 4: Wissen und Sprechen. Zum Verhältnis von Sprach- u. Sachkompetenz*

3.3 (Sich) informieren im Rahmen projektorientierten Arbeitens ....... 71
3.4 Erklären und Zusammenfassen in einem kompetenzorientierten Unterricht ...................... 75
3.5 Resümee sachorientierten Sprechens: Themen und Gegenstände im mündlichen Sprachgebrauch ........ 77

| | | |
|---|---|---|
| **4** | **Szenisch spielen** | |
| 4.1 | Rollen spielen im Deutschunterricht. | 81 |
| | *Info-Seiten 5: Die Begriffe „Rolle" und „Interaktion"* | |
| 4.2 | Konfliktrollenspiele planen und durchführen | 88 |
| 4.3 | Literarische Rollenspiele mündlich spielen. | 91 |
| | *Info-Seiten 6: „Improvisation"* | |
| 4.4 | Resümee „Kreatives Sprechens": Szenisches Spiel und mündlicher Sprachgebrauch | 99 |
| **5** | **Gespräche führen (Lehr-, Lern- und Prüfungsgespräche)** | |
| 5.1 | Unterrichtskommunikation als Problem und Forschungsgegenstand. | 106 |
| 5.2 | Sprechen über Themen und Probleme: Unterrichtsgespräche mit dem Ziel einer Wirklichkeitsdeutung | 108 |
| | *Info-Seiten 7: Unterrichtskommunikation als „gestörte Kommunikation"* | |
| 5.3 | Sprechen über Literatur in verschiedenen Medien: Unterrichtsgespräche mit dem Ziel ästhetischer Erfahrung | 115 |
| | *Info-Seiten 8: „Interpretation" als Aus-Handeln von Bedeutung* | |
| 5.4 | Argumentieren und Diskutieren: inszenierte Gespräche | 124 |
| 5.5 | Rede und Antwort stehen: Prüfungsgespräche im Unterricht | 131 |
| 5.6 | Gesprächserziehung als Aufgabe des Deutschunterrichts aller Stufen und Schularten. | 135 |
| | *Info-Seiten 9: Die Maximen der „Themenzentrierten Interaktion" (TZI)* | |
| 5.7 | Resümee des Gesprächeführens: Sprechen als Beziehungsarbeit | 142 |

# 6 Reden

6.1 Funktionen der Rede: Informationsvermittlung, Selbstdarstellung und Publikumsbeeinflussung .................. 145

*Info-Seiten 10: „Rhetorik"*

6.2 Frei sprechen – „Redebeiträge einbringen" ..................... 151
6.3 Interviews führen ............................................ 152
6.4 Experten befragen .......................................... 156
6.5 Debattieren: inszenierte Meinungs-Verschiedenheiten ........... 158
6.6 Resümee rhetorischen Sprechens: Überzeugungsarbeit im Medium der Mündlichkeit .............. 159

# 7 Präsentieren

7.1 Etwas präsentieren können ................................... 161
7.2 Zwischen Mündlichkeit und Schriftlichkeit .................... 163
7.3 Vorlesen ..................................................... 164
7.4 Vortragen ................................................... 167

**Schluss** ........................................................ 170

**Verzeichnis der Aufgaben** ...................................... 171

**Literaturverzeichnis** ........................................... 172

# Einleitung

„Die Sachen klären, die Menschen stärken!"
Hartmut v. HENTIG (1985)

Mündlicher Sprachgebrauch (Sprechen und Miteinandersprechen, Sprechen und Zuhören, usw.) ist derjenige Lernbereich und der Deutschunterricht insgesamt derjenige Fachunterricht, der das Zusammentreffen, das Mit- und Ineinander von Sachwissen und Sprachwissen organisieren und fruchtbar machen muss. Hier, wenn irgendwo, erfahren die Lernenden, dass Sprache ein Medium der Erkenntnis ist und es nie und darum geht, schon fertiges Wissen bloß noch verbal einzukleiden. Sprechen – narratives, informierendes, argumentierendes Sprechen – dient häufig der Vorbereitung auf das Schreiben: als Erlebnisbericht, als Spontanerzählung, aber auch als Kurzreferat, als Paraphrase bzw. Zusammenfassung gelesener Information sowie als Meinungsaustausch (Diskussion) im Unterricht. Sprechen *kann* eine derartige dienende Funktion haben. Vorliegende Darstellung will aber die Beziehung zwischen Sprechen und den anderen Lernbereichen nicht so einseitig sehen und darauf achten, dass Ziele des Lernbereichs nicht ihr Eigenrecht verlieren. Dies kann auch bedeuten, umgekehrt anderen Lernbereichen ausdrücklich eine dienende Rolle zuzuweisen.

Die Formulierung von „Lernzielen" für Mündlichkeit im Rahmen eines integrativen Deutschunterrichts genügt aber heute nicht mehr. Über „Kommunikation und Kompetenz" hat zwar schon Baacke (1973) nachgedacht; wirkliche Kompetenzorientierung aber steht bis heute in diesem Lernbereich aus. Sie verlangt nach Klärung der Frage, in welchen Anforderungssituationen sich zeigt, was Heranwachsende im Bereich der Mündlichkeit *können* – anwenden und erreichen können. (Mit dem gewählten Motto gesagt: nicht nur ‚Sachen' sind zu klären, sondern *die Menschen* sind dabei zu stärken!). Gerade im Bereich des Sprechens/Miteinander Sprechens ist hier zwar noch immer ein gewisser Nachholbedarf zu verzeichnen, verglichen mit dem Stand der Lese- und Schreibkompetenzforschung. Aber zum einen gibt es einschlägige neuere Forschung, deren Ergebnisse an die Praxis zu vermitteln sind, und zum andern wächst der Handlungsdruck angesichts der Entwicklung von Standards und Aufgaben in allen Lernbereichen, also auch in diesem.

# EINLEITUNG

Es geht damit um alle Aspekte der Mündlichkeit, besonders aber um

- Kompetenzen, in denen sprachliche und sozial-kommunikative Fähigkeiten einander ergänzen (Erzählen, Informieren, Zusammenfassen)
- Varietäten des Deutschen betreffende Aspekte („innere Mehrsprachigkeit")
- Gesprächsführung als Bereitschaft und Fähigkeit zu verbaler Interaktion und Aushandeln von Sinn (z.b. im Literaturunterricht oder im Umgang mit Filmen) bzw. Stichhaltigkeit (in Diskussion und Debatte)
- Beherrschung von Arbeitstechniken beim Präsentieren, Referatehalten oder Durchführen von Interviews.

Eine Gliederung nach Einzelkompetenzen wird hier angestrebt, ohne dass die herkömmliche Einteilung in textsorten- und aufgabenspezifische Bereiche aufgegeben wird: *Erzählen, Informieren/Zusammenfassen, Rollen spielen, Gespräche führen/Argumentieren, Reden/Referate halten* sowie *Vorlesen/Vortragen.* Diese Bereiche, die in den Lehrplänen aller Schulstufen und Bundesländer nachweisbar sind, werden so aufbereitet, dass der ganze Weg von einer Kompetenzformulierung bis zu einer gestalteten Lernsituation im Unterricht an Hand von Lernaufgaben wenigstens exemplarisch deutlich wird. Überlegungen zu Leistungsaufgaben, die einer Überprüfung dienen, kommen fallweise hinzu.

Ziel des Bandes ist es nicht, in theoriebildender Absicht nun auch für die Mündlichkeit eine ausführliche Kompetenzen- und Standardsdiskussion auszutragen, sondern ein wichtiges, oft vernachlässigten Aufgabenfeld des Deutschunterrichts so zu beschreiben, dass die Beschreibung mit den Prinzipien eines kompetenzorientierten Deutschunterrichts *vereinbar* ist. Der Titel „Reflexives Sprechen" wurde gewählt, um den Unterschied zur lebensweltlichen Mündlichkeit deutlich zu machen und schulische Arbeit an der mündlichen Ausdrucksfähigkeit und am Erwerb von Rede- und Gesprächsfähigkeiten als etwas zu markieren, was ohne Bewusstheit über Ziele und Situationen des Sprechens – und natürlich des Zuhörens – nicht zu haben sein wird. Einen „diskursiv-reflektierenden Unterricht" im Bereich der Mündlichkeit fordert auch das *Handbuch Sprachdidaktik* (vgl. Fienemann/v. Kügelgen 2003, 142); schade nur, dass die am zitierten Ort gebrauchten Beispiele sämtlich aus dem Mathematikunterricht stammen. Die Beispiele dieses Bandes stammen aus oder sind gedacht für Deutschunterricht.

Bamberg, den 30.9.2007                          Ulf Abraham

# 1 Sprechen/Miteinander reden in einem kompetenzorientierten Deutschunterricht

## 1.1 Zur Geschichte des Lernbereichs

### „Mündlicher Sprachgebrauch" als Begriff

„Mündlicher Sprachgebrauch" lautete die Bezeichnung des Lernbereichs, um den es hier geht, in und seit der „Kommunikativen Wende" der 1970er Jahre (ausführlicher vgl. PABST-WEINSCHENK 2003). „Gebrauch" darf man dabei nicht vordergründig technisch zu verstehen. Natürlich liegt überall, wo Sprache gebraucht wird, *per definitionem* mündlicher Sprachgebrauch vor. Aber schnell fängt das Partizip *gebraucht* an, semantisch zu schillern: Lernende *gebrauchen* gesprochene Sprache allemal schon und merken eher ausnahmsweise und nebenbei, dass sie Ausdrucksmöglichkeiten *bräuchten*, die sie noch nicht beherrschen. Mündlicher Sprachgebrauch ist eine unauffällig allgegenwärtige Erscheinung sowohl in der außerschulischen Lebenswelt als in der Schule. Man könnte nun einwenden, Ähnliches gälte doch auch z.B. für die Textrezeption; aber hierfür hat die Schule schon weit früher eigene Kriterien und Regeln entwickelt; Literaturunterricht begründet ganz offensichtlich ein vom außerschulischen Umgang mit literarischen Texten verschiedenes Rezeptionsverhalten. Ob man das gut finden soll oder schlecht, ist hier nicht Thema; der Vergleich mit der Rezeption schriftsprachlicher Texte soll vielmehr helfen, die Grundfrage zu stellen: Kann Unterricht sinnvoller Weise die Aufgabe haben, Kindern und Jugendlichen etwas beizubringen, was diese außerhalb der Schule, ja: schon vor ihrer Schulzeit, ständig tun, also offenbar doch können, nämlich Sprechen und Gespräche führen?

Die Antwort, das ist seit dreißig Jahren fachdidaktischer Konsens, ist positiv: Heute gibt es kein ernstzunehmendes deutschdidaktisches Handbuch mehr, in dem nicht das „Miteinander sprechen" oder die „Mündliche Kommunikation" im Deutschunterricht ausführlich vorgestellt würde hat (vgl. z.B. BECKER 2005, BESTE 2003, BREDEL Hrsg. 2003, Kap. II: Sprechen und Hören; KLIEWER/ POHL Hrsg. 2006, 523–535). Daneben treten Überblicksdarstellungen in Einführungswerken, z.B. in STEINIG/HUNEKE (2001).

### Die Aufgabe des Lernbereichs

Auch Einigkeit darüber, worum es in diesem Lernbereich geht, scheint heute auf den ersten Blick leicht herzustellen: Gemeint ist nicht eine selbstverständliche, in allen Schulfächern genauso wie auf dem Pausenhof vorkommende sozial-kommunikative Tätigkeit, sondern eine Kompetenz im fachdidaktischen Sinn. Allerdings handelt es sich genau genommen nicht um *eine Kompetenz*, sondern um ein ganzes Bündel einzelner Teilkompetenzen von unterschiedlichem Schwierigkeitsgrad. Ging man noch in den 1960er Jahren davon aus, dass menschliches Zusammensein grundsätzlich und ohne didaktisches Zutun kommunikativ sei und schließlich auch Lehren und Lernen im Unterricht ständig auf Sprechen und Hören, Fragen und Antworten, Vorlesen und Zuhören angewiesen bleibe, folglich ein eigener Lernbereich dafür nicht benannt oder beschrieben werden müsse, so kam es durch die neuen Forschungsgebiete „Sozio-" und „Pragmalinguistik" dazu, dass man alltägliche Kommunikation(ssituationen) untersuchte und u.a. herausfand, wie *klein* der Anteil aktiven Sprechens bei den Lernenden ist (Grafik nach SAUTER/PSCHIBUL 1980, 46):

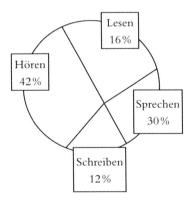

Auch durch eine neue, auf mehr Demokratie und soziale Chancengleichheit ausgerichtete Bildungspolitik kamen im Übrigen soziale Ungleichheiten in den Blick, die offensichtlich etwas zu tun haben mit Ungleichheiten in der Sprachbeherrschung, allererst eben in der mündlichen Ausdrucksfähigkeit.

### Gründe für die Einrichtung des Lernbereichs

Drei Gründe waren es vor allem, die zur Einrichtung des Lernbereichs geführt haben:

1. ein wissenschaftlicher Grund: Die Sprachwissenschaft begann, nach dem Sprachsystem nun den SPRACHGEBRAUCH zu untersuchen und „Varietäten", Register usw. zu entdecken. „Schuldeutsch" war da zu sehr auf die schriftliche Hochsprache fixiert.
2. ein gesellschaftspolitischer Grund: Erziehung zur mündlichen Ausdrucksfähigkeit wurde berechtigter Weise in engem Zusammenhang mit Erziehung zur Mündigkeit im Sinn von Willy Brandts „Mehr Demokratie wagen!" gesehen (vgl. STEINIG/HUNEKE 2001, 59). Dies bedeutete vor allem auch, soziale Ungleichheit als *sprachliche Ungleichheit* zu verstehen und zu bekämpfen (vgl. ebd., 60).
3. ein pädagogischer Grund: Das Fach Deutsch sollte verstärkt dienende Funktion für alle Schulfächer, übernehmen, ja: Schule *überhaupt* dadurch reformieren, dass die Lernenden mehr zu Wort kommen und aktiver – etwa durch Diskussion, in Gruppenarbeit – lernen (können) sollen.

Das hatte Konsequenzen, die vorläufig nur angedeutet seien. Für die *Grundschule* hieß es vor allem, dass ein älteres Richtziel der Hochsprachförderung zu ergänzen war um sprachpragmatische Ziele (Wie erreiche ich was im Gespräch? Wie verhalte ich mich in alltäglichen Situationen?). Für die *Sekundarstufen* bedeutete es außerdem, dass spezifische, der Schriftlichkeit verpflichtete Formen geistiger Tätigkeit (vorbereiteter Vortrag, Rede, Interview) ergänzt werden mussten um andere, die sich in der Mündlichkeit bewegen (Diskussion, Stegreifvortrag, usw.).

Schließlich geriet der Frontalunterricht und mit ihm besonders das gelenkte Unterrichtsgespräch in den 1970er Jahren in Verruf. Die Sprach- und Sprechtätigkeit der Schüler wurde als zu sehr gesteuert, ja: als zu weitgehend kanalisiert und unterdrückt erkannt durch die Sprechtätigkeit des Lehrers, dessen Fragen die Schülerantworten vorausbestimmten (vgl. STEINIG/HUNEKE 2001, 62–64). Freie mündliche Äußerung, ja gar offene Diskussion der Lernende untereinander über einen Gegenstand, sagte man, erfordere andere Formen des Unterrichtens und mehr Klarheit darüber, was eigentlich in der Sammelbezeichnung ‚mündlicher Ausdruck' alles enthalten sei. Die gesellschaftliche Vielfalt des ‚Miteinandersprechens' nahm man zum Vorbild für vielfältigere kommunikative Handlungen im Unterricht, und diese Sprachhandlungen waren dann nicht mehr länger nur als Mittel zu Zwecken gedacht, sondern sie wurden als solche didaktisch bedeutsam; sie avancierten zu *Kompetenzen* – zu dem also, was Schüler/-innen im Sprachunterricht (neben dem Schreiben) eigentlich zu erlernen haben, indem sie es tun, und was sie dann auch *tun dürfen sollen*, indem sie es erlernen.

## Curriculare Überlegungen

Die Frage, ob dieses Lernen einem curricularen *Plan* folgen sollte, ist so alt wie der Lernbereich selbst. PAYRHUBER (1981, 49–52) entwarf im Anschluss an WOLFF (1978) „Grundlinien eines Curriculums". Es hat drei Stufen.

1. Stufe: ungebundenes Sprechen (Kl. 1–3); hier steht die affektive Komponente im Vordergrund (Kontaktaufnahme, sich einander zuwenden), daneben auch die instrumentelle (Ausbildung von Sprachhandlungsmustern)
2. Stufe: planendes Sprechen (Kl. 4–7); die Rollen- und Interessengebundenheit sprachlichen Interagierens wird erfahren und erprobt, v.a. in Rollen- und Planspiel.
3. Stufe: analysierendes Sprechen (Kl. 8–13): Kritikfähigkeit wird ausgebildet; das Miteinandersprechen geht über in „rhetorische Kommunikation" (ebd., 52), d.h. zielgerichteten Gebrauch von Rede und Gespräch

So sehr das auf den ersten Blick einleuchtet, so problematisch ist es bei näherem Hinsehen: Das Fortschreiten von affektiven zu kognitiven Zielen, als Stufenfolge gedacht, macht misstrauisch. Gibt es für die Kleinen nicht auch kognitive und für die Großen nicht auch affektive Herausforderungen beim Sprechen? Außerdem: „Sprechen" wird nicht weiter differenziert nach Handlungsfeldern (vgl. SCHOENKE 1981). Wo bleibt z.B. das Erzählen(können)?

## Stufen der Gesprächserziehung

Differenziert man hier, so scheint es sinnvoller, für einzelne Teilbereiche des Mündlichen Sprachgebrauchs Phasen bzw. Stufenfolgen herauszuarbeiten; in diesem Sinn versuchte RITZ-FRÖHLICH (1982), ein Curriculum für die Primarstufe zu skizzieren: „Phasen und Stufen einer Gesprächserziehung" (ebd., 83 ff.).

1. Stufe: Einführung des Miteinander-Sprechens; Erzählkreis und Aufstellen einfacher Regeln; Ermutigung von „Nichtsprechern" und „sprechscheuen Kindern" (ebd., 85). Als Hilfen dienen Verkleiden, Masken oder Handpuppen (Kasperl, usw.). Eine „Gesprächshaltung" (ebd., 89) wird angebahnt.
2. Stufe: Die tendenziell noch unverbundenen einzelnen Gesprächsbeiträge werden jetzt miteinander verzahnt. Anstöße für direktes Eingehen aufeinander werden gegeben. Erkundigungen, Bestätigungen, Rückfragen werden geübt (vgl. 92). Rätsel und Ratespiele sind hilfreich.
3. Stufe: Die Zeiträume werden länger (über 30 Min.), auch Widerspruch taucht auf, aber die Teilnehmer kommen auch noch rasch vom Thema ab oder fallen

auf einen überwundenen Gesprächsstand zurück. Ziele sind nun, beim Thema zu bleiben, die Beiträge der anderen miteinander zu vergleichen und auch schon metakommunikativ über das Gespräch reden zu können.
4. Stufe: Das Gespräch entwickelt sich jetzt weniger kurzschrittig gesteuert, d.h. selbständiger und weniger auf den Lehrer als Impulsgeber angewiesen. Die Gesprächsführung kann sich in die Schülergruppe verlagern. Unterschiedliche Gesprächsformen bilden sich aus (partner-, sach-, problembezogene). Entdeckendes Lernen in offenen Lernsituationen erfordert und fördert eine solche Selbständigkeit der Gesprächsführung (vgl. 105 f.).

Das leuchtet eher ein, gerade weil es einerseits die Sekundarstufen ausblendet und andererseits monologische Handlungsmuster (erzählen, Reden halten, usw.). Immer noch aber haben wird es mit einer Idealvorstellung zu tun, die nichts darüber aussagt, wann wie viele Schüler die jeweilige Stufe tatsächlich erreicht haben.

### Komplexität der Lehr- und Lernprozesse im Bereich der Mündlichkeit

Insgesamt ist zu betonen, dass solche Curricula, wie immer sie aussehen, nur heuristische Funktion haben, wenn wir uns über Lehr- und Lernprozesse im mündlichen Sprachgebrauch verständigen wollen. Nicht jedoch sollten sie dazu benutzt werden, die Ausgrenzung bestimmter Handlungsmuster zu bestimmten Zeiten des Lernprozesses zu rechtfertigen. Die hier zugrunde liegende didaktische Systematik ist eher sprachpragmatisch als curricular begründet. Innerhalb jedes der Bereiche, denen in dieser Darstellung ein Kapitel entspricht, gibt es Stufen der Schwierigkeit zwischen der 1. und der 12./13. Jahrgangsstufe. Dass das Lernen auch dann noch nicht aufhört, braucht kaum betont zu werden.

## 1.2 „Konzeptionelle" Mündlichkeit als Forschungsgegenstand und didaktische Aufgabe

### Mündlichkeit vs. Schriftlichkeit

„Mündlichkeit" als Gegenstand der Forschung ist – aus historischen Gründen, einfach weil es der jüngere Forschungsgegenstand ist – zunächst abzuheben von „Schriftlichkeit". In dem von GÜNTHER u.a. 1994 herausgegebenen Handbuch zur *Schrift und Schriftlichkeit* beschreibt EHLICH (ebd., 19) den Eintritt in die Schriftlichkeit als „Revolutionierung sprachlichen Handelns" und arbeitet die Aspekte dieser Revolution heraus: Revolutioniert werde

- die sprachliche Handlung selbst (nämlich durch die Schrift *verdauert*, wo sie in der Mündlichkeit flüchtig war),
- die Beziehung der Kommunizierenden zueinander (nämlich *anonymisiert*, wo sie persönlich war) und
- die Sprechsituation (nämlich *zerdehnt*, wo eine raumzeitliche Einheit von Sagen und Verstehen war).

Wir als Angehörige einer schriftsprachlichen Kultur (erst recht als Deutschlehrer) sind es nun gewöhnt, noch fehlenden „Eintritt in die Schriftlichkeit" sowohl bei ganzen Kulturen als auch bei Individuen (also phylo- und ontogenetisch) als Makel wahrzunehmen. Wir sehen ein Defizit, das wir als in der Regel vorübergehend und jedenfalls therapiebedürftig betrachten. Bei Kindern ebenso wie bei erwachsenen Analphabeten und bei Völkern ohne Schriftkultur nehmen wir vorzugsweise das wahr, was die *nicht* können. Dabei weiß man seit ONG (*Oralität und Literalität*, 1987), dass die Mündlichkeit nicht eine defizitäre Schriftlichkeit ist, sondern eine andere Kulturform mit ihrer eigenen Literatur („*oral literature*"), deren Kennzeichen (Versform, sprachliche Redundanz, tragende Funktion von Formeln und Topoi) sie als *anders*, nicht jedoch als weniger komplex oder interessant ausweist.

### Kennzeichen der Mündlichkeit

Viele der von ONG (ebd., 42–61) für orale Kulturen benannten Kennzeichen treffen auch für orale Entwicklungsstufen des Individuums zu:

(1) Die Mündlichkeit ordnet Informationen *additiv*, nicht hierarchisch wie oft die Schriftlichkeit: Man denke an die berühmten „und-dann-Sätze", die Kinder in der Grundschule und noch bis in die 6. Jahrgangsstufe herauf produzieren.

(2) Sie ist *redundant*: Einem spontan-mündlichen Versuch, die hier erklärten Zusammenhänge zu erklären, könnte man viel leichter folgen, weil Sprecher wesentlich redundanter formulieren als Schreiber. Hinzu kommen nonverbale Signale, die beim Verstehen helfen: Information in der Mündlichkeit wird gleichsam mehrfach verpackt, wogegen schriftliche Texte wie der vorliegende unter dem Diktat von Platzknappheit bündiger sind, das aber auch sein können, weil man beim Schreiben mehr Zeit zum Überlegen hat.

(3) Sie ist *konservativ*: Aus Gründen der kommunikativen Zweckmäßigkeit beharrt man beim Sprechen auf bekannten Konventionen und Formulierungsmustern. Wo in der Schriftlichkeit schon einmal der Versuch einer originellen, innovativen Formulierung steht, etwa ein neu geprägter Begriff oder eine Metapher,

da hält sich das Sprechen meist an die Möglichkeiten, die es in der Sprache ‚schon gibt'. Wir sehen uns beim Sprechen auch weit weniger als beim Schreiben der Erwartung ausgesetzt, eigenständig oder kreativ oder originell formulieren zu sollen.

(4) Sie ist eher *lebensweltlich* orientiert als systemorientiert (wie die Schriftlichkeit); sie setzt uns nicht so sehr dem Zwang zur durchgehaltenen Logik aus. Wir müssen nicht strikt beim Thema bleiben. Gespräche entwickeln sich oft sprunghaft, wechseln das Thema oder wenigstens den Gesichtspunkt. ‚Objektivität' als solche ist der Mündlichkeit fremd. *Wissen* wird in einer oralen Kultur einfühlend und teilnehmend erworben und erscheint als ‚sinnvoll' nur im lebensweltlichen Handlungszusammenhang, nicht für sich genommen. Erst das Schreiben „trennt den Wissenden vom Wissensstoff und errichtet die Bedingungen für ‚Objektivität' im Sinne eines persönlichen Unbeteiligt- und Distanziertseins" (ONG 1987, 50). Vorschulkinder erwerben ihr Weltwissen noch einfühlend und teilnehmend; wir literalisierten Erwachsenen dagegen behandeln auch in unserem mündlichen Sprachgebrauch Wissen wie etwas objekthaft von uns Getrenntes, verhalten uns ihm *gegenüber* (vgl. ANDRESEN 1985, 66) – ganz so, wie auch wir Erwachsenen das vermutlich täten. Wir sind nur noch fähig zu dem, was ONG eine „sekundäre Mündlichkeit" nennt, also zu einer bereits vom Schreiben, Schrift und Lesen unumkehrbar beeinflussten Sprech- und Denkweise.

Allerdings spricht ONG von *ganzen Gesellschaften*, die nur die Mündlichkeit kennen bzw. kannten. Wir haben dagegen in der Schule mit Individuen zu tun, die einstweilen nur die Mündlichkeit kennen, und das in einer schriftsprachlich organisierten Kultur. Unser Ziel muss sein, ihnen nicht die Mündlichkeit abzuerziehen, indem wir sie schriftlich bzw. schriftsprachlich (das ist nicht das Gleiche) formulieren, denken und gar handeln lehren, sondern ihnen *beide Modi der Kommunikation* zu erschließen (am Beispiel der Erzählfähigkeit vgl. dazu BECKER 2002). Denn sie leisten Unterschiedliches.

### Mündlichkeit als „Sprache der Nähe"

In einem oft zitierten Aufsatz von 1985 haben die Romanisten KOCH und OESTERREICHER ein wichtiges Begriffspaar geprägt. „Sprache der Nähe" - das ist die Mündlichkeit; und „Sprache der Distanz": die Schriftlichkeit. Eine in didaktischem Interesse erstellte Übersicht über die Folgen dieser Unterscheidung (GÜNTHER in: EISENBERG/KLOTZ Hrsg. 1993, 88) arbeitet in Abgrenzung von der Schriftlichkeit folgende Merkmale der Mündlichkeit heraus:

- Kommunikationsbedingungen: dialogisch, face-to-face-Interaktion, freie Themenentwicklung, affektiv und „privat"
- Versprachlichungsstrategien: parataktisch; relativ *geringe* Kompaktheit, Elaboriertheit, Planung und Informationsdichte.

### Der Begriff der „Konzeption"

Zunächst ist es wichtig zu wissen, dass „Mündlichkeit" nicht jeden akustisch übermittelten Text meint. Was der Nachrichtensprecher im Fernsehen sagt, ist zwar medial mündlich, aber nicht konzeptionell. Den Begriff „Konzeption" brauchen wir, wenn wir die Tatsache bezeichnen wollen, dass ein Text in der und für die Mündlichkeit (bzw. analog die Schriftlichkeit) gedacht und gemacht ist: Konzeptuelle Mündlichkeit ist das, was hier in erster Linie interessiert, nicht nur mediale. Man konzipiert einen Text in der Mündlichkeit typischerweise (nach KOCH/OESTERREICHER 1985, 21)

- *dialogisch*: mindestens ein zweiter ist anwesend und es findet eine sog. „*face-to-face*-Interaktion" statt;
- *situativ*, d.h. aus einer Kommunikationssituation heraus, die nicht „zerdehnt" (EHLICH) ist (man nennt das „Situationsbindung");
- *spontan*: ohne mir vorher etwas – auf einem Zettel, im Kopf – zurechtzulegen, was ich unbedingt sagen muss.

Was für Situationen sind das nun typischerweise? Gespräche am Küchentisch, am Arbeitsplatz, Diskussion mit einer Politesse, Wegerklärung für einen Ortsunkundigen, usw. Das ist „Sprache der Nähe": Nähe *im räumlichen Sinn*, weil die Kommunikationspartner nicht getrennt sind wie etwa beim Briefwechsel; Nähe *im zeitlichen Sinn*, weil sie gleichzeitig leben und nicht Jahrzehnte oder Jahrhunderte überbrücken müssen wie bei vielen literarischen Texten; oft auch Nähe *im emotionalen Sinn*, weil man meist mit Menschen mündlich kommuniziert, zu denen man eine persönliche Beziehung entweder schon hat oder gerade aufbauen will.

Wir wissen also, was mit „Sprache der Nähe" gemeint ist. „Sprache der Distanz" bedeutet das Gegenteil: Situationsentbundenheit, raumzeitliche Zerdehnung der Kommunikation, monologische Sprachproduktion.

So klar das nun scheint: Situationen fallen uns leicht ein, wo wir stutzen, weil die aufgezählten Bedingungen nicht alle erfüllt sind: Das *Telefongespräch* ist trotz räumlicher Trennung noch relativ leicht der Mündlichkeit zuzuschlagen; aber was ist mit Texten auf Anrufbeantwortern (viele legen erst einmal wieder auf, wenn der sich meldet, und überlegen sich genau, was und wie viel sie auf die

Bandschleife sprechen können!), was mit einem *Interview* im Fernsehen, dessen Fragen und Antworten vorverabredet sind? Was mit dem politischen Kommentar, den der Kommentator für uns unsichtbar von einem *Prompter abliest*, während er scheinbar frei redet?

## Fließende Übergänge nicht in der Medialität, aber in der Konzeption von Mündlichkeit

Es geht nicht darum, eine Systematik zu Fall zu bringen, indem man Zweifelsfälle aufzählt und Zuordnungsprobleme nennt. Es geht um etwas viel Wichtigeres: Bei KOCH/OESTERREICHER heißt es, das Medium sei zwar immer eindeutig bestimmbar (Texte sind also entweder visuell oder akustisch wahrnehmbar, nicht irgendwie dazwischen), die Konzeption aber verlange keine solche eindeutige Zuordnung, sondern ermögliche fließende Übergänge. Es gibt also extrem sprechsprachliche und extrem schriftsprachliche Textproduktion. Beispiele sind leicht zu finden – einerseits ein Streit zwischen Ehepartnern, andererseits ein wissenschaftlicher Disput in einer Fachzeitschrift.

Schwieriger wird es dagegen, wenn wir die mittleren Positionen in diesem Kontinuum besetzen sollen: Es gibt ‚gemäßigt mündlich' und ‚gemäßigt schriftlich' konzipierte Texte. Redebeiträge in einem akademischen Seminar sind sicher nur gemäßigt mündlich; es gibt Professor/-innen, die zwar spontan und unvorbereitet, jedoch druckreif reden; man spricht von „elaborierter Mündlichkeit". Andererseits wird ein Journalist, der z.B. wissenschaftliche Zusammenhänge für ein Laienpublikum aufbereiten soll, auf aufgelockerte, redundante und ‚spontan' klingende Formulierungen achten, d.h. auf etwas gemäßigte Schriftlichkeit. Und wenn ich eine freie Rede halten soll, deren Inhalt gut überlegt sein will, werde ich mir Stichpunkte und einzelne wichtige Formulierungen auf einen Zettel schreiben, dann aber frei zu formulieren versuchen.

## Verschränkung von Mündlichkeit und Schriftlichkeit auf digitalen Kommunikationswegen

Für weitere Verschränkung von Mündlichkeit und Schriftlichkeit sorgen neue Kommunikationswege wie etwa *e-mail* und *sms*, die auf lange Sicht eine Unterscheidung zwischen Mündlichkeit und Schriftlichkeit in diesem konzeptuellen Sinn vielleicht unmöglich machen werden. Einstweilen haben wir es noch mit Textproduktion zu tun, die sich *entscheiden* muss, was das Medium betrifft (Stift und Papier oder Gespräch?) und die, was die Konzeption angeht, *abwägen* muss zwischen einem mehr und einem Weniger an kommunikativer Distanz, und die im Medium der Schriftlichkeit alles das, was beim Sprechen Intonation, Lautstärke und körpersprachliche Signale leisten, stilistisch zuwege bringen muss: Dem Stil schriftsprachlicher Texte korrespondiert sprechsprachlich der *Ton*. Die Forschung spricht hier von „Kompensation" (KLEIN 1985, 17) derjenigen Ausdrucksmittel, die in der Mündlichkeit verfügbar sind. Diese Mittel für zusätzlich und weglassbar zu halten, kann nur Leuten einfallen, die das mit sich herumtragen, was die Forschung *written language bias* nennen: Besonders wir Wissenschaftler beurteilen nämlich alles von unserer Kenntnis der Schriftlichkeit und *ihrer* Mittel her. Wir halten die durch unsere Grammatikbegriffe leicht fassbaren Möglichkeiten der Wortstellung und des Satzbaus deshalb intuitiv für wichtiger, für bedeutungstragender als die ungeheuer reichen Ausdrucksmöglichkeiten, die para- und nonverbale Mittel beim Sprechen bereithalten: Stimmführung, Mimik, Gestik und Körpersprache. Die Linguistik nennt dergleichen „Epiphänomene" (KLEIN 1985, 17).

### Konsequenzen aus der Schriftlichkeits-/Mündlichkeitsforschung

Für eine Didaktik des mündlichen Ausdrucks sind das keine minder wichtigen, nur beiläufig wahrzunehmenden Phänomene, sondern Ausdrucksmittel, die zeitweise im Zentrum dieser Darstellung stehen werden (etwa beim ROLLENSPIELEN). Wenn man nämlich das, was die Mündlichkeits- und Schriftlichkeitsforschung vorgetragen hat und was hier nur grob skizziert werden konnte, wirklich ernst nehmen will, so muss man zwei Konsequenzen daraus ziehen:

1. Wir können zwar nicht so tun, als lebten wir in einer *oral culture*, die nur die Mündlichkeit kennt, aber wir müssen die spezifische Leistung des Sprechens gegenüber dem Schreiben deutlich hervorheben: Nähe schaffen, Verständigungsvorgänge abkürzen, gemäß alltagssprachlicher Konventionen und ohne rigide Normierung (die es nur beim Schreiben gibt!) die Sachen klären und mit Menschen sprechen, d.h. aber: die Beziehungen klären.
2. Wir müssen uns von unserem *written language bias* freimachen und hinhören/hinschauen, was wirklich geschieht, wenn Menschen miteinander oder zueinander sprechen. Welche Erwartungsnormen gelten hier im Unterschied zur Schriftlichkeit? Korrekter Satzbau ist nicht unbedingt eine Bedingung für gelungene mündliche Äußerungen, erst recht nicht das im Schriftlichen von uns allen mehr oder weniger bewusst beachtete Wiederholungsverbot. Viel wichtiger als lexikalische oder syntaktische Regeln sind offenbar pragmatische Normen, die in keiner herkömmlichen Grammatik drinstehen, vielleicht überhaupt nicht schriftlich fixiert sind. Wir geben uns also mit vorwissenschaft-

licher Intuition und mittlerer Genauigkeit zufrieden, aber wir können ausdauernd beobachten und erproben, welche Äußerungen welche Wirkungen erzielen (sollen/können).

**Keine Orientierung an Formen oder Produkten**

Während die Didaktik im schriftlichen Sprachgebrauch mit einem gewissen Recht ‚Formen' herausgearbeitet hat, die idealtypisch beschrieben werden konnten (sich dann allerdings leider verselbstständigt haben), ist im mündlichen Sprachgebrauch eine solche Orientierung an Produktbeschreibungen von vornherein unmöglich; es gibt nur den Prozess. Töne haben keinen Permanenz. „Ein Ton existiert nur, indem er zugleich verschwindet", sagt ONG (1987, 74). Eine handlungsorientierte Didaktik hier so ausdrücklich zu fordern, wie das mit gutem Grund für den Literaturunterricht geschehen ist, erscheint daher als unnötig: Was sonst will man im mündlichen Sprachgebrauch zugrunde legen, wenn nicht sprachliche Handlungen? Und doch muss es etwas Permanentes auch geben; etwas, was einzelne sprachliche Handlungen übergreift und überdauert: die *Sprachfunktionen* (vgl. unten, Kap. 1.3).

## Info-Seiten 1: „Varietäten" – Sprachen in der Sprache

In welcher Sprache sollen und können Lernende eigentlich in der Schule sprechen? Dass es *Das gute Deutsch* (so der ironische Titel von *ide* 3/1993) so nicht gibt, wissen wir; es gibt allenfalls ein Schuldeutsch, das die Kinder je nach Herkunft und Sozialisationshintergrund mehr oder weniger wie eine Fremdsprache lernen müssen. Zum einen müssen wir medial und konzeptionell unterscheiden, also zwischen Schriftlichkeit und Mündlichkeit; zum zweiten aber gilt auch innerhalb der Mündlichkeit, dass es *die* deutsche Sprache natürlich (erst recht) nicht gibt. „Sprache gebrauchen heißt immer Sprachen gebrauchen", schreiben KLOTZ/SIEBER in der Einleitung zu *Vielerlei Deutsch* (1993, 4). Im Titel dieses Bandes sollte also eigentlich *Mündlicher Sprachengebrauch* stehen. „Andere sprechen mit anderen anders", ist der Titel eines einschlägigen Unterrichtsmodells von BABBE (1991).

„(Gesprochenes) Deutsch wird von seinen Sprechern (...) nur in begrenztem Umfang als Einheitssprache erfahren" (KLOTZ/SIEBER 1993, 5). Wir alle beherrschen passiv eine ganze Menge verschiedener Sprachen, die alle deutsch sind, und aktiv wahrscheinlich immerhin einige davon. Manche sind in einem Gebiet aufgewachsen, wo es noch einen lebendigen **Dialekt** gibt; sie haben als Kind so etwas wie eine „Familiensprache" (ebd., 4) gehört und gesprochen, später dann eine **Varietät** erlernt, die in dem gesellschaftlichen Umfeld, in das Sie hineingeboren wurden, zufällig als mündliche Norm galt, vermutlich eine regional und/oder dialektal gefärbte Variante der sog. Standardsprache. Und nicht zuletzt haben wir auch noch persönliche sprachliche Eigenheiten (**Idiolekt**). KLOTZ/SIEBER fordern nun (ebd.) zu Recht „ein funktionales kommunikatives Nebeneinander von Standardsprache, Norm und Sprachvarietäten", das wir im Alltag als selbstverständlich erleben und hinnehmen, auch für die Schule. Allerdings hat jede Varietät ihre eigene Norm. Eine Varietät – das kann ein Dialekt sein, es kann eine Gruppensprache wie etwa Jugendsprache sein, oder schließlich ein berufs- bzw. fachsprachliches Register: das Deutsch der Computerfachleute, der Kaufleute usw. Es geht da auch um *Einstellungen*, nicht nur um Wissen/Können. Besonders deutlich wird das beim Dialekt, einem seit langem diskutierten muttersprachdidaktischen Problem. Betrachtete man früher den Dialekt als defizitär gegenüber der Hochsprache, so hat sich mittlerweile die *Differenzhypothese* durchgesetzt und in der Konsequenz die Zielvorstellung einer „innere Mehrsprachigkeit" (vgl. ROSENBERG in KLOTZ/SIEBER, 15 f.) Man geht davon aus, dass Sprecher, die ‚mehrsprachig' sind, also neben der Hochsprache und ggf. einem beruflichen ‚Rollenregister' auch eine dialektal gefärbte Varietät aktiv beherrschen, solchen überlegen sind, für die das nicht gilt: Sie können auf die jeweilige soziale Situation, in der sie kommunizieren (jemanden beschwichtigen, überreden, überzeugen, trösten, usw.) wollen, flexibler reagieren. Dialekt signalisiert deutlicher als andere Varietäten soziale Zusammengehörigkeit und emotionale Beteiligung. „Mundarten" – sagt BÜCHERL (ebd., 72) „bieten in unserer Massengesellschaft ein Medium der Identifizierung und Identität". So ist z.B. nachgewiesen, dass Jugendsprachen sich vorzugsweise in dialektfreien Gebieten ausbreiten, eher also im Westen als Süden und Norden Deutschlands (vgl. ebd., 73). Sie übernehmen vielfach Funktionen (z.b. der Ein- und Ausgrenzung), die traditionell der Dialekt hatte. „Unter dem Gesichtspunkt des situativen Sprachgebrauchs muss Dialekt im Unterricht als ein positives ‚Mehr' begriffen werden" (BÜCHERL, ebd. 76). Es geht also nicht nur um die Minimalforderung, Dialektsprecher zu akzeptieren, sondern zumindest in den südlichen Regionen um den Ausbau der mündlichen Sprachfertigkeit unter Einbezug der „Dialektalität" (MATTHEIER, ebd., 66).

Nun ist die Defizithypothese auch bei Varietäten sozial niedriger Herkunft kritisiert worden. Das, was BERNSTEIN den *restringierten Code* genannt hat, sieht man heute nicht mehr einseitig als sozusagen unterbemittelten Sprachgebrauch, sondern man betont auch hier die soziale und affektive Funktion. Noch deutlicher als beim Dialekt tritt jedoch hier das Problem in Erscheinung, dass soziale Diskriminierung nicht ausbleibt, wo sich jemand einer unterschichtspezifischen Mündlichkeit bedient (zu daraus sich ergebenden Sprachbarrieren schon im Vorschulalter vgl. NEULAND 1975). „Innere Mehrsprachigkeit" ist desto dringender zu fordern. NEULAND (in: KLOTZ/SIEBER, 173 ff.) spricht von der „Entwicklung und Förderung eines Sprachdifferenzbewusstseins" bei Lernenden: Auch und gerade reine Dialekt- sowie Unterschichtsprecher (was vor allem im Süddeutschen nicht dasselbe ist!) müssen erfahren und anerkennen, dass es zumindest in der Mündlichkeit verschiedene Sprachen gibt; und sie müssen bereit dazu sein, aber auch Hilfen dabei erfahren, sich eine neue Varietät anzueignen. Auch sie kann durchaus noch dialektal, regional gefärbt sein; darüber hinaus gibt es alters- und geschlechtsspezifische Differenzen, die man weder nivellieren kann noch will.

Wichtig ist „Sprachdifferenzbewusstsein": Bei schichtspezifischen Varietäten ist den Sprechern selbst häufig nicht bewusst, dass sie davon geprägt sind und jede Kommunikationssituation aktiv prägen. WAGNER (1986) hat darauf hingewiesen, dass Mittelschichtsprecher eine gerade beobachtete Begebenheit (z.B. einen Unfall), spontan so erzählen können, dass ein später Hinzukommender das Wesentliche versteht, wohingegen Unterschichtsprecher Schwierigkeiten damit haben bzw. solche verursachen; sie erzählen so, als sei der Hörer auch dabei gewesen.

Es geht also nicht nur um schichtspezifische Einschränkungen im Wortschatz oder Nichtbeachtung stilistischer Erwartungen; es geht vor allem auch um unbewusste kommunikative Grundhaltungen und eingeschränkte kognitive Fähigkeiten (Abstraktion von der Situationsbindung). Hier sind die Grenzen der Differenzhypothese erreicht. Und wenn Erzählen das Einfallstor der Lebenswelt in die Schule ist (vgl. das folgende Kapitel), dann fallen durch dieses Tor die Sprachdifferenzen zunächst einigermaßen ungehindert ein: Jede und jeder erzählt spontan so, wie sie/er auch im Alltag redet. Damit muss es anfangen, aber damit darf es nicht aufhören.

Nach LINKE/VOIGT (1991) ist „Varietät" ein Sammelbegriff für „unterschiedliche außersprachliche Einflussfaktoren", v.a. Alter, Geschlecht, Lebenssituation, soziale Schicht. Das sind die Faktoren, die unser Sprach- und Sprechverhalten immer bestimmen; daneben gibt es aber auch wechselnde Faktoren, die sich je nach Situation und Sozialrolle ändern. Die Berufszugehörigkeit wird z.B. unseren Sprechstil vielleicht nicht immer bestimmen, sondern nur zeitweise.

Was kann man im Unterricht für die Wahrnehmung solcher Phänomene tun? Um die systematische Erlernung verschiedener Varietäten, betonen LINKE/VOIGT (20), kann es in der Schule kaum gehen; umso wichtiger sei aber das Lernziel „Entfaltung des Sprachbewusstseins". Und da kann man auf verschiedenen Ebenen ansetzen:

a) Stimme, Laut, Intonation („Sprechstil")
b) Wortschatz/Wortwahl („Register"),
c) Satzbau (Präferenzen für Satzbaumuster z.B. in der freien Rede),
d) komplexe Sprachhandlungen (sprachliche und nichtsprachliche Handelns- und Verhaltensmuster).

## 1.3 Zur Modellierung von Kompetenzen der Mündlichkeit (Lernziele – Sprachfunktionen – Fähigkeiten/Fertigkeiten ...)

Wer kompetenzorientierten Deutschunterricht plant, fragt – in der Einleitung wurde es angedeutet – nach dem *Outcome*. Was können Lernende im Bereich der Mündlichkeit an Fähigkeiten und Fertigkeiten tatsächlich erwerben, in welchen Aufgaben und Situationen für sprachliches Handeln ist ein solcher Erwerbsprozess organisiert? Traditionelle Zielformulierungen wie „die Fähigkeit, eine Geschichte spannend zu erzählen" oder „die Fähigkeit, ein Kurzreferat adressatenorientiert zu gestalten" sind noch nicht kompetenzorientiert gedacht, insofern sie die Frage, in welchen Anforderungssituationen sich das zeigt, sozusagen nach hinten schieben: *Erst legen wir die Ziele fest, und dann suchen wir nach Methoden, wie man sie erreichen kann.* So haben wir in der Didaktik allzu lange gedacht – mit dem seit den großen Studien der vergangenen Jahre (PISA, IGLU, DESI) zumindest für einige Lernbereiche auch nachweisbaren Ergebnis, dass unser Deutschunterricht *nicht* im erforderlichen Ausmaß zu einem Zuwachs an praktisch brauchbaren Fähigkeiten führt und niemand das bemerkt hat, weil die Nachhaltigkeit didaktischer Bemühungen nicht überprüft worden ist.

### Kompetenzorientierung im Lernbereich

Nun steht zwar der mündliche Sprachgebrauch bisher – aus vermutlich rein forschungspraktischen Gründen, die sich ändern können – nicht in erster Linie auf dem Prüfstand. (Die DESI-Studie z.B. verzichtete aus Kostengründen auf Videoaufzeichnungen im Fach Deutsch, weil sie für den Englischunterricht wichtiger waren.) Aber das ist kein Grund, sich zurückzulehnen. SPINNER hat dem Lernbereich schon in den 1990er Jahren vorgeworfen, seine Ziele allenfalls teilweise zu erreichen. Die Ausbildung der Redefähigkeit, schrieb er (1997, 16), nehme im Unterschied zu vielen anderen Ländern in Deutschland eine sehr untergeordnete Rolle ein. SPINNER führte, was seinerzeit mutig war und der Kompetenzdebatte vorausgriff, den Begriff „erfolgreiches Reden" ein und nahm ihn gegen den Generalverdacht des Zweckdenkens in Schutz: „Jedes Reden ist ein Stück Selbstdarstellung im Sinne der Identitätsbildung" (ebd., 17). Was sonst sollte unsere Rede – in Gespräch, Diskussion, Vortrag – denn anderes sein als ein möglichst erfolgreiches Bemühen darum, unsere eigenen und authentisch verkörperten Kenntnisse, An- und Einsichten an andere zu vermitteln? Und das gilt nicht nur für „Rhetorische Kommunikation" im engeren Sinn (vgl. BERTHOLD 2003 sowie Kap. 6 dieses Bandes), sondern für mündlichen Ausdruck überhaupt.

„Erfolg" ist eine kompetenzorientierte Kategorie. Nicht, was wir wissen, sondern was wir anwenden können, und zwar zur richtigen Zeit und am richtigen Ort, ist die entscheidende Frage. Welcher Einzelkompetenzen es dazu bedarf, ist bei aller Wichtigkeit empirischer Nachprüfung von Unterrichtsergebnissen *nicht* rein empirisch zu klären. Wie wir aus der *literacy*-Studie in PISA gelernt haben, setzen empirische Studien vielmehr bereits voraus, dass wir das theoretisch modelliert haben, was wir da messen wollen – als „Kompetenzen". Ältere Überlegungen zu den „Lernzielen" im Bereich der Mündlichkeit können und müssen in diese Modellierung eingehen, ebenso wie die schon von Karl BÜHLER angestoßene Diskussion um die Frage, welche und wie viele *Sprachfunktionen* es gibt.

### Unterscheidung von Sprachfunktionen

Es hat Sprachdidaktiker gegeben – z.B. Bayer mit seinem *Studienbuch* sowie dem Überblicksartikel in HOPSTER (Hrsg.) 1984 – die auf eine Systematik der Ziele und Funktionen verzichteten und gleich in die lebensweltliche Vielfalt, auch Unübersichtlichkeit sogenannter Sprachhandlungstypen, Sprechakte und Kommunikationssituationen hineinsprangen. Der Grundgedanke dabei war der: Alles das, was beim Sprechen und Miteinanderreden im Alltag nachweislich geschieht, was also buchstäblich ‚mündige' Erwachsene so alles können, wenn sie sprachlich miteinander handeln, das soll in der Schule auch gelernt werden. Dieser Grundgedanke ist durchaus sympathisch; man merkt ihm den reformerischen Impetus der 1970er Jahre an: Gehen wir doch endlich mal von der Sprache bzw. den Sprachen aus, die real benutzt und damit im doppelten Sinn *gebraucht* werden, nicht von irgendeinem idealen Konstrukt!

Und dennoch hat der Gedanke einen Schönheitsfehler; er würde nämlich im Grunde erfordern, dass man eine vollständige Liste aller im Alltag vorkommenden Typen von Sprachhandlungen oder Sprechakten hat oder wenigstens prinzipiell gewinnen könnte. Genau das ist aber unmöglich; und so hat es denn etwas recht Zufälliges, wenn etwa ZABEL in seinem Einführungs-*Studienbuch* (1981, 186) unter „mündliche Kommunikation" „Sprachhandlungstypen" aufführt, „die im Unterricht zu behandeln sind": jemanden überzeugen, auffordern, informieren, sich verteidigen, entschuldigen, usw. Ohne das als Schimpfwort zu meinen, nenne ich dergleichen ein vorwissenschaftliches Vorgehen. Irgendeine Vollständigkeit zu erreichen, ist der Sprechakttheorie bis heute nicht gelungen (vgl. BAYER 1977, 8 ff.). Sie kann damit, weil sie ja keine didaktische Theorie ist, ja auch ganz gut leben; nur wir können es nicht; wir wollen und müssen wissen, was nun theoretisch in die Lehrpläne und praktisch in den Deutschunterricht hineinkommen soll. HEILMANN (1997) etwa macht deutlich, dass z.b. der Sprechakt des Zurückweisens für einen kompetenzorientierten Sprachunterricht durchaus gewinnbringend wäre.

## Funktionenmodelle

Deshalb brauchen wir spätestens im Zeichen der Kompetenzorientierung eine Übersicht darüber, welche *Funktionen* Sprache eigentlich überhaupt haben kann bzw. in je verschiedenen Situationen tatsächlich hat; und von einem solchen Funktionenmodell her lassen sich dann Kompetenzen modellieren. Das (scheinbar) einfachste Modell, das bisher vorgeschlagen worden ist, sieht zwei Funktionen vor: Sprache, sagt man seit WATZLAWICK et al. (1969), habe erstens einen Inhaltsaspekt und zweitens einen Beziehungsaspekt. Manchmal sei der Inhaltsaspekt wichtiger – etwa, wenn ein Sprecher Nachrichten verliest –, manchmal der Beziehungsaspekt – etwa, wenn man ein Kind tröstet. Immer jedoch gibt es beide. Sachbezogenes bzw. problemlösendes Sprechen hier und bestätigender sozialer „Austausch" dort (vgl. BOETTCHER/SITTA 1978, 56): Das ist „Miteinander sprechen" sozusagen in Tateinheit. Die Gefahr dieses Zwei-Funktionen-Modells besteht aber nun darin, dass es das Missverständnis nicht ausräumt, der Inhaltsaspekt sei am Ende doch immer der eigentliche, der wichtigere, und die soziale oder Beziehungsfunktion trete nebenbei oder vorab auf (vgl. ebd., 59 f.): Inhalts- und Beziehungsaspekt färben ja aufeinander ab, sie werden gelegentlich vielleicht sogar mit Absicht verwechselt („Ihr könnt mich ja bloß nicht leiden!"), der Wechsel zwischen ihnen in Gespräch und Diskussion kann strategische Gründe haben.

Eine saubere *Trennung* von Inhalts- und Beziehungsaspekt in sprachlichen Handlungen ist eigentlich unmöglich; außerdem ist sowohl die Rede vom „Inhalten" als die von „Beziehungen" problematischer, als es auf den ersten Blick scheint: Was ist hier jeweils alles gemeint?

Die Didaktik musste sich also nach differenzierteren Aussagen über die Funktionen von Sprache umsehen. Da reicht die Bandbreite von BÜHLERS Drei-Funktionen-Modell (1934) über ein Vier-Funktionen-Modell von MORRIS (1955) bis zu den von KAINZ (1940) benannten sieben Funktionen. Außerdem wäre noch JACOBSONS sechs-Funktionen-Modell zu berücksichtigen (vgl. die Synopse bei BEISBART/MARENBACH 1997, 86). Nimmt man alles zusammen, wimmelt es von Einzelfunktionen: informative, systemische, konative, kognitive, imperative, indikative, kommemorative, emanzipative, dialogische, adialogische, metakommunikative, fabulative Funktion. Es sieht so aus, als seien wir vom Regen in die Traufe gekommen; gilt nicht auch hier, dass keinerlei Vollständigkeit bzw. Systematik zu erreichen ist? Eine immer noch weitere Ausdifferenzierung von Einzelfunktionen ergibt wenig Sinn. Konsequenterweise versucht GARDT (1995) wieder eine Reduktion auf zwei, allerdings etwas anders und komplexer definierte Grundfunktionen: „kommunikativ und sprecherzentriert". Der Sammelbegriff der Sprecherzentrierung enthält für GARDT drei Aspekte:

- die kathartische Funktion: der Sprecher verbalisiert etwas, um sich von Gefühlen und Affekten zu befreien,
- die kognitive Funktion (besser: die heuristische): der Sprecher klärt sein eigenes Denken und strukturiert einen Sachverhalt, indem er über ihn spricht,
- die mnemotechnische Funktion: Sprache dient dann auch der Speicherung solcher ‚Denk-Ergebnisse im eigenen Gedächtnis' (notfalls per ‚Eselsbrücke').

### „Kommunikativ" vs. „sprecherzentriert"

Was allerdings den von GARDT relativ schnell erledigten Gegenbegriff der kommunikativen Funktion betrifft, so war diese zwar lange Zeit in der Sprachtheorie nicht strittig und scheint auch dem gesunden Menschenverstand einzuleuchten, enthält aber trotzdem noch ein Problem. GARDT sieht es richtig: BÜHLERS Funktionenmodell – das Organonmodell – hatte seinen schwachen Punkt darin, dass es Darstellungs- und Ausdrucks- oder Kundgabefunktion kategorial trennte; *einen Sachverhalt darstellen* war für BÜHLER eine andere Funktion als ein Gefühl, eine Befindlichkeit ausdrücken; GARDT (ebd., 162) wendet mit Recht ein, reiner Ausdruck ohne Bezugnahme auf Gegenstände, Sachverhalte, Dinge der äußeren Welt sei die Ausnahme, nicht die Regel. BÜHLERS Trennung von Darstellung und Ausdruck sei deshalb irreführend. Ich führe GARDTS Überlegungen weiter: „Kommunikativ" ist genauso eine Sammelbezeichnung wie „sprecherzentriert"; kommunikativ (zur Reaktion oder Handlung auffordernd) zum einen jede sprachliche Mitteilung über mein Befinden, meinen Seelenzustand oder Gefühlshaushalt, und zum andern jede informierende Mitteilung über etwas. Und oft lässt sich beides kaum voneinander trennen: ich berichte z.B. als Augenzeuge über einen schrecklichen Unfall, den ich vorhin gesehen habe, und mein ‚mündlicher Sprachgebrauch' ist Ausdruck und Darstellung zugleich, ist expressiv und repräsentativ.

### Ergänzung des Organonmodells um eine vierte Funktion

Nun hat sich allerdings, wie z.B. PAYRHUBERS Überblicksartikel zum mündlichen Sprachgebrauch (1982, bes. 46) zeigt, BÜHLERS Organon-Modell in der Sprachdidaktik so weitgehend durchgesetzt, dass man es kaum über Bord werfen wird, nur weil eine prinzipiell immer mögliche Kritik an ihrem Abstraktionsgrad geübt worden ist. Vielmehr sollte es modifiziert werden: Es mag zwei unterscheidbare Grundfunktionen geben, aber sie heißen besser nicht „Inhalts- und Beziehungsfunktion", sondern Sprecherbezug und Hörer-/Leserbezug; in beiden gibt es aber Inhalts- und Beziehungsaspekte.

Ich gehe also von einem in diesem Sinn modifizierten Sprachfunktionen-Modell aus, das Funktionen im engeren Sinn (z.B. Gefühlsausdruck) unterscheidet von *Orientierungen* im weiteren Sinn, wie sie GARDT bietet: Es wird dann deutlich, dass etwa eine Orientierung am Gegenstand (PAYRHUBER 1981, 46: eine „referentielle") zweierlei bedeuten kann, nämlich eine expressive oder eine heuristische Funktion: Ich benutze den Sachverhalt/Gegenstand vorwiegend, um Erkenntnisse an ihm zu gewinnen und ggf. mitzuteilen, oder vorwiegend, um etwas kundzutun (auszudrücken). Analog ‚doppelgesichtig' sind auch die anderen zwei Orientierungen, die man seit BÜHLER kennt: die am Sprecher (PAYRHUBER: „expressiv") und die am Hörer („direktiv"). Was noch bleibt, ist eine vierte Orientierung, die in der Literatur verschieden bezeichnet wird, jedoch inzwischen zur festen Ergänzung der BÜHLERschen Trias geworden ist. Wie sonst, hat man gesagt, könnte man so etwas unterbringen wie eine poetische Funktion von Sprache? Für den mündlichen Sprachgebrauch ist es aber eher eine ästhetische oder Unterhaltungsfunktion, die sichtbar wird, wenn man Sprachgebrauch als *Sprachspiel* sieht und betreibt. Geht man in der Grafik (unten, S. 27) von den vier ‚Orientierungen' nach außen, so stößt man auf vier Grundfunktionen; und diese wiederum erlauben nun, verschiedene Sprach- und Kommunikationstätigkeiten, die man in Lehrplänen und Handbuchliteratur genannt findet, als zum Bereich der Mündlichkeit gehörig bzw. im Deutschunterricht erlernbar, einigermaßen systematisch zu ordnen.

### Vier Kompetenzbereiche im Bereich der Mündlichkeit

Natürlich ist ein solches Funktionenmodell schematisch, d.h. bildet keine sprachliche Realität ab, sondern legt eines von vielen möglichen Rastern über sie. Was das Schema – bewusst – nicht enthält, ist eine in Richtung auf reine Sachdarstellung isolierte Sprachfunktion. Die ist in „Klärung" (links unten) und „Ausdruck" (rechts unten) aufgeteilt, und zwar nicht nur aus theoretischer Überzeugung (im Sinne Gardts), sondern auch praktisch-didaktischen Erwägungen: die Dominanz der kognitiv-darstellenden Sprachfunktion in der Schule halte ich für ein Problem.

Wie man nun von Sprachfunktionen und sprachlichen Anforderungssituationen des Alltags zu Kompetenzen kommt, das ist keine triviale Frage. Im Interesse der Praxisorientierung der vorliegenden Darstellung gehe ich auf die damit verbundenen systematischen Probleme hier nicht ein, sondern verweise auf den Überblick in *Praxis Deutsch* 203 (ABRAHAM/BAURMANN/FEILKE/KAMMLER/MÜLLER 2007). Für den Bereich der Mündlichkeit ergeben sich jedenfalls, ohne dass man die Geschichte des Lernbereichs damit völlig neu schreiben müsste, aus den oben zu Funktionenmodellen und Zielformulierungen der Vergangenheit abgeleiten Überlegungen folgende vier Kompetenzfelder, die durch einzelne Textsorten oder „Textmuster" (vgl. GÖTZ 1988) zu füllen wäre. Exemplarisch geschieht das hier:

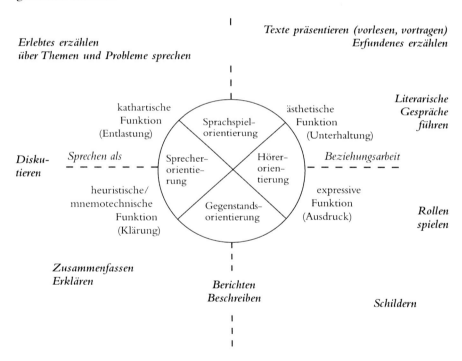

Als Kompetenzen im Bereich der Mündlichkeit unterscheide ich für die Zwecke dieser Darstellung die folgenden:

- Erzählkompetenz (erlebte und erfundene Geschichten nachvollziehbar, spannend und hörerbezogen erzählen können)
- Informationskompetenz (anderen berichten, beschreiben, schildern, zusammenfassen und/oder erklären können, was man selbst erfahren oder recherchiert hat)
- Spielkompetenz (eine vorgegebene oder selbst erfundene Rolle übernehmen und überzeugend gestalten können, einen dramatischen Text bühnenwirksam umsetzen können)
- Redekompetenz (vor Zuhörern ein Statement abgeben, einen Kurzvortrag/ein Referat halten, einen Redebeitrag themazentriert und hörerbezogen einbringen können, z.b. in einer Debatte)
- Gesprächskompetenz (sich an einem Gespräch oder einer Diskussion mit eigenen Argumenten oder moderierend beteiligen können)
- Präsentationskompetenz (eigene oder fremde Texte, z.B. Gedichte, für Zuhörer wirkungsvoll zitieren, vorlesen oder vortragen können)

Damit ist zugleich die Gliederung dieses Bandes begründet. Was eine Gliederung allerdings nicht abbilden kann, das sind Überschneidungen: Dass diese Kompetenzen der Mündlichkeit nicht trennscharf zu sehen sind, sondern sich gegenseitig überlappen, sei ausdrücklich betont; in die Überlappungsbereichen ist jeweils nur das offensichtlich zu beiden Bereichen Gehörige exemplarisch eingetragen:

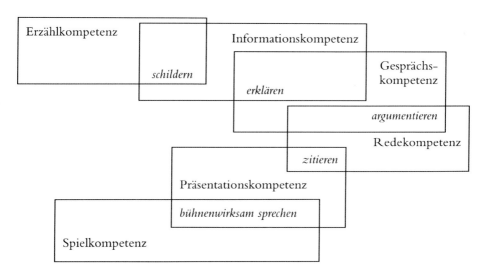

## 1.4 Bildungsstandards im Bereich der Mündlichkeit

### Mündlichkeit in den Bildungsstandards der KMK

Für alle Lernbereiche des Deutschunterrichts, wie auch für andere Fächer, gibt es seit einigen Jahren Bildungsstandards, in denen die KMK (Kultusministerkonferenz) erstmals länderübergreifend festgelegt hat, was an bestimmten Schnittstellen des Bildungssystems jeweils *gekonnt* werden soll (KMK-Papiere vom 5.10.2004, vgl. jeweils den Bereich „Sprechen und Zuhören"):

- für die 4. Jahrgangsstufe,
- für den Hauptschulabschluss (Kl. 9),
- für den Mittleren Bildungsabschluss (Kl. 10).

„Die mündliche Sprache ist ein zentrales Mittel aller schulischen und außerschulischen Kommunikation", heißt es in den Primarstufenstandards (KMK-Bildungsstandards Primarstufe, S. 9). „Sprechen ist immer auch soziales Handeln. Die Kinder entwickeln eine demokratische Gesprächskultur und erweitern ihre mündliche Sprachhandlungskompetenz. Sie führen Gespräche, erzählen, geben und verarbeiten Informationen, gestalten ihr Sprechen bewusst und leisten mündliche Beiträge zum Unterricht. Sie drücken ihre Gedanken und Gefühle aus und formulieren ihre Äußerungen im Hinblick auf Zuhörer und Situation angemessen, hören aufmerksam und genau zu, nehmen die Äußerungen anderer auf und setzen sich mit diesen konstruktiv auseinander."

Die Hauptschulabschluss-Standards (KMK-Papier, S. 10) und diejenigen für den Mittleren Bildungsabschluss (KMK-Papier, S. 9) fügen dem gleichlautend hinzu: „Die Schülerinnen und Schüler bewältigen kommunikative Situationen des persönlichen, beruflichen und öffentlichen Lebens angemessen und adressatengerecht. Sie benutzen die Standardsprache. Sie achten auf gelingende Kommunikation und damit auch auf die Wirkung ihres sprachlichen Handelns. Sie verfügen über eine Gesprächskultur, die von aufmerksamem Zuhören und respektvollem Gesprächsverhalten geprägt ist."

### Verstehend zuhören

Die für die Entfaltung dieser Standards benutzten Kategorien (vgl. in der Übersicht unten jeweils die linke Spalte) sind etwas gröber als die hier entwickelte Kompetenzenreihe, enthalten aber andererseits zwei Kategorien, die gleichsam eine Ebene höher liegen: „verstehend zuhören" ist generell für alle aufgeführten Sprechtätigkeiten wichtig (und keine selbstständige Kompetenz!), und „über

Lernen sprechen" ist *metakommunikativ*. Es kann und soll sich daher ebenfalls auf *alle* hier behandelten Kompetenzen beziehen. Standard soll demnach immer *auch* sein, dass der Kompetenzerwerb beim Erzählen, Informieren, Sprechen zu anderen usw. *reflexiv werden* und der Verständigung der Lernenden untereinander zugänglich werden soll.

Allerdings: Das (Zu-)Hören und alle Medien, die es unterstützen oder erfordern, hat im Deutschunterricht einen Platz eher am Rande. Die Zeitschrift *Praxis Deutsch* hat z.B. seit ihrer Gründung nur vier einschlägige Hefte gemacht (die Nummern 8, 88, 109 und 185). In Lehrplänen hat die Hörästhetik, wie WERMKE (1995, 197) kritisiert, bis heute keinen systematischen Ort.

### Bewusstheit des Kompetenzerwerbs

Bewusstheit hat in den Primarstufenstandards eine deutlich soziale Komponente: „über Lernerfahrungen sprechen und andere in ihren Lernprozessen unterstützen". In den beiden andern Standards-Listen tritt an die Stelle dieser Angabe die Kategorie „Arbeitstechniken und Methoden", und das bedeutet, dass die Reflexivität nun nicht mehr nur in der Interaktion gesehen wird, sondern in der *Bewusstheit des eigenen Kompetenzerwerbs*.

Wie die drei Tabellen unten zeigen, sind Bildungsstandards nicht einfach verbindlich gemachte Einzelkompetenzen, sondern Ergebnis einer Selektion und normativen Schwerpunktsetzung: Was *vor allem* soll gekonnt werden? Die scheinbare Einfachheit ihrer Formulierung in den KMK-Papieren ist durch Abstraktion erkauft – von Sprachhandlungszielen (z.B. *Informieren*) wird abgesehen zugunsten formaler Bestimmungen („zu andern sprechen").

### 1. Primarstufe

| | |
|---|---|
| Gespräche führen | • sich an Gesprächen beteiligen,<br>• gemeinsam entwickelte Gesprächsregeln beachten: z.B. andere zu Ende sprechen lassen, auf Gesprächsbeiträge anderer eingehen, beim Thema bleiben,<br>• Anliegen und Konflikte gemeinsam mit anderen diskutieren und klären. |
| Zu anderen sprechen | • an der gesprochenen Standardsprache orientiert und artikuliert sprechen,<br>• Wirkungen der Redeweise kennen und beachten,<br>• funktionsangemessen sprechen: erzählen, informieren, argumentieren, appellieren,<br>• Sprechbeiträge und Gespräche situationsangemessen planen. |

| Verstehend zuhören | • Inhalte zuhörend verstehen,<br>• gezielt nachfragen,<br>• Verstehen und Nicht-Verstehen zum Ausdruck bringen |
|---|---|
| Szenisch spielen | • Perspektiven einnehmen,<br>• sich in eine Rolle hineinversetzen und sie gestalten,<br>• Situationen in verschiedenen Spielformen szenisch entfalten. |
| Über Lernen sprechen | • Beobachtungen wiedergeben,<br>• Sachverhalte beschreiben,<br>• Begründungen und Erklärungen geben,<br>• Lernergebnisse präsentieren und dabei Fachbegriffe benutzen,<br>• über Lernerfahrungen sprechen und andere in ihren Lernprozessen unterstützen. |

## 2. Hauptschulabschluss

| Zu andern sprechen | • sich artikuliert und verständlich in der Standardsprache äußern,<br>• über einen für die Bewältigung schulischer, beruflicher und gesellschaftlicher Sprechsituationen angemessenen Wortschatz verfügen,<br>• sich in unterschiedlichen Sprechsituationen sach- und situationsgerecht verhalten: Vorstellungsgespräch/ Bewerbungsgespräch, Antragstellung, Bitte, Aufforderung, Beschwerde, Entschuldigung, Dank,<br>• verschiedene Formen mündlicher Darstellung unterscheiden und anwenden: erzählen, berichten, informieren, beschreiben, appellieren, argumentieren,<br>• Wirkungen der Redeweise kennen und beachten: Lautstärke, Betonung, Sprechtempo, Stimmführung, Körpersprache (Gestik/Mimik). |
|---|---|
| Vor andern sprechen | • Texte sinngebend und gestaltend vorlesen und (frei) vortragen,<br>• freie Redebeiträge leisten,<br>• Kurzvorträge/Referate mit Hilfe eines Stichwortzettels/ einer Gliederung halten: z.B. von einem Praktikum berichten, über einen Arbeitsplatz informieren, ein Buch/einen Film vorstellen,<br>• verschiedene Medien für die Darstellung von Sachverhalten nutzen (Präsentationstechniken). |
| Mit andern sprechen | • sich konstruktiv an einem Gespräch beteiligen,<br>• durch gezieltes Fragen notwendige Informationen beschaffen,<br>• Gesprächsregeln einhalten,<br>• die eigene Meinung begründet vertreten,<br>• auf Gesprächsbeiträge sachlich und argumentierend eingehen, das eigene Gesprächsverhalten und das anderer kriterienorientiert beobachten und bewerten. |

| Verstehend zuhören | • Gesprächsbeiträge anderer verfolgen und aufnehmen,<br>• wesentliche Informationen verstehen, wiedergeben und kritisch hinterfragen,<br>• Aufmerksamkeit für verbale und nonverbale Äußerungen (z.B. Stimmführung, Körpersprache) entwickeln. |
|---|---|
| Szenisch spielen | • eigene Erlebnisse, Haltungen, Situationen szenisch darstellen,<br>• Texte (medial unterschiedlich vermittelt) szenisch gestalten. |
| Methoden und Arbeitstechniken | • verschiedene Gesprächsformen praktizieren: z.B. Diskussion, Streitgespräch, Arbeitsgespräch,<br>• Redestrategien einsetzen: z.B. Anknüpfungen formulieren,<br>• Wesentliches notieren,<br>• Notizen ordnen und zur Weiterarbeit nutzen,<br>• Präsentationstechniken kennen und nutzen: z. B. Tafel, Plakat, Folie<br>• Video-Feedback nutzen,<br>• Portfolio (Sammlung und Vereinbarungen über Gesprächsregeln, Kriterien-listen, Stichwortkonzepte, Selbsteinschätzungen, Beobachtungsbögen von anderen, vereinbarte Lernziele etc.) nutzen. |

### 3. Mittl. Schulabschluss

| Zu andern sprechen | • sich artikuliert, verständlich, sach- und situationsange-messen äußern,<br>• über einen umfangreichen und differenzierten Wortschatz verfügen,<br>• verschiedene Formen mündlicher Darstellung unterscheiden und anwenden,<br>• insbesondere erzählen, berichten, informieren, beschreiben,<br>• schildern, appellieren, argumentieren, erörtern,<br>• Wirkungen der Redeweise kennen, beachten und situations- sowie adressaten-gerecht anwenden: Lautstärke, Betonung, Sprechtempo, Klangfarbe, Stimm-führung; Körpersprache (Gestik, Mimik),<br>• unterschiedliche Sprechsituationen gestalten, insbesondere Vorstellungsgespräch/ Bewerbungsgespräch; Antragstellung, Beschwerde,<br>• Entschuldigung; Gesprächsleitung. |
|---|---|
| Vor andern sprechen | • Texte sinngebend und gestaltend vorlesen und (frei) vortragen,<br>• längere freie Redebeiträge leisten, Kurzdarstellungen und Referate frei vortragen: ggf. mit Hilfe eines Stichwortzettels/ einer Gliederung,<br>• verschiedene Medien für die Darstellung von Sachverhalten nutzen (Präsentationstechniken): z.B. Tafel, Folie, Plakat, Moderationskarten. |

| | |
|---|---|
| Mit andern sprechen | • sich konstruktiv an einem Gespräch beteiligen,<br>• durch gezieltes Fragen notwendige Informationen beschaffen,<br>• Gesprächsregeln einhalten,<br>• die eigene Meinung begründet und nachvollziehbar vertreten,<br>• auf Gegenpositionen sachlich und argumentierend eingehen,<br>• kriterienorientiert das eigene Gesprächsverhalten und das anderer beobachten, reflektieren und bewerten. |
| Verstehend zuhören | • Gesprächsbeiträge anderer verfolgen und aufnehmen,<br>• wesentliche Aussagen aus umfangreichen gesprochenen Texten verstehen, diese Informationen sichern und wiedergeben,<br>• Aufmerksamkeit für verbale und nonverbale Äußerungen (z.B. Stimmführung, Körpersprache) entwickeln. |
| Szenisch spielen | • eigene Erlebnisse, Haltungen, Situationen szenisch darstellen, Texte (medial unterschiedlich vermittelt) szenisch gestalten. |
| Methoden und Arbeitstechniken | • verschiedene Gesprächsformen praktizieren, z.B. Dialoge, Streitgespräche, Diskussionen, Rollendiskussionen, Debatten vorbereiten und durchführen,<br>• Gesprächsformen moderieren, leiten, beobachten, reflektieren,<br>• Redestrategien einsetzen: z.B. Fünfsatz, Anknüpfungen formulieren, rhetorische Mittel verwenden,<br>• sich gezielt sachgerechte Stichwörter aufschreiben,<br>• eine Mitschrift anfertigen,<br>• Notizen selbstständig strukturieren und Notizen zur Reproduktion des Gehörten nutzen, dabei sachlogische sprachliche Verknüpfungen herstellen,<br>• Video-Feedback nutzen,<br>• Portfolio (Sammlung und Vereinbarungen über Gesprächsregeln, Kriterien-listen, Stichwortkonzepte, Selbsteinschätzungen, Beobachtungsbögen von anderen, vereinbarte Lernziele etc.) nutzen. |

## Info-Seiten 2: „Sprachliches Handeln" und „Kommunikationssituation"

Wie häufig bei Ausdrücken, die es sowohl in einer Wissenschaft als auch in der Alltagssprache gibt, hat man es mit einem Vielerlei von De- und Konnotationen und unterschiedlichen Begriffsverständnissen zu tun. Klar ist, dass sprachliches *„Handeln"* unterschieden werden kann von sprachlichem *„Verhalten"* (vgl. MAAS/WUNDERLICH 1972, 192 f.): Wer sich lediglich verhält, tut das im Rahmen einer vorgegebenen Situation und in Einklang mit einer ihm zugeschriebenen Rolle; beides gestaltet er nicht aktiv. Erst, wer handelt, übt einen zielgerichteten Einfluss darauf aus. Ein Schüler, der im Unterricht nur antwortet, wenn er gefragt wird, und der die Antwort schuldig bleibt, wenn er nichts zu sagen weiß, der *verhält* sich. Eine Schülerin, die von sich aus immer wieder in das Unterrichtsgespräch eingreift und Beiträge liefert, die *handelt*. Die Motive dafür sind eine andere Geschichte; sie könnte aus Interesse am Thema handeln, aus Vorliebe für einen bestimmten Lehrer oder aus Kalkül: durch eine mündliche Note eine schriftliche zu kompensieren. Sprachliches Handeln bedarf, wie Handeln generell, eines Vorsatzes und eines Ziels. In diesem Sinn ist „Miteinander sprechen eine Form gemeinsamen Handelns" (MÖNNICH 2006).

Dass der Begriff „sprachliches Handeln" dennoch unscharf geblieben ist, hat damit zu tun, dass er zunächst, d.h. in der „kommunikativen Wende" der Deutschdidaktik in den frühen 1970er Jahren, ein Kampfbegriff war; wer ihn damals gebrauchte – und das waren die besten Köpfe –, erklärte der traditionellen, sprachsystemorientierten Sprachdidaktik den Krieg. Wenn BAYER im *Studienbuch* (1982, 26 ff.) „Sprechakte als elementare Einheiten sprachlichen Handelns" anhand einer Sprechaktliste (AG KOMMUNIKATIVER UNTERRICHT 1978, 210 f.) nennt, so ist zu ergänzen: Da sie von der Situation nie zu trennen sind, liegen eigentlich immer schon Sprachhandlungen vor und in der Regel ganze Sequenzen, etwa beim Erklären, Ermutigen, Erzählen, sich Entschuldigen, Fragen stellen, Hänseln, usw. (vgl. in schulpraktischer Absicht schon ADER 1974.) Nicht ein einzelner ‚Satz' konstituiert dabei jeweils eine sprachliche Handlung, sondern eine Sequenz von Äußerungen, die ein gemeinsames Handlungsziel verfolgen, z.B. eine Geschichte erzählen. Dass man versucht hat, wenigstens für relativ einfache Sprechakte – z.B. ‚einen Rat geben' – „Regeln" zu erstellen, denen Sprecher dabei folgen (vgl. MAAS/WUNDERLICH 1972, 146 ff.), sei nur erwähnt, um für das Thema „Rollen spielen" (vgl. unten, Kap. 4) damit die Forderung zu verknüpfen, dass solche Regeln, wenn sie überhaupt bewusst gemacht werden sollen, handlungsorientiert gefunden werden müssen, d.h., indem man im Unterricht Rollen spielt und Mitschüler beim Rollenspiel beobachtet.

Wo man Anfang und Ende einer sprachliche Handlung setzt, ist seit WATZLA-WICK et al. (1969, 57 ff.) bekannt als „Interpunktionsproblem": Alle Setzungen sind willkürlich. Zwei Lösungen sind diskutiert worden. Zum einen hat BAYER (1977) vorgeschlagen, nicht einzelne sprachliche Handlungen zu untersuchen, sondern *Situationen*. Eine Situation ist nach BAYER (1977, 90) dasjenige, was sich aus der „subjektiven Umweltinterpretation" und -orientierung des einzelnen Handelnden" ergibt, also keineswegs etwas Objektives.

Zum andern kann man ganze „sprachliche Handlungsfelder" voneinander abgrenzen, so wie SCHOENKE (1991, 76 ff.) das getan hat. „Ein Handlungsfeld besteht aus den korrespondierenden und alternativen Sprechhandlungen", die von einer bestimmten Situation ausgehen (ebd., 74).

Dass die Wege einander nicht ausschließen, sondern bedingen, sollte klar sein: Weder kann man inhaltsleer von „Situationen" sprechen noch situationslos von „Handlungsfeldern". Für die didaktische Praxis wird man gut daran tun, sowohl Situationen als auch Felder bzw. Typen sprachlichen Handelns zu unterscheiden und zu erforschen.

Fragt man also nicht nach den Regeln und Normen des Sprach*systems,* sondern nach beobachtbar (z.B. im Rollenspiel beobachteten) befolgten *Gebrauchs*regeln, so ergibt sich trotz einer insgesamt unbefriedigenden Forschungslage, dass man unser alltäglichesVerhalten im verbalen und nonverbalen Umgang mit anderen als Abfolgen einzelner sprachlicher Handlugen oder Sprechakte prinzipiell interpretieren kann: Was wir voneinander wollen oder miteinander tun oder einander antun (*how to do things with words*), sieht/hört man gelegentlich schon an den *performativen Verben*, die wir einflechten (*ich hab ihn dann getröstet und gesagt ...*); aber untrüglich sind diese als An-Zeichen keineswegs. Didaktisch tun wir gut daran, nicht einzelne Sprechakte isolieren und einüben zu wollen, sondern unseren sprachdidaktischen Überlegungen die Annahme komplexer Handlungsmuster zugrunde zu legen (vgl. EHLICH/REHBEIN 1979). Ob wir dies beim Gegenüber allerdings (an)erkennen, hängt von unserer Situationsdefinition wesentlich ab. Manchmal ‚reden/handeln wir aneinander vorbei' (vgl. dazu praktisch z.B. SCHREIER-HORNUNG 1987).

## 1.5 Lehrkompetenzen für die Förderung mündlicher Sprachfähigkeiten

### Defizite Lehrender im Bereich der Mündlichkeit

Eine letzte Frage in diesem ersten, grundlegenden Kapitel gilt den von Deutsch-*Lehrenden* zu erwerbenden Kompetenzen. Auch hier täusche man sich als Studierender, Referendar oder junger Lehrer nicht über den Erwerbsbedarf: Nicht nur Schüler/-innen können, wie oben angedeutet, im Bereich der Mündlichkeit weniger, als man denken sollte; auch Lehrende haben in der Regel Defizite, die teilweise individuell, teilweise aber auch durch die Berufssozialisation bedingt sind: Nur wenige können selbst überzeugend eine Rolle spielen (etwa, weil sie als Schüler/in in Theatergruppen gespielt und/oder an der Hochschule einschlägige Übungen besucht haben); literarische Texte eindrucksvoll im Vortrag zu präsentieren, wenn das Unterrichtskonzept es jeweils nahe legen würde, gelingt vielen nicht. Gesprächsführung haben die meisten in vorwiegend frontalunterrichtlichen Beschulung und nachfolgender akademischer Hörsaalkommunikation nicht gelernt; und vor Zuhörern eine Geschichte gut erzählt haben sie womöglich seit der 6. Klasse nicht mehr. Konnte man früher über manche dieser Defizit noch hinwegsehen, weil beispielsweise „Rollenspiel als Methode" (Kochan 1981) auch von Lehrkräften eingesetzt werden konnte, die selbst nicht spielten und das auch nicht gekonnt hätten, so ist es im Zeichen kompetenzorientierten Deutschunterrichts mit solcher Großzügigkeit vorbei: Über die Kompetenzen, die an Lernende – etwa nach den KMK-Standards – zu vermitteln sind, müssen die Lehrenden auch selbst verfügen. Es steht außer Frage, dass sich hier in der Deutschlehrer/innenausbildung etwas ändern muss. Die Engführung, mit „Praxisorientierung" im Lehrerstudium nur Anzahl und Ausmaß von *Schulpraktika* zu meinen, ist dem erforderlichen Umdenken im Weg: Auch in Seminaren, Übungen und Vorlesungen ist kompetenzorientiert zu arbeiten. Neben die Vermittlung deklarativen Wissens muss die Erläuterung, Demonstration und eigenaktive Erprobung von Verfahren treten, die der Kompetenzförderung bei Lernenden dienen. (Die im Anschluss an die Kapitel dieses Bandes vorgestellten Aufgaben sind Vorschläge in genau diesem Sinn und vom Autor in Lehrveranstaltungen erprobt.)

### Reflexion eigenen Sprachgebrauchs in der Deutschlehrer/-innenausbildung

Mit der Förderung mündlicher Sprachfähigkeiten im Unterricht ist zwar das nicht eins zu setzen, was an der Universität geschehen kann und muss; denn zum einen sind Lehramtsstudierende in ihrer sprachlichen Entwicklung schon weiter und zum andern gelten in den beiden Bildungsinstitutionen je Bedingungen, denen auch die Kommunikation sich fügen muss (zum Thema „Unterrichtskommunikation" vgl. unten, S. 113 ff.). Dennoch kann man aber sagen, dass nur solche Lehrenden einen förderlichen Einfluss auf Sprachfähigkeiten ausüben werden, die selbst sprachlich-kommunikative Vorbilder sind und die ihren eigenen Erwerbsprozess *reflektiert* haben: *Wozu* brauche ich *was?*

Das Wozu beantwortet QUASTHOFF (2003, 116) so: Mündliche Sprachfähigkeiten im Unterricht müssen bewusster gefördert werden, weil

- der Erwerb mindestens semantischer diskursstruktureller Fähigkeiten bis in die Adoleszenz andauert,
- große individuelle Unterschiede zwischen Kindern und Jugendlichen existieren, die nicht allein durch unterschiedliche Erwerbsgeschwindigkeiten erklärbar sind, sondern nur durch Anlage und v. a. sprachliche Primärsozialisation,
- der inzwischen deutlich gewordene Zusammenhang zwischen nichtsprachlichem Wissen und Spracherwerb über die Schulkarriere hinweg anhaltende Anstrengung erfordert, die *Sprachlichkeit der Gegenstände* immer mitzureflektieren; während es aber für die Schriftlichkeit dazu eine Forschung gibt – vgl. MÜLLER 1997 –, ist die Mündlichkeit in dieser Hinsicht kaum untersucht.

Begleitung, Kompensation und Reflexion von Erwerbsprozessen: Das ist die Aufgabe der Deutschlehrer/-innen. Das gilt zwar weit über den hier dargestellten Lernbereich hinaus, ist aber für die Mündlichkeit gerade wegen deren Flüchtigkeit und unauffälligen Omnipräsenz im Unterricht von besonderer Brisanz:

- Man hält den (Mutter-)Spracherwerb allzu früh für schon abgeschlossen (insbesondere Gymnasiallehrer haltern sich irrigerweise oft für nicht mehr zuständig),
- man verfügt oft nicht über didaktisch-methodische Differenzierungsmöglichkeiten, die kompensatorischen Sprachunterricht, gerade auch in Hinblick auf DaZ-Sprecher bzw. ethnische Minderheiten, erlauben würden (vgl. LUCHTENBERG 2003), und
- man reflektiert mündliches Sprachhandeln im Unterricht zu wenig, was aber wiederum gerade bei sprachlich heterogener Lerngruppe und/oder in mehrsprachigen Kontexten eine Chance wäre, Sprachbewusstsein zu stärken.

## Modellierung von Lehrkompetenzen

Die zweite oben gestellte Frage, die nach dem Was, beantwortet OSSNER (2006, 61–96): Lehrkompetenzen, die künftige Lehrer/innen erwerben müssen, umfassen:

1. **Fachliche Kompetenz**
1.1 Mediale und konzeptionelle Mündlichkeit
1.2 Mediale Mündlichkeit und konzeptionelle Schriftlichkeit: Rhetorik
2. **Didaktisch-methodische Kompetenz**
2.1 Kompetenz Gesprächsfähigkeit
2.2 Rhetorische Kompetenz
3. **Diagnose-, Beurteilungs- und Förderkompetenz**
3.1 Erzählkreis als Kompetenz
3.2 Förderung rhetorischer Fähigkeiten
3.3 Förderung im Kontext von Zweisprachigkeit

Über Formulierungen kann man streiten; ein *Erzählkreis* ist sicher keine Kompetenz, sondern ein didaktisches Arrangement. (Gemeint ist die Fähigkeit der Lehrkraft, den Kommunikationsprozess im Erzählkreis an Kriterien zu gemessen zu beurteilen und daraus eine Förderdiagnose abzuleiten.) Aber entscheidend ist die Einsicht, dass (3.) Diagnose-, Beurteilungs- und Förderkompetenz aus (1.) fachlicher Sicherheit kommen müssen (was *ist* Mündlichkeit, welche Textsorten und Situationen sind zu bewältigen?) und sich (2.) didaktisch-methodisch niederschlagen müssen. (Das unter 2. Aufgeführte würde ich deshalb ergänzen um die im vorigen Abschnitt genannten weiteren Einzelkompetenzen.)

## Aufgabe zu Kapitel 1

♦ für Schüler/-innen ab Kl. 8 und Studierende

Teilt/Teilen Sie folgende Sprachtätigkeiten ein in konzeptionell schriftliche/Mischformen/konzeptionell mündliche (3-Spalten-Schema):

- Der *Tagesschau*-Sprecher verliest die Nachrichten.
- Jemand hält ein Kurzreferat im Unterricht.
- Du schreibst/Sie schreiben dem Freund oder der Freundin eine *sms*.
- Der Anchorman des *Heutejournal* kommentiert ein Ereignis.
- Jemand spricht einem Bekannten eine Nachricht auf den Anrufbeantworter.
- Bei einer Geburtstagsfeier wird ein Gedicht von Erich Kästner vorgetragen.
- Zwei Arbeitskollegen unterhalten sich in der Kantine.
- Im Betriebsrat wird der bevorstehende Streik diskutiert.

## 2 Erzählen

„Es ist eine wohlbekannte Tatsache daß kein Mensch es wirklich ertragen kann nicht imstande zu sein jemandem etwas zu erzählen."

Gertrude Stein [1]

### 2.1 Spontanes Erzählen in Alltag und Klassenzimmer

**Erzählen als Vergegenwärtigen, Ordnen und Deuten von Alltagserfahrung**

Worin gleichen, worin unterscheiden sich mündliche Erzählungen? Gibt es so etwas wie *Erzähl-Muster*, greifen wir also, wenn wir im Alltag einander erzählen, was wir erlebt, erfahren, beobachtet haben, auf *Erzähltechniken* zurück, die wir irgendwo und irgendwie *gelernt* haben müssen? Woher können wir, was wir offensichtlich können müssen, um eine Geschichte anzufangen und zuende zu bringen, d.h. nicht unsere(n) Hörer unterwegs zu verlieren? Wie – vor allem – machen wir deutlich, worin wir die Bedeutung, die Relevanz, den *Erzählens-Wert* unserer Erzählung jeweils sehen?

Das sind Forschungsfragen. Alltagserzählungen, von Kindern oder Erwachsenen, die als Untersuchungsmaterial gedient haben, finden sich etwa bei KALLMEYER (1977), QUASTHOFF (1980), WAGNER (1986) oder ANDRESEN (2002).

**Der funktionale Charakter von Alltagserzählungen**

Die Alltagserzählung ist oft, wie GUMBRECHT (1980) kritisiert hat, vorwiegend negativ definiert, nämlich als eine nicht-literarische. Will man positiv definieren, stößt man auf Schwierigkeiten: Nicht nur kann sich alltägliches Erzählen auf einer unendlichen Bandbreite kommunikativer Situationen abspielen – Gespräch im Wartezimmer, im Bus, in der Kneipe, am Arbeitsplatz, im Schulhof usw. –, sondern viele einzelne Sprachhandlungen, die dabei vollzogen werden, sind mit einem literaturwissenschaftlich geprägten Begriff von Erzählen nur schwer oder gar nicht zusammenzubringen; da wird natürlich auch geschildert, beschrieben, berichtet, argumentiert und räsoniert. Alltägliches Erzählen ist geprägt von

---

[1] Gertrude Stein: Erzählen. Vier Vorträge (1935; Übers. v. Ernst Jandl), Frankfurt a. M. 1971, 94. (Rechtschreibung beibehalten)

*Unmittelbarkeit der Interaktionsbeziehung zwischen den Kommunikationspartnern* und *funktional*; und wenn die Funktion nicht nur die der Unterhaltung bzw. Überbrückung einer Wartezeit ist, dann hat die Erzählung eigentlich immer den Charakter eines Belegs oder Arguments: *Ich hab ja schon immer gesagt, dass das ein fieser Typ ist, und meine Geschichte belegt das.* Oder: *Du hast/Sie haben mich gefragt, wie's mir geht, und meine Erzählung zeigt Dir/Ihnen, dass es mir schlecht geht, und warum.* QUASTHOFF (1980) hat Alltagserzählungen, die in Gespräche – und zwar Beratungsgespräche auf dem Sozialamt – eingebettet waren, auf solche Funktionen hin untersucht: Sie unterschied eine *kommunikative* von einer *interaktiven* Funktion, und innerhalb der kommunikativen dann wieder eine Sprecher-, eine Hörer- und eine Kontextorientierung.

Erzählen ist natürlicherweise immer Erzählen für jemanden, es ist „adressiert". Die kommunikative Funktion kann unterschiedlich sein: eher Selbstdarstellung oder Sachdarstellung, eher Unterhaltung oder eher Information, eher Ausdruck von Stimmung und Gefühl oder eher rational gesteuerte Bereitstellung von Beweisgründen und Belegfällen. Dass das normalerweise eben auch vom Adressaten her beeinflusst ist und folglich kommunikative und interaktive Funktion zusammenhängen (nur heuristisch zu trennen sind), versteht sich.

Schließlich kann man mit EHLICH (1983, 139 f.) von den eben genannten Funktionen noch eine anthropologische „Tiefenfunktion" unterscheiden: „Herstellen einer gemeinsamen Welt" dadurch, dass man ein bestimmtes Wissen, eine Erfahrung „gemeinsam *macht*". Das setzt eine „minimale Gemeinsamkeit" (ebd., 140) von Sprecher und Hörer immer schon voraus: Sie können Ihren nächsten Bezugspersonen am besten Geschichten erzählen, anderen Zeitgenossen (mir zum Beispiel jetzt, oder später Ihren Schülern) immer noch ausreichend gut, einem kaschubischen Bauern schon schlechter und einem solchen aus dem 14. Jahrhundert vermutlich überhaupt nicht mehr.

### Strukturmerkmale von Alltagserzählungen: eine ‚Geschichtengrammatik'

Alltagserzählungen haben eine gemeinsame Grundstruktur; die Forschung sagt: eine „Geschichtengrammatik". Das ist eine wörtliche Übersetzung des Begriffs *story grammar*, der seit längerem das bezeichnet, worum es hier geht (vgl. BOUEKE/SCHÜLEIN: 1988, 1991). Auf die amerikanischen Quellen, aus denen sich die deutsche Erforschung solcher Strukturen zunächst speiste – etwa RUMELHART – gehe ich hier nicht ein. Man suchte nach einem Schema, das spontanen Alltagserzählungen zugrunde liegt, ohne dass es in aller Regel von Erzählern bewusst realisiert würde; es gehört, wenn es denn existiert, zu unserem unbewussten Sprachhandlungswissen. Man bezeichnet das Textganze als Erzählung (*story*), die sich gliedert in Orientierung, Exposition, Komplikation, Auflösung und Schluss (BOUEKE/SCHÜLEIN 1991a, 84). „Bewertung" ist dabei die Übersetzung des von LABOV/WALETZKY (1967) geprägten Begriffs *evaluation*, der den Vorgang des Bewertens von Erzähltem durch den Erzähler meint, und zwar auch des unausdrücklichen Bewertens, also nicht nur durch Kommentare (*ich hab's ja immer gesagt, Sport ist ungesund*), sondern auch z.B. durch Auswahl von Details):

[Orientierung +]   routinestörende Komplikation   +   Aktion / Reaktion   +   Lösung   [+ Bewertung]

### Einzelne Sprachhandlungsmuster beim alltäglichen Erzählen

Solche Geschichtengrammatiken, gleich wie sie aussehen, versuchen strukturelle Phasen zu unterscheiden: Wo hört die Orientierung (über die zugrunde liegende Routine) auf, und die Komplikation (das Einmalige, Besondere, Außergewöhnliche, dessentwegen erzählt wird) beginnt? Das ist hilfreich, wenn man eine möglichst *wenig normative* Erzähldidaktik entwerfen will. Man darf aber nicht tun, als sei das ‚Erzählen' selbst eine sprachliche Handlung gleichsam aus einem Guss, und nur das Erzählte wechsle: z.B. erst die Komplikation, dann die Lösung. Nun wissen wir aber inzwischen, dass das so nicht stimmt. Was eher stimmt oder mehr stimmt, klärt eine Unterscheidung von EHLICH (1983): Es gibt *erzählen$_1$* und *erzählen$_2$*. Der alltagssprachliche Begriff von Erzählen, der einen literarischen Begriff von Erzählen zwar irgendwie enthält, aber weit übergreift, wird von EHLICH gewissermaßen zerlegt. Es ergeben sich einzelne *sprachliche Handlungsmuster*:

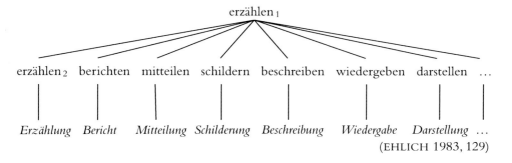

(EHLICH 1983, 129)

Die drei Punke rechts außen sollen jeweils andeuten, dass die vorliegende Liste einzelner sprachlicher Handlungstypen bzw. daraus sich ergebender Handlungsmuster (untere Zeile) *prinzipiell unabschließbar* ist: Das alles darf nicht missverstanden werden als Aufzählung normativer Vorgaben für eine gelungene Erzählung. Ehlichs Begriff „erzählen $_1$" ist für einen nicht-normativen Zugriff nützlich, weil er geeignet ist, uns alte aufsatzdidaktische Scheuklappen wegzunehmen: *erzählen* sei nicht *schildern* sei nicht *berichten*. Das haben Generationen von Deutschlehrer/-innen Kindern zwischen 10 und 14 Jahren vermittelt, aber es stimmt nicht einmal für die Schriftlichkeit; legt man den *written language bias* einmal ab, so stimmt es sozusagen gleich zweimal nicht. Erstens, weil nachweislich eine ganze Menge berichtender, beschreibender, schildernder usw. Teilhandlungen neben dem *Erzählen*$_2$ im Rahmen von *Erzählen*$_1$ vorkommen, und zweitens kann es in einem noch grundsätzlicheren Sinn gar nicht stimmen, weil jede Art normativer Setzung von Form- oder Strukturmerkmalen der Mündlichkeit fremd ist! Was wir mündlich produzieren, sehen wir ja nicht als Produkt vor uns, das wir nach Merkmalen klassifizieren.

### Gestaltorientiertheit von Alltagserzählungen

Das heißt aber nun gerade nicht, alltägliches Erzählen sei formlos, chaotisch und unstrukturiert. Wie KALLMEYER (1977, bes. 411 f.) gezeigt hat, werden nicht nur beim literarischen, sondern auch beim alltäglichen Erzählen „Gestaltungsprinzipien" wirksam: Das Prinzip der *Detaillierung*, das der *Gestaltschließung* und das der *Relevanzorientierung*. Das kann man einfacher ausdrücken: Wir genügen normalerweise ganz von selbst, d.h. ohne dass wir darum gebeten werden müssten, drei Erwartungen, wenn wir jemandem etwas erzählen: Wir führen *erstens* die entscheidenden Stadien unserer Geschichte (Komplikation, Reaktion, Lösung) detailliert aus und wissen für gewöhnlich auch, wann wir – abhängig vom Adressaten – auch den Orientierungsrahmen detaillieren müssen: *Wenn du schon einmal in X gewesen wärst, wüsstest du, dass ...*; wir pflegen *zweitens* abzuschließen, was wir angefangen haben, und sind höchst ungehalten, wenn man uns nicht lässt (*jetzt lass mich doch fertig erzählen, ich hab ja noch nicht gesagt, wie wir wieder heimgekommen sind*); und wir sichten *drittens* während des Erzählens alles, was uns dazu einfällt oder was wir erinnern, nach dem Gesichtspunkt der Relevanz: Was gehört unbedingt dazu, was am Rande und was gar nicht? Das zu betonen ist wichtig angesichts von Menschen jeden Alters, die

- nicht imstande sind, uns anschaulich und vollständig zu erzählen/berichten/schildern, was nun eigentlich war,
- nie eine angefangene Geschichte zuende bringen,

- vom Hundertsten ins Tausendste kommen und so ausschweifend Irrelevantes erzählen, dass wir das Interesse an der Lösung verlieren, bevor noch die Komplikation halbwegs sichtbar wird.

Alltagsgeschichten haben eine beschreibbare Grundstruktur und eine ‚Gestalt'; sie teilen nicht nur etwas mit, sondern dienen meist auch dem Herstellen bzw. Aufrechterhalten einer sozialen Beziehung. Indem ich sie erzähle, leiste ich ein Vergegenwärtigen, Ordnen und Deuten von Alltagserfahrung.

### Erzählen im Klassenzimmer

„Hilfsmittel" des Erzählens machen „die Interaktion zwischen den Erzählenden deutlich" (SPINNER 1987, 29) Ein „Erzählstein" etwa, der von Hand zu Hand geht und das Rederecht symbolisiert; oder ein „Erzählknäuel", dessen abgewickelter Wollfaden ein Erzählgeflecht nicht nur repräsentiert, sondern handgreiflich im Raum herstellt, wirkt als Katalysator und entlastet jeden einzelnen sowohl von der Notwendigkeit, selbst das Wort ‚ergreifen' zu müssen, als auch teilweise von der Verantwortung für das dann Geäußerte; es wurde gleichsam unter Zwang, jedenfalls im Zeitdruck gesagt. Solche Entlastungsmechanismen einzuführen, ist desto wichtiger, je älter die Lernenden sind; das Problem, das damit bearbeitet wird, ist allerdings altersunabhängig. Hier ist ein nonverbaler Impuls: ein in *Grundschule* 1/1986 abgedruckten Cartoon von TIESTE – auf Kommando kann man eigentlich nicht erzählen (siehe nächste Seite).

Im vorigen Abschnitt war von Leuten die Rede, die uns negativ auffallen, weil sie irgendwie das Erzählen nicht beherrschen und uns mit misslungenen Alltagserzählungen nerven. Was nun, wenn diese „Leute" nicht Erwachsene sind, die wir irgendwann einfach als hoffnungslos behandeln, d.h. meiden oder nicht mehr ausreden lassen, sondern Kinder und Jugendliche, die das Erzählen durchaus noch lernen können?

Zweierlei ist festzuhalten: Zum einen handelt es sich bei dem, was man „Erzählkompetenz" genannt hat, um eine für unser Zusammenleben, unser Selbst- und Fremdverstehen, unsere Fähigkeit zu Interaktion, Verständigung, Interessenausgleich, Meinungsbildung, Konsensfindung usw. ganz entscheidend wichtige Basiskompetenz. Und zum anderen wäre es ein großer Irrtum anzunehmen, die sei nicht systematisch lehr- oder lernbar, nur weil sie lebensweltlich ja überall schon vorkomme, und zwar nicht nur in so gut wie allen Lebensbereichen, sondern auch bei Menschen jeden Alters, wenn sie nur überhaupt schon oder noch sprechen können. „Durch das (alltägliche) Erzählen ordnen wir unsere Eindrücke, interpretieren wir die Welt, stellen wir Sinn her", sagt WINTERSTEINER (1990,

75) in seinen „Bemerkungen zu einem vernachlässigten Thema". Warum das mündliche Erzählen im Deutschunterricht lange vernachlässigt worden ist, begründet Wintersteiner in vier Punkten:
- mit der „Lehrer-Dominanz", die bewirke, dass Erzählen im Unterricht in der Regel „auf Aufforderung" geschehe und nicht frei,
- mit einem etablierten Lehrgang des Ausdruckserwerbs, dem Erzählen „etwas für die Kleinen" sei, „die noch nicht argumentieren können", also eine Art Vorform des Eigentlichen,

- mit einer Dominanz der Schriftlichkeit im Deutschunterricht, die mündliches Erzählen bedenkenlos zur Vorstufe von Aufsatzschreiben degradiert habe,
- und schließlich mit Normvorstellungen schulischen Erzählens, „die wenig mit der Wirklichkeit gemein haben" (ebd., 77) - namentlich eben die ‚Stilformen' *Erzählung* und (vs.) *Bericht*.

„Erzählen und Zuhören", betitelten DEHN/ WARM ein Kolloquium, dessen Argumente und Ergebnisse in *Grundschule* 1/1986 gedruckt wurden. „Gegenstände" und „Stoffe", erfahren wir da, müssten „wieder in Werdensprozesse zurückverwandelt werden"; innere Bilder seien zu aktivieren, Vorstellungs- und Fantasiekräfte (POPP, ebd., 38). In der Tat ist das Erzählen so etwas wie das Einfallstor für ‚Lebenswelt' in (die) Schule; und wenn eine seit der Reformpädagogik immer wieder geübte berechtigte Kritik an unserem Schulsystem lautet, es habe sich gegen das ‚Leben draußen', den ‚Alltag' abgeschottet (vgl. hierzu Bücher von V. HENTIG und RUMPF), so kann man im Erzählen gleichsam die Therapie sehen, die auf diese Diagnose passt. So versteht es sich dann auch, dass manches, was über eine Didaktik mündlichen Erzählens schon geschrieben worden ist, sich geradezu euphorisch liest. *Erzählen* helfe gegen die soziale „Kälte" in und außerhalb der Schule, hofft BÄRMANN (1985, 15); es bewirke „Gedächtnis, Anteilnahme, Verständnis" und habe eine seelisch stabilisierende und befreiende Wirkung. Richtig ist zweifellos, dass spontanes Erzählen im Klassenzimmer allererst eine soziale Funktion hat, indem es eine *Gemeinsamkeit* zwischen Lernenden, eventuell auch zwischen ihnen und der Lehrperson, herausarbeitet oder herstellt. Aber die im engeren Sinn therapeutischen Ziele, die häufig auch genannt werden, sind nicht unproblematisch. Über das prekäre Verhältnis von Didaktik, Pädagogik und Therapeutik im mündlichen Sprachgebrauch wäre viel zu sagen; hier muss die Feststellung genügen, dass gerade das Erzählen als Thema der Didaktik anfällig war und ist für eine Auflading – um nicht zu sagen: Überladung – mit pädagogisch und therapeutisch hochfliegenden Plänen zur Neugestaltung von Schule und Unterricht. Das gilt auch für das schriftliche Erzählen, wie ein Blick auf Literatur zum „kreativen Schreiben" schnell zeigen würde. Es scheint generell, dass vielfach das Heil zu sehr und zu schell von der Einführung neuer *Methoden* erwartet wird, die dann doch nicht greifen und der Ernüchterung Platz machen, weil pädagogische Atmosphäre und/oder didaktisches Prinzip nicht mitverändert worden ist. Erzählt werden kann und soll im Unterricht, aber nicht in einem ansonsten frontal und lehrerdominant auf Bewältigung von ‚Stoff' und Erreichen kognitiver Ziele hin ausgerichteten Unterricht! Dass wir uns durch Alltagserzählungen in Beziehung zu anderen setzen, sie an unserer Welt teilhaben lassen, uns einer Gemeinsamkeit versichern, unsere Erfahrung (nicht zuletzt: unsere eigene Biografie) immer wieder neu mit Sinn füllen, seelische Hygiene betreiben, weil wir ‚etwas loswerden können' – das ist alles nicht falsch, aber es bleibt dann alles so kluge wie nutzlose Belehrung. Der Cartoon von TIESTE drückt genau dies aus. „Ein Erlebnis erzählen", das schmeckt bei aller intendierten Spontaneität zu sehr nach Schulaufsatz, missachtet fundamentale Bedingungen von Mündlichkeit: *Funktionalität* und *Adressiertheit* (Dialogizität) von Alltagserzählungen.

## „Schulerzählungen" vs. Erzählen in der Schule

Erzählung, wie gesagt, ist immer Erzählung für jemanden. Das gilt auch im Klassenzimmer. Die Kommunikationssituation dort ist allerdings künstlich, ist keine natürliche. Die Alltagserzählung, sagt FUCHS (1984), sei adressiert, und sie fügt hinzu: *einschließlich* ihrer ästhetischen Verfahren. (Damit meint sie Techniken wie Erzählrahmen schaffen, Spannungskurve halten, wörtliche Rede einbauen, usw.)

In der Schulerzählung, sei sie nun mündlich oder schriftlich konzipiert, bleibt leider oft nur diese Art der Adressierung übrig; denn Lernende wissen ja und bekommen immer wieder verdeutlicht, dass Lehrende vor allem *dies* hören, wenn sie (überhaupt) zuhören.

Nur im Rahmen eines Unterrichts, der die mündlichen Erzählungen – ebenso wie andere Redebeiträge – der Lernenden auch braucht und gebraucht, werden sich die mit dem Erzählen und Zuhören verbundenen hohen Ziele halbwegs erreichen lassen. Sie liegen auf ganz verschiedenen Ebenen und sind nur teilweise sprachliche Ziele im engeren Sinn:

- Identitätsbildung, Selbst- und Fremdverstehen (Empathie),
- Interaktionsfähigkeit (Sprachhandlungsfähigkeit),
- Fertigkeit der indirekten Selbstdarstellung,
- Fertigkeit, die Höreraufmerksamkeit zu gewinnen, zu halten und zu steuern,
- Bereitschaft und Fähigkeit, zuzuhören und andere ausreden zu lassen, an ihren Beiträgen sozialverträglich Kritik zu üben,
- Fähigkeit und Fertigkeit, lebendig und anschaulich Erlebtes und Erdachtes wiederzugeben (Kenntnis und Beherrschung geeigneter sprachlicher Mittel).

Allerdings gilt auch: „Die Bedingung für die Erweiterung der Erzählkompetenz ist nicht das Lernen von Regeln, sondern die Sicherung von Erzählsituationen" (HURRELMANN in *Grundschule* 1/1986, 39). Die gibt es auch im Alltag; für die Schule aber genügt es nicht, geeignete Situationen zu schaffen bzw. nachzustellen, wenn und solange man nicht weiß, was man eigentlich fördern oder ausbilden will.

### Die Erwerbsperspektive

Erzählen ist sehr früh in der sprachlichen Sozialisation nachweisbar. BECKER (2002) zeigt allerdings an Fünfjährigen, dass die Erzählfähigkeiten der Kinder von der Erzähl*form* abhängen; sie untersucht Bildergeschichten, Fantasieerzählungen, Erlebniserzählungen und Nacherzählungen. Spontane Erlebniserzählungen sind zwar die früheste Form, bleiben aber dann länger als die anderen Formen auf die interaktive Unterstützung der Erwachsenen angewiesen; die Fähigkeit, eigene Erlebnisse zu erzählen, scheint gegenüber den anderen Erzählformen, die sich schneller weiterentwickeln, zu stagnieren. Bezieht man auch die Form des (spontanen) Rollenspiels unter Vorschulkindern ein (vgl. ANDRESEN 2002), so wird das noch deutlicher: Das Dekontextualisieren, das die Schriftlichkeit vorbereitet, lernen die Kinder weniger beim mündlichen Erzählen als im Rollenspiel, für das ANDRESEN auch eine elaboriertere Sprachverwendung nachweisen kann.

In einem Forschungsbericht haben HAUSENDORF/WOLF (1998) empirische Arbeiten zum Erzählerwerb kritisch gemustert und eine wichtige Unterscheidung getroffen: Man kann Erzählen als *kognitive* Fähigkeit untersuchen (z.b. BOUEKE/SCHÜLEIN) oder als *interaktive* Fähigkeit (z.B. HAUSENDORF/QUASTHOFF). Zählt im ersten Fall die allein – etwa angesichts einer vorliegenden Bildergeschichte – erbrachte Leistung, so im zweiten die „von Erzähler und Zuhörer gemeinsam zustande gebrachte Leistung" (ebd., 41). Und da haben HAUSENDORF/QUASTHOFF (an 240 „Erzählinteraktionen") festgestellt, dass die in der Regel erwachsenen Zuhörer erheblich mehr tun als zuhören. Sie übernehmen (oft unbewusst) all jene Aufgaben des Strukturierens, die die Jüngeren (ab ca. 5 Jahre) noch nicht selbst lösen können. Die Entwicklung zwischen ca. 5 und ca. 10 Jahren – offenbar ein Schub im Erzählerwerb – erklären sie als Interaktionserfolg: Die Zuhörer machen möglich, dass Erzähler an der Produktion einer Erzählung mitwirken, *die ihre eigenen Möglichkeiten noch übersteigt* (vgl. ebd., 45).

Das heißt: Zuerst sind Interaktionsfähigkeit zu fördern, dann kommt nach und nach von selbst und angeleitet die kognitive Fähigkeit der Realisierung, Detaillierung, Gestaltschließung, Relevanzorientierung hinzu, und Erzählaufgaben, die vorher nur mit Zuhörerhilfe lösbar waren, können selbstständig gelöst werden.

Eine ältere Arbeit von WAGNER (1986) wird so nachträglich erhellt: Beim „Erzähl-Erwerb" verschiedene „Erzählungs-Typen" zu erscheiden, wie das WAGNER (1986, 142–156) getan hat, kann helfen. An authentischen Erzähltexten von Grundschulkindern stellte er fest, dass es zwei Typen gibt: „Höhepunkt-Erzählungen" und „Geflecht-Erzählungen".

| „Höhepunkt-Erzählungen" | „Geflecht-Erzählungen" (nach Wagner 1986, 144ff.) |
|---|---|
| etwas erzählen | von etwas erzählen |
| Neues | Bekanntes |
| Zeitpunkt | Zeitraum /-fläche |
| Nacheinander | Nebeneinander |
| geschlossene Struktur | offene Struktur |
| eher monologisch | eher dialogisch |
| „dramatisch" | „episch" |

Man sieht, dass der Typ der Höhepunkt-Erzählung eher dem entspricht, was man prinzipiell auch in der Schriftlichkeit haben könnte; prototypisch wäre etwa ein Witz oder eine lustige Begebenheit, die jemand erlebt hat und die man immer wieder, mit kleinen Variationen, aber demselben Höhepunkt und Schluss erzählen kann. Sie kennen vielleicht auch Leute, die über ein großes Repertoire an solchen Erzählungen verfügen und bei jeder sich bietenden Gelegenheit ein Publikum damit unterhalten; sie monologisieren im Prinzip, nehmen vielleicht Einwürfe der Hörer geschickt auf, sind aber nicht auf sie angewiesen. Ganz anders ist das bei der „Geflecht-Erzählung": Hier liegt gemeinsames Erzählen vor, von vornherein dialogisches also. Gebraucht werden lediglich interaktive Fähigkeiten, denn die Erzählung entwickelt sich im Darüber-Sprechen; in der Regel kennen die Erzähler das Erlebte, weil es ein gemeinsam Erlebtes ist. Das Rederecht wechselt, die Erzähler geben sich gegenseitig sozusagen die Einsätze vor. Ob man diese Struktur als „demokratisch" bezeichnen will (WAGNER 1986, 148), ist Geschmackssache. Zumindest wird man einräumen müssen, dass Wagners strenge Scheidung eine Idealisierung ist, es also Zwischenstufen gibt. Typisch für eine solche Zwischenstufe wäre z.B. eine oft gehörte Geschichte des Großvaters, wie einmal vor vielen Jahren etwas geschehen ist, zu dessen Erzählung die Großmutter ebenfalls seit vielen Jahren an bestimmten Stellen Stichwörter zu liefern hat, so dass der Großvatermonolog gewissermaßen kaschiert wird von pseudo-dialogischen Stellen. (*Und dann hattest du doch prompt den XY nicht mitgenommen!*)

Ich verweise für einen Überblick über das Ebene Gesagte auch auf FRITZSCHE (1996) und fasse zusammen mit Hilfe eines Modells (siehe nächste Seite).

Eine Art Lehrgang für spontanes Erzählens im Klassenzimmer zeichnet sich hier ab, der im Gegensatz zu älteren Vorstellungen (vgl. WOLFF 1981, 94) nicht vom ‚allein' zum ‚gemeinsam Erzählen' fortschreitet, sondern ungekehrt, und eben auf die Dauer auch nur fortschreitet, *wenn* (auch) Erwachsene als Zuhörer und Miterzähler fungieren.

Was dann als „3. Stufe" erscheint, sollte freilich nicht missverstanden werden als am Ende zu erreichende ‚Idealform', die dann doch wieder am Vorbild literarischen Erzählens ausgerichtet wäre; vielmehr haben beide Grundformen, das dialogische und das monologische Erzählen, ihre eigene Berechtigung, d.h. Funktion für den Lernprozess der Kinder. WAGNER (1986, 154 f.) geht davon aus, dass die 3. Stufe zwischen 9 und 10 Jahren erreicht werden kann bzw. in der Regel erreicht wird. Sich selbst überhaupt äußern können in einem Erzählzusammenhang, gleich wer den geschaffen hat, das ist die 1. Stufe: sich beteiligen können durch beschreibende, berichtende, schildernde Redebeiträge. Die zu integrieren, wird hier noch der Lehrperson zufallen. Sich selbst und die andern eines Stücks gemeinsamer Biografie zu versichern, und sei das nur ein Vorfall vorhin im Pausenhof, das ist die 2. Stufe; hier kommt es vor allem auf den Erzählprozess an, in dem sich gleichzeitig ein Lernprozess vollzieht.

**Alltägliches Erzählen: Erwerb der erforderlichen Kompetenzen**
(nach Wagner 1986 und Hausendorf/Wolf 1998)

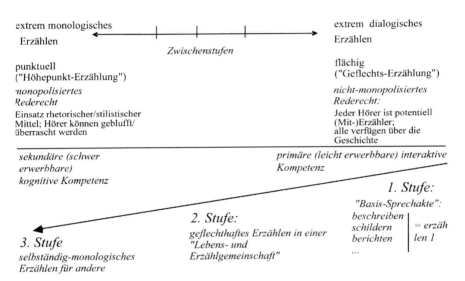

Praktische Hinweise zum mündlichen Erzählen im Unterricht finden sich für die Sekundarstufen in *Der Deutschunterricht* 50 (1998), H.1 und bei FROMMER 1992: „Erfundene Geschichten" (S. 93–138) sowie für alle Stufen in *Praxis Deutsch* 144/1997.

Ebenso wie alltägliches Erzählen dient Erzählen im Klassenzimmer nicht nur der Weitergabe von Information, sondern vor allem der Selbstvergewisserung über etwas Erlebtes, Beobachtetes oder auch Erdachtes; indem Lernende davon erzählen (dürfen), versichern sie sich und einander der Bedeutung, die bestimmte Erfahrungen für sie haben oder hatten. Spontanes Erzählen hat vor allem auch eine soziale Funktion; es stiftet Gemeinschaft. In der Schule stellt es eine Herausforderung für Lernende und Lehrende gleichermaßen dar; auch die letzteren sollten es üben!

## Info-Seiten 3: Körperlichkeit des Sprechens; verbale und nonverbale Kommunikation

Sprache hat eine körperliche Dimension, was besonders im Rollenspiel deutlich wird („über den Körper zum Spiel", sagt WAEGNER 1994), aber auch für andere Sprachtätigkeiten wichtig ist. In *Praxis Deutsch* 144/1997 wird betont und durch Unterrichtsmodelle illustriert, dass es nötig und möglich ist, den Lernenden die Körperlichkeit allen Sprechens bewusst zu machen. Sie sollen die „Trägerfunktion der Sprache" (Atem, Stimme, Artikulation, Mimik und Gestik) schon im ersten Schuljahr erfahren und erproben (vgl. den Beitrag von REHBERG). Atemübungen (Kerzenblasen), artikulatorische Übungen (Zungenbrecher) und Bewegungs- und Singspiele dienen diesem Zweck; sie sollten aber nicht nur gelegentlich und nie isoliert angeboten werden, sondern „ritualisiert", wie es in dem Beitrag von SCHILLER heißt. Z.B. können Atemübunen Teil einer Fantasiereise sein. SCHILLER entwirft einen Lehrgang von einer Spiegelübung über Zisch- und Verschlusslaute, kurze Sätze und Ausrufe bis zu Interaktionsspielen, in denen sich die Lernenden gegenseitig den Ton „abnehmen".

Für die Sek. I fordert FINKENZELLER, bei allen Redesituationen nicht nur auf die inhaltliche Ebene zu achten, sondern auch auf das „nonverbale Verhalten". Er verweist auf populäre Literatur wie Desmond MORRIS: *Körpersprache. Bodywatching* (München: Heyne 1986). Denn in der Schule habe sich dieses öffentliche Interesse an der Körperlichkeit unserer Kommunikation und Interaktion noch nicht genügend niedergeschlagen. Mit Hilfe von Texten des Sprachspielers Oskar PASTIOR will FINKENZELLER die hohe Hemmschwelle des freien Sprechens vor anderen (vgl. ebd., 42) absenken, Verkrampfungen abbauen und „Körperbewusstsein" schaffen.

Danach aber geht es um eine kognitive Dimension: Es sollte zeichen- bzw. kommunikationstheoretisch geklärt werden, warum wir uns nicht auf den ‚verbalen Code' verlassen können, wenn wir reden und zuhören. „Geredet" wird ja auf zwei Kanälen: auf einem sprachlichen Kanal (sagen, was mitzuteilen ist) und auf einem außersprachlichen Kanal (was man sagt, auch noch nonverbal mitteilen):

| *verbale Kommunikation* | *nonverbale Kommunikation* |
|---|---|
| **sagen**, was mitzuteilen ist | **mitteilen**, was man (auch/nicht) sagt |
| Zeichensystem: digital | Zeichensystem: analog |
| arbiträre (willkürliche), auf Symbolverständnis gründende Beziehung zwischen Bezeichnung und Bezeichnetem | nicht-arbiträre, auf Gestaltwahrnehmung gründende Beziehung zwischen Ausdruck und Ausgedrücktem |

Auch und gerade ERZÄHLEN ist körperliches Sprechen, das digitale (Sprach-) Signal ist nicht das einzige, was Bedeutung transportiert. Von „analog" und „digital" spricht man seit dem Buch von WATZLAWICK et al. (1969) Nonverbale Signale dienen oft – jedoch nicht immer – der Verstärkung der verbal übermittelten Botschaft. Zwar ist „pragmatische Kongruenz" (OKSAAR 1985) die Regel, aber diese kann durchbrochen werden, z.b. um Ironie auszudrücken: *Ich freue mich riesig.* Wenn ich das so spreche, dass man *das Gegenteil versteht,* habe ich parasprachlich eine andere Mitteilung gemacht als sprachlich; „parasprachlich" heißt: mit Hilfe von Tonhöhe, Tonlage, Artikulationsgeschwindigkeit usw. Man kann die Stimme heben oder senken, man kann ein bestimmtes Gesicht zu einer Bemerkung machen, man kann den andern fragend oder strafend oder verzweifelt ansehen, man kann wortlos auf etwas zeigen, man kann Sprechpausen machen, wo der andere keine erwartet, man kann das Ausgesagte durch pantomimische Gesten unterstreichen oder widerrufen.

Ein Widerspruch zwischen verbaler und para- Botschaft kann beabsichtigt oder unbeabsichtigt sein; dann spricht man von „Kanaldiskrepanz" (vgl. SCHERER 1977, 177). Und die ist ein Hinweis auf eine im ‚Sender' selbst liegende Widersprüchlichkeit: *(gequältes Gesicht:) Nein, nein, Sie stören mich überhaupt nicht.* Und hier sind es dann nicht nur parasprachliche, sondern auch nonverbale Signale, die den Sprecher verraten können; denn verbunden sind sprachliche/parasprachliche Signale in jedem Fall – außer am Telefon – mit dem Senden/Empfangen von Mitteilungen per Körpersprache. Diese *Kinesik* umfasst Mimik, Gestik sowie andere Körperbewegungen, z.B. die besonders wichtigen Augenbewegungen. Die empirische Forschung hat in diesem Bereich, um Studien durchführen zu können, eine Zeichenschrift zur Aufzeichnung von Gesichtsausdruck und Körperhaltung geschaffen (KENDON/EX 1972, abgedruckt im Studienbuch von BAYER 1982, 181–184).

Analoge Kommunikation hat nun nicht nur bei Vorschulkindern eine nicht zu unterschätzende Bedeutung. Was im Kindergarten rein rezeptiv zu nutzen ist, soll in der Schule zunehmend rezeptiv *und* produktiv beherrscht werden. Also: Welche para- und körpersprachlichen Signale empfangen Zuhörer gewöhnlich großenteils unbewusst, setzen Erzähler mehr oder weniger bewusst ein? Halten wir uns an eine von EKMAN/FRIESEN (1969) zuerst vorgelegte Einteilung, so können wir unterscheiden:

1. Embleme: Signale, die in verbale übersetzbar sind, z.B. Kopfnicken oder -schütteln, Achselzucken. Wer eine Geschichte erzählt, kann solche Signale gelegentlich wirkungsvoll *statt* eines Wortes, eines Satzes einsetzen.

2. Illustratoren: Ausdrucksbewegungen, die das Gesagte unterstützend begleiten, z.B.: *Der Gang war sooo schmal* ... es liegt auf der Hand (!), dass Erzählen ohne illustrierende Bewegungen kaum auskommt, besonders nicht an herausgehobenen Stellen und bei emotionaler Betroffenheit von Sprecher/-innen.
3. Regulatoren, die den Interaktionsfluss steuern, z.B. also die schnellen Blicke, die einen Wechsel des Rederechts begleiten, oder das Zurücklehnen kurz vor Ende einer geäußerten Sequenz.

## 2.2 Vorbereitetes Erzählen (mündliches Nach- und Wiedererzählen)

### Nacherzählen

Warum heißt eigentlich eine Nacherzählung nicht *Nachgeschichte*? Es ist ja auch eine Geschichte, wenn auch eine fremde, sozusagen eine aus zweiter Hand. Als solche kommt sie auch ‚lebensweltlich' vor, sehr häufig sogar: Klatsch und Tratsch besteht daraus, dass man etwas wieder- und weitererzählt, was man gehört oder im Ausnahmefall auch mal in der Zeitung gelesen hat. Und weil das Leben keine einfache Versuchsanordnung ist, sondern eine ziemlich komplexe und chaotische Angelegenheit, ist es gar nicht sicher, ob die ‚Vorlage' der Nacherzählung nicht auch schon selber eine war; man kann nie wissen, an welcher Stelle einer prinzipiell endlosen Kette von Kolportage und Gerücht man mit seiner Version der Geschichte eigentlich steht. Man kennt das Spiel *Stille Post*, bei dem dieselbe kleine Geschichte solange weitererzählt wird, bis sie nicht mehr wiederzuerkennen ist. Der Sinn jenes Nacherzählens, das in der Schule praktiziert und geübt wird, ist das offensichtlich nicht. Das Nacherzählen geriet zum ersten Mal in der Reformpädagogik ins Kreuzfeuer didaktischer Kritik und zum zweiten Mal dann zu Beginn der 1970er Jahre, weil es einer lediglich reproduktiven oder imitativen Textproduktion verdächtig und damit dem Richtziel des ‚Kritischen Lesens' ebenso im Weg zu sein schien wie dem Richtziel der kommunikativen Kompetenz im mündlichen Sprachgebrauch. Aber im Vergleich zur schriftlichen Nacherzählung, die sich tatsächlich einem normativen und unkreativen Aufsatzunterricht besonders angedient hatte („Nachschrift", sagte der Aufsatzdidaktiker TILLE 1950) war das mündliche „Nacherzählen" weder so je so obligatorisch noch – danach und seither – je so verpönt:

- In der Grundschule kann es vorkommen, dass Lernende ein Lesestück, das im Unterricht behandelt worden ist, sofort danach oder tags darauf noch einmal wiedergeben – nicht wörtlich natürlich, aber dem Sinn, der Struktur und vor allem auch der Erzählhaltung, dem Erzählton nach. (*Das hast du schön erzählt, nun ist es uns allen wieder gegenwärtig.*)
- In der Sek. I werden Lernende nach dem Inhalt eines zuhause gelesenen Romankapitels oder Dramenakts gefragt und liefern eine schöne Nacherzählung ab, mit der der Deutschlehrer allerdings unzufrieden scheint; das Lob bleibt aus.
- In der Sek. II ist ein Kurzreferat über einen Autor und sein Werk zu halten, der Referent soll wenigstens ein wichtiges Einzelwerk gelesen haben und will

das unter Beweis stellen; aber die Kursleiterin unterbricht nach drei Minuten und verlangt kategorisch eine knappe Zusammenfassung.

Diese Beispiele zeigen nicht nur, dass und wo mündliches Nacherzählen zum Schulalltag gehört, sondern auch, wo es in den *mental maps* der Lehrplanmacher und Didaktiker lange Zeit eingetragen war: mehr noch als das Erzählen generell schien uns das Nacherzählen zu ‚den Kleinen' zu gehören, so richtig eigentlich nur zur Primarstufe, schon weil es naives *Erzählen* sei. Ältere Literatur betont ja auch, dass das mündliche Nacherzählen „Redeübung" sei und nennt Märchen, Sagen und Fabeln als Vorlagen. Da scheint denn auch diese Einstufung als ‚naiv' einzuleuchten. Neuerdings aber betont man, so weit ich sehe, weniger den Charakter der *Redeübung* – also das Nacherzählen als quasi-rhetorische Leistung –, sondern den Charakter einer *Vorstellungsübung*.

Nun ist Nacherzählen in erster Linie *erzählen* und erst in zweiter Linie *nach etwas*: Genaue Kenntnis oder richtiges Verständnis einer schriftsprachlichen Textvorlage – bzw.: genaues Hinhören auf eine *mündliche* Vorgabe – ist zwar notwendige, aber nicht hinreichende Bedingung; hinzutreten muss unbedingt eine für das sich stellende Problem ausreichende Kompetenz im Erzählen, genauer nun: eine Kompetenz zum monologischen Erzählen einer „Höhepunktgeschichte". Als solche wird sie bei mündlichen Vorstufen schriftlicher Nacherzählungen heute wieder gewissermaßen mitgeübt: Für die Grundschule haben BECK/HOFEN in ihrem Handbuch zum Aufsatzunterricht (1990, 208 ff) didaktische Möglichkeiten und Schwierigkeiten des Nacherzählens von Geschichten diskutiert und demonstriert; für die Sek. I hat GERDZEN (1980) eine erzähldidaktische „Verbindung von Erkenntnis und Erleben beim Schreiben" gefordert und an Beispielen demonstriert. So beschrieb er z.B., wie sich Siebtklässer erzählerisch mit der „vergangenen Kindheit" ihrer erwachsenen Bezugspersonen auseinandersetzten; das Unterrichtsmodell „Haben es Kinder heute besser als früher?" (ebd., 24–30) bietet nacherzählerische Möglichkeiten, von denen man annehmen kann, dass sie auch, teilweise sogar *nur*, in der Mündlichkeit realisiert worden sind. Was die Schüler von ihren Eltern und Großeltern über das Leben von Kindern in der Nachkriegszeit sowie in den 60er Jahren gehört hatten, gaben sie nun wieder als *erzählte Geschichte* im doppelten Sinn; und das ist dann seinem Zweck nach eben nicht nur Rede-, sondern allererst Vorstellungsübung.

### Erwerb narrativer Kompetenz bis in die Sek. II

Für die Sek. II hat FRITZSCHE (1980) eine Begründung narrativen Kompetenzerwerbs vorgelegt: Erzählen sei hier nicht so sehr Lerngegenstand als *Lernmedium* und damit weniger didaktisch als pädagogisch-anthropologisch zu begründen (ebd., 69). Ich folge dieser Begründung: Schon beim mündlichen, mehr noch beim schriftlichen Wieder- und Weitererzählen wird eine „Tendenz zur Konstruktion bzw. Neuinszenierung" (ebd., 71) erkennbar. Wenn Erzählen wichtig ist „bei der Herstellung und Sicherung von historischer und biographischer Kontinuität" (ebd., 77), so ist *historische* Kontinuität gerade nicht durch Erzählen von Selbsterlebtem allein herzustellen.

Wenn Erzählen der Identitätsentwicklung und dem Selbstverstehen dient, dann gilt das auch für eine Art kollektiver Identität, also nicht nur für die (Re-)Konstruktion biografischer ‚Geschichte', sondern auch die (Re-)Konstruktion historischer Geschichte(n). Und damit hat man eine Begründung für anspruchsvolles Nacherzählen auch in höheren Klassen, die schwerlich anfechtbar sein dürfte. Vor diesem Hintergrund ist denn auch die eingangs kritisierte Tendenz in den Sekundarstufen, das Nacherzählen als altersunangemessen (weil naiv) und störend (weil zeitraubend) beiseite zu schieben, eher problematisch. So, wie Erzählen generell der Vergegenwärtigung, Ordnung und Deutung von Alltagserfahrung dient, dient Nacherzählen der Vergegenwärtigung, Ordnung und Deutung von aus Texten gewonnener Erfahrung. Und diese Erfahrung ist in vielen Bereichen die einzige, die Lernende im Klassenzimmer oder überhaupt machen können. Ihre Vergegenwärtigung ist oft mindestens so wichtig wie ihre handliche Zusammenfassung oder dann ihre begriffliche Erklärung.

Es gibt nicht nur die ‚texttreue', sondern auch die perspektivische Nacherzählung; ein und dieselbe Episode aus einer narrativen Vorlage kann aus verschiedenen Perspektiven erzählt werden. Diese Vorlage wiederum kann unterschiedliche Weise präsent (gewesen) sein: als Textkopie, als vorgelesene Geschichte, als frei erzählte und als ihrerseits bereits nacherzählte Geschichte. Wichtig ist, dass auch ein gedruckt vorliegender Text in der Erzählphase nicht mehr präsent sein sollte; einen vorliegenden Text zu bearbeiten, entspräche eher der Aufgabe der Inhaltswiedergabe oder Textzusammenfassung. Die Leistung des (Nach-)Erzählers ist demgegenüber eine weniger kognitiv von der Auseinandersetzung mit der Vorgabe bestimmte, als affektiv und pragmatisch von der Erzählaufgabe geprägte. Damit verbindet sich freilich das Anliegen, eine gelesene oder gehörte Geschichte lebendig wiederzugeben.

### Die aktive Rolle des Nacherzählers

Die fachdidaktische Literatur zum Nacherzählen hebt die aktive Leistung des Erzählers hervor. Das Nacherzählen eignet sich auch – sagt FROMMER 1984b,

24 zu Recht – besser als das einfache Wiedergeben/Zusammenfassen als methodische Brücke, die vom „Konkretisieren" eines gelesenen Textes zum Interpretieren führt. Und der seit einigen Jahren vielfach favorisierte Ansatz eines ‚lebensweltlichen' Lernens auch im Deutschunterricht begünstigt im übrigen eher das Nacherzählen als die sogenannte Inhaltsangabe; und jedenfalls eignet sich ein *Erzählen in sprachlicher und inhaltlicher Anlehnung an ein zu realisierendes Vorbild* sehr wohl dazu, Lernenden Möglichkeiten mündlichen und schriftlichen Ausdrucks zu erschließen, die ihnen verwehrt blieben, wollte man auf sachlich-prägnantem Wiedergeben von Inhalten, Zusammenfassen und Analysieren epischer Texte bestehen. Während die lange Zeit ausschließlich gepflegte sogenannte „treue" Nacherzählung dem fragwürdigen Prinzip der „Inhaltssicherung" (vgl. ebd., 22) gehorche, dienen andere Nach-Erzählprinzipien der aktiven Aneignung und mehr oder weniger literarischen Gestaltung einer Textvorlage. FROMMER (1984b, 21) unterscheidet

- *„aneignendes Nacherzählen"*, das vom Interesse und Aneignungswunsch des Erzählers geprägt ist,
- *„partnergerichtetes Nacherzählen"*, das den Bedürfnissen eines Adressaten angepasst ist,
- *„literarisches"* Nacherzählen, das alle gestalterischen Mittel wirkungsvollen Erzählens nutzt.

Während das „literarische Nacherzählen" jedenfalls in unserer Kultur der Schriftlichkeit vorbehalten bleibt, sind die beiden anderen Möglichkeiten offensichtlich auch und besonders mündlich eine Herausforderung.

### Zur Bewertbarkeit von Nacherzählungen

Es bleibt die Frage der Bewertung; welche Kriterien könnten hilfreich sein, um von Lernenden verfasste Nacherzählungen zu beurteilen, eventuell zu benoten? Neben dem allgemeinen Kriterium der *Textkohärenz* können folgende angelegt werden:

- Flüssigkeit der Rede,
- Stimmführung und andere paraverbale Signale,
- Gesten und andere nonverbale Signale,
- Konkretionsgrad (Details, z. B. akustische, optische, haptische, Eindrücke),
- Ausgestaltung der Erzählerrolle, z.B. durch Kommentare,
- Reagieren auf die Zuhörer, z.B. durch Fragen.

Keinesfalls sollte ‚wortgetreue' Wiedergabe im Sinn einer Gedächtnisleistung angestrebt werden; will man mnemotechnische Fertigkeiten schulen, so eignet sich eher das – freilich seinerseits nicht immer unproblematische – Auswendiglernen.

Zu bedenken ist stets, dass genau wie der Leser auch der Nacherzähler die Textwelt neu für sich aufbauen, Sinn erst *konstruieren* muss; auszugehen ist von einer produktiven und kreativen Leistung des Nacherzählens, das zugleich „Redeübung" *und* Vorstellungsübung ist.

## 2.3 Phantasiereisen

### Die Rolle der Vorstellungsbildung

Bei einer „Phantasiereise" wird die Vorstellungstätigkeit durch einen zu diesem Zweck verfassten Erzähltext gesteuert, jedenfalls dem Anspruch nach. Tatsächlich hat der Veranstalter einer Phantasiereise keine Möglichkeit der direkten Kontrolle; er soll und will auch keine haben. „Der Zuhörer der ‚Reisen' kann sich an die vorgegebenen Bilder halten oder aber in seiner eigenen Phantasie spazieren gehen. Er wird dann die Stimme des Vorlesenden nur noch als beruhigendes Geplätscher wahrnehmen" (MÜLLER 1983, 24). Streng genommen, stimmt das nicht ganz: Vorgeben kann man auf diese Weise überhaupt keine Bilder, sondern nur sprachliche Impulse, Angebote oder Vorschläge zur Visualisierung sozusagen. Die Bilder werden vom und im Hörer aufgebaut, sind eigentlich seine Leistung. Und die „Stimme des Vorlesenden" muss es auch nicht sein, es kann auch, bei einiger Übung, die Stimme eines spontan formulierenden Veranstalters sein.

Entscheidend ist hier die *Leistung des Zuhörens*; es ist nicht ein gespanntes, auf bestimmte Informationen gerichtetes Zuhören, sondern ein entspanntes, Bilder und Vorstellungen gleichsam kommen lassendes Zuhören. Nicht nur Erzählen-, sondern auch Zuhörenkönnen ist, wie bereits in Kap. 1 betont, ein Lernziel. „Phantasiereisen führen in unsere innere Welt, bringen uns in Kontakt mit unseren Vorstellungen und Phantasien": Definiert man so (wie hier TEML/TEML 1995, 5), so unternehmen wir tagtäglich Phantasiereisen: jeder Tagtraum, auch jede unangenehme plastische Vorstellung, die wir uns etwa vor einem wichtigen Gespräch, einer Prüfung machen, wäre eine. So ist es auch; die ungelenkte Phantasiereise ist ebenso wie die Spontanerzählung sozusagen ein lebensweltlicher Import – nichts, was Didaktiker (oder Therapeuten) hätten erfinden müssen. Sie benutzen es lediglich. Pädagogisch oder therapeutisch geschieht „die bewusste Aktivierung der

Innenwelt" mit dem Ziel, die „körperliche, geistige und seelische Entwicklung zu fördern" durch eine „bewusste Pflege der inneren Bilder" (TEML/TEML 1995,6). Deutschdidaktisch allerdings ist das nicht alles, noch nicht einmal das Wichtigste: Hier geht es um das Ziel, *solche „inneren Bilder" zur Sprache bringen zu können.* In die Didaktik ist dieses „imaginative Verfahren" (BLECKWENN/LOSKA 1988) eingeführt worden, nicht um Psychotherapie in der Schule zu betreiben, sondern um den mündlichen – und übrigens auch schriftlichen – Ausdruck zu fördern und zu bereichern. Und deshalb gehören die „Phantasiereisen" hierher.

### Phasen der Phantasiereise

Die gegenüber therapeutischen Ansätzen abgewandelte Gliederung einer Phantasiereise beschreiben BLECKWENN/LOSKA (ebd., 28) so:

(1) Die *Entspannungsphase*, in der man sich auf den Boden legen und in sich hineinhorchen soll (vgl. VOPEL 1981: *Anwärmspiele*), wird im Klassenzimmer meist reduziert auf entspanntes Sitzen.
(2) Dafür wird in der *Expositionsphase* der Aspekt der physischen Entspannung verstärkt.
(3) Die sprachlichen Anreize oder Anregung für die Vorstellungsbildung in der *eigentlichen Reisephase* fallen im Hinblick auf die anschließend geplanten Sprachproduktionen der Lernenden reichhaltiger aus. „Verbale Impulse" dienen als „Anker", die verhindern sollen, dass die Vorstellungstätigkeit der Zuhörer davondriftet.
(4) Auf die *Rückkehrphase* wird besonderer Wert gelegt, damit Phantasie und (schulische) Realität klar geschieden bleiben.
(5) Die Lernenden werden nicht auf 1. Person Präsens festgelegt; sie dürfen dann auch in der 1. Vergangenheit erzählen; und es wird nicht nur gesprochen, sondern auch geschrieben.

### Einsatz im Literaturunterricht

Woher aber kommen nun die Bilder, auf die man hofft und die man braucht? Es ist darauf aufmerksam gemacht worden, dass dieses imaginative Verfahren zum einen dem ähnelt, was Dichter und Schriftsteller offenbar tun, wenn sie Figuren, Schauplätze usw. imaginieren, und zum anderen natürlich auch dem, was Leser tun, wenn sie sich in den Text „verstricken" (vgl. ISER 1984). Sowohl produktions- als rezeptionsästhetisch also haben wir hier eine Analogie, die den Einsatz des Verfahrens auch im Literaturunterricht nahe legt (vgl. BLECKWENN/LOSKA 1988, 332): Auch hier gibt es eine ungelenkte Reise, die jede(r) Lesende immer schon auf eigene Faust unternimmt, und eine gelenkte, wo die Lehrerstimme „Anker" setzt. Und da wird deutlich, was ich zum Schluss genauso ausdrücklich wie beim Nacherzählen betonen will: Das Verfahren ist grundsätzlich für jede Schulstufe und jeden didaktischen Zusammenhang offen! Man stelle sich den Anfang von Kafkas Novelle *Die Verwandlung* vor; eine gelenkte Phantasiereise führt direkt in den Alptraum des Aufwachens als Käfer hinein und wäre Grundschülern keinesfalls zuzumuten; wohl aber 10.– bis 12-Klässern, mit denen man diesen Text lesen will oder gelesen hat. Ein solcher Einsatz im Literaturunterricht bedeutet dabei übrigens nicht, dass der Lehrer eine Nacherzählung des Textes liefern soll. Er kann und muss sich vielmehr auf beschreibende und schildernde Einzelbeobachtungen beschränken und soll – wie auch sonst – keinesfalls bewerten. Er soll vielmehr nur Impulse liefern für die innere Eigentätigkeit seiner Zuhörer/-innen.

Didaktisch (nicht pädagogisch oder therapeutisch) dient die Phantasiereise nach gestaltpsychologischen Grundsätzen der behutsam gelenkten Vorstellungs- und anschließenden Sprachproduktion. Gleichzeitig ist sie natürlich eine ‚mündliche' (jedenfalls anfangs aber schriftlich vorbereitete) sprachliche Leistung der Lehrperson – eine Leistung, die ebenso wie die des Erzählens geübt werden kann und muss.

### Aufgabe zu Kap. 2

- ♦ für drei Erzähler/-innen aller Schulstufen und Studierende

„Ein Obdachloser beim Bäcker"
Erzählt/Erzählen Sie nacheinander jeder eine kleine Begebenheit aus einem Buch des Journalisten Michael Holzach (*Deutschland umsonst*) über den Versuch, Deutschland ohne Geld zu durchqueren.

*(Die drei bekommen den gleichen Textauszug mit unterschiedlicher Aufgabenstellung; die beiden anderen Erzählversuche sollen sie nicht hören!).*

Zuhörer/-innen: Notiert/ Notieren Sie bei allen drei

- die benötigte Zeit,
- Beobachtungen zur sprachlichen Gestaltung,
- Beobachtungen zur para- und nonverbalen Gestaltung.

Die Türglocke der Konditorei macht ding-dong. Fette Cremetorten und obstbeladene Kuchenböden springen mir zu Dutzenden ins Auge. Gäste und Bedienung drehen die Köpfe. Ihre Blicke wandern an mir herab: Mein Hemd ist verschwitzt, in die Jeans hat der Stacheldraht einen Triangel gerissen, sandiger Staub bedeckt die Schnürschuhe. Die Landstraße ist mir wohl schon anzusehen. Ich halte mich an meinem Stock fest und warte im Verkaufsraum vor dem Kuchenbüfett, bis ich an der Reihe bin. Fünf Kunden stehen noch vor mir, zwei Uniformierte, zwei sonntagsfeine mollige Damen und ein Junge in kurzen Hosen. Er blickt mit freundlicher Neugierde, bis ihn die eine mit spröder Stimme fragt: »Willst du nun Apfel oder Aprikose?« Er will keins von beiden, lieber Negerküsse. Die Frau bestellt »zwei Aprikosenschnittchen ›mit‹«. Der Junge zieht einen Flunsch.

Nachdem die Soldaten endlich ihre Wahl zwischen dem Schokoladenkuchen, der Rumtorte und dem Buttercremestrudel getroffen haben, wendet sich die Verkäuferin mir zu. »Sie wünschen, bitte?« Welch eine Frage! Mir ist alles recht, ob Schnittchen, ob Torte oder Strudel, auch einzupacken braucht sie es gar nicht erst, ich verzehre gleich hier, stehenden Fußes. Das Bedienungsmädchen, blond, weißgeschürzt, wartet auf meine Bestellung. Ding-dong, neue Kundschaft kommt, durch den Türspalt sehe ich draußen meinen angebundenen [Hund] Feldmann, der sorgenvoll zu mir hereinstarrt. »Sie wünschen, bitte?« Ein wenig über den Tresen gebeugt, um nicht zu laut sprechen zu müssen, kommt aus mir der Spruch von Gustav: »Haben Sie wohl etwas altes Brot oder Gebäck übrig?« Mit dieser Frage ist auch meine Verlegenheit über dem Tresen. Als hätte ich dem Mädchen einen unsittlichen Antrag gemacht, läuft sie rot an, sagt nach kurzem Zögern dann »Einen Moment« und verschwindet durch eine Tür neben dem schön dekorierten Pralinenregal. Auf der Straße schrillt das Martinshorn einer Militärstreife heran und fährt vorbei. Die Aprikosenschnittchen lächeln mich an. Ding-dong, noch mehr Leute. Endlich kommt die Bedienung zurück, immer noch etwas verfärbt im Gesicht, eine Papiertüte in den Händen. »Bitte«, sagt sie mit betretenem Lächeln. »Danke«, sage ich, bemüht, ihrer Stimmlage zu entsprechen. Mit einem Ding-dong bin ich wieder draußen an der Luft. Feldmann tanzt.

Aus: Michael Holzach: *Deutschland umsonst. Zu Fuß und ohne Geld durch ein Wohlstandsland.* Berlin: Ullstein 1985.

I. Gib/Geben Sie eine knappe mündliche Inhaltsangabe dieser Episode.
II. Erzähle(n Sie) Sie diese Episode mündlich nach.
III. Erzähle(n Sie) die Geschichte so, als hättest du/hätten Sie sie selbst erlebt.

# 3 Informieren

## 3.1 Informieren in Alltag, Medien und Unterricht

### (Sich) Informieren im Alltag

Worüber haben Sie heute schon jemanden informiert, worüber sind Sie informiert worden, und in welchen Worten? Denken Sie nach und vergessen Sie auch Kleinigkeiten nicht!

Das Thema „Informieren" ist ein beängstigend weites Feld; es enthält eine Fülle von Anforderungssituationen, die in Alltag, Medien und Unterricht schnell erkennen lassen, über wie viel einschlägige Kompetenz jemand verfügt. Sowohl *face-to-face*-Kommunikation als medial vermittelte Kommunikation dient zwar nicht zur Gänze, wohl aber zu einem guten Teil der Information.

Die vorwissenschaftliche Selbstverständlichkeit aufzugeben, mit der wir das Wort „Informieren" im Alltag benutzen, ist gefährlich. *Nähere Informationen über die Rückkehrmöglichkeiten aus dem Krisengebiet erhalten Sie auf Anfrage beim Auswärtigen Amt. – Über Reservierungsmöglichkeiten informiert Sie unser aktuelles Faltblatt oder die Reiseauskunft am Schalter. – Informieren Sie mich sofort, wenn es etwas Neues gibt!*

### Aspekte informierender Sprechtätigkeiten

Offensichtlich sind hier jeweils unterschiedliche Aspekte informierender Sprechtätigkeiten gemeint: Weitergabe von Fakten, aber auch Aufklärung über Möglichkeiten und Konsequenzen von Entscheidungen; Übermittlung von Neuigkeiten, die mich unmittelbar betreffen; usw. Im Englischen ist das aus dem Lateinischen eingewanderte Wort *informatio(n)* ein sog. *uncountable*, was immer wieder zu Fehlern führt. Das Englische kennt keine Mehrzahl von *information*, sieht seine Benutzung ausschließlich als *Abstraktum* vor. Das ist Weisheit der Sprache; die deutsche Angewohnheit, von Information*en* zu sprechen, die man austeilen, bekommen, weitergeben könne, täuscht etwas Falsches vor: dass es nämlich isolierbare Einzelelemente gäbe, denen man konkret informierenden Charakter zuschreiben könnte. Was ist denn *eine Information*? Ein Faktum selbst oder erst seine sprachliche Darstellung für einen andern? Die Medien vermitteln uns den Eindruck, die Welt bestehe aus Informationen. Aber eigentlich stimmt das nicht: Sie besteht aus Gegenständen und Sachverhalten, Fakten, Verhältnissen, Meinungen usw.; und erst deren Auftreten in Sprachhandlungen und Sprechtätigkeiten schafft das, was wir im Alltag oft unreflektiert „Informationen" nennen.

Wie sieht nun aber ihre Versprachlichung konkret aus? Für pragmatische Texte im Bereich der Schriftlichkeit hat man drei Grobkategorien gebildet: *narrative, deskriptive und argumentative Texte*. Auf die Mündlichkeit kann man das nicht problemlos übertragen (vgl. auch SCHOENKE 1991, 75):

- Die Schriftlichkeit ist so gut wie rein monologisch, im mündlichen Sprachgebrauch gibt es eher monologische *und* eher dialogische Tätigkeiten.
- In der Schriftlichkeit lässt sich der Bereich des Narrativen – als fiktional, ästhetisch, literarisch o.ä. leichter ausgrenzen; in der Mündlichkeit gehen erzählen und berichten/beschreiben dauernd ineinander über und lassen sich nur heuristisch trennen. *Wolff* (1981, 93) fasst „die Tätigkeit des Berichtens/Erzählens" als *eine* auf. Einen Überblick über *Beschreiben* in fachdidaktischer Sicht gibt FEILKE 2003, über *Berichten* ders. 2006.
- Das gleiche gilt für argumentierende vs. informierende (erzählende und/oder berichtende, beschreibende, schildernde) Handlungen; auch hier sind die Übergänge fließend: *Hier in der Stadt ist es ganz ruhig, es besteht kein Grund zur Panik, alle Läden haben normal geöffnet. / Aber der Außenminister sagte im Fernsehen, allen deutschen Staatsbürgern rate er zur Ausreise. / Aber ich krieg überhaupt keinen Platz bei der Lufthansa. Ein Bekannter hat mir vorhin auf der Straße erzählt … usw.*

Wo hört das Informieren auf, und das Erzählen beginnt? Und wo hört das Erzählen auf, und das Argumentieren beginnt? Die eben angeführten Beispiele zeigen, dass sich so etwas wie ‚eine Information' schwerlich würde isolieren lassen.

### Modi informierenden Sprechens

Vier Modi informierenden Sprechens sollte man unterscheiden: Berichten, Beschreiben, Schildern, Erklären. Die Nähe zum Erzählen betont das Schildern; die Nähe zum Reden (*Vor andern sprechen*) das Erklären. Und für alle vier gilt, dass sie nicht als Gegensätze zum Argumentieren verstanden werden dürfen, sondern quasi als die Bausteine anzusehen sind, aus denen Argumentationen im Gespräch oder in einer Rede zusammengesetzt werden.(Auch der Minister im Fernsehen, der je nach Lage warnen oder beruhigen möchte, sagt solche Sätze.) „Unterrichtung, Benachrichtigung, Aufklärung", definiert ein Konversationslexikon den Begriff Information; das ist nicht falsch. Aber die Zwecke und Ziele des Unterrichtens, Benachrichtigens oder Aufklärens bleiben dabei ausgeblendet. ‚Reine'

Information unabhängig von Zielen oder Zwecken gibt es im Alltag wohl gar nicht, und in den Medien auch nur dem Anspruch nach; denn mindestens die Auswahl von ‚Informationen', die uns der Tageszeitung, das Nachrichtenmagazin usw. präsentiert bzw. vorenthält, verfolgt doch wohl Ziele und Zwecke. Und halten wir uns vor Augen, dass wir hier über Kommunikationsprozesse nachdenken wollen und zum Kommunizieren immer mindestens zwei gehören, so bedeutet das: Auch wenn der Nachrichtensprecher das ‚reine' Faktum verliest bzw., was wie gesagt nicht dasselbe ist, seine *sprachliche Darbietung* in beschreibender/berichtender Form, so hören wir das, was er sagt, in spezifischem Interesse; wir hören gewissermaßen Argumente, wo scheinbar nur berichtet, beschrieben oder geschildert wird. (*Da hörst du's, schon wieder ist dort geschossen worden.*)

Beständig also teilen wir uns gegenseitig das Ergebnis von Beobachtungen, Erfahrungen und Kommunikationsprozessen mit: Wir erzählen nicht nur, sondern wir berichten, beschreiben, schildern und erklären. Wir tun das immer im Rahmen einer Kommunikationssituation, die den Partner darüber orientiert, in welchem Sinn er das Berichtete, Beschriebene oder Geschilderte als *Argument* auffassen soll/kann.

## 3.2 Berichten, Beschreiben, Schildern im Deutschunterricht

### Statische vs. dynamische Darstellung

Traditionell unterscheidet man im Deutschunterricht (vor allem in Hinblick auf das Schreiben) zwei Möglichkeiten des sachorientierten Darstellens, je nachdem ob der Gegenstand *statisch* oder *dynamisch* gefasst werden muss: einen Vorgang berichtet, ein Objekt beschreibt man. Beim Erzählen/Schildern wurde lange Zeit genauso verfahren; erzählen sollte der Handlung gelten, schildern den Situationen, Stimmungen, *settings* (Landschaften usw.). Wir gehen heute allerdings davon aus, dass es auch eine Verlaufsschilderung gibt, sich das Schildern also vom Erzählen eher durch ein anderes *Verhältnis* des Sprechers zur Sache abhebt: wer erzählt, spricht ergebnisorientiert (auf einen End-Punkt hin), wer schildert, wahrnehmungs- und damit prozessorientiert. Im Alltag treten berichtende, beschreibende, erzählende und schildernde Sprachhandlungen oft integriert auf. Lässt man Lernende z.B. über eine Exkursion sprechen, so können die Zuhörer/-innen versuchen, diese Aspekte zu unterscheiden; dabei wird man je nach Schulstufe vereinfachen müssen; in der Grundschule etwa würde es genügen, den Versuchsbeobachtern zwei solche Aspekte vorzugeben bzw. zu ihrer Unterscheidung aufzufordern.

In der Sekundarstufe I dagegen könnten alle unterscheidbar werden, und es wäre sogar denkbar, diese künstliche Verständigungssituation durch eine reale zu ersetzen, die Beobachtungen also z.b. an einer im Radio gesendeten *Reportage* anstellen zu lassen: Der Reporter befindet sich am Ort des Geschehens; was muss er berichten, damit man orientiert ist über die Vorgeschichte, was beschreiben, weil wir den Ort ja nicht sehen können? Was will er schildern, weil es exemplarisch ist für die Stimmung und andere Auswirkungen des Geschehens auf Betroffene und Augenzeigen? Wen will er zu Wort kommen lassen, und was tun diese Betroffenen vor dem Mikrofon: schildern, erzählen, berichten, beschreiben, erklären, anklagen, entschuldigen ... ?

### Zerlegung einer komplexen Sprachhandlung in Teilhandlungen

Das heißt also: Wenn wir eine „reale Situation" untersuchen, beobachten und analysieren wir eine komplexe kommunikative Ganzheit, die wir überhaupt nur theoretisch zerlegen können; neben den uns hier interessierenden informierenden Teilhandlungen kommen natürlich auch argumentative vor, die uns erst später beschäftigen werden. Dennoch ist eine solche Zerlegung didaktisch notwendig und von daher begründbar: Die Didaktik des mündlichen Sprachgebrauchs hat immer wieder darauf hingewiesen, dass es nicht genügt, grundsätzliche kommunikative Kompetenzen zu nennen, die erlernt werden sollen (auch wenn diese das eigentlich Wichtige sind); sondern dass es möglich und bis zu einem gewissen Grad notwendig ist, einzelne Sprachhandlungsmuster so zu isolieren, dass sie einzeln einübbar sind an künstlichen Kommunikationsfällen. *Beschreibe einen Gegenstand der realen Welt; berichte von einem Ereignis, dem du beigewohnt hast; schildere den Eindruck, den der Ort oder eine beteiligte Person (usw.) auf dich gemacht hat.*

### „Informieren" als Lehrplanziel (Beispiel)

Die Isolierung einzelner sprachlicher Handlungen ist Vorzug und Nachteil zugleich. Das gilt nicht nur für das Ziel „Informieren". Für dieses sei es aber hier demonstriert, und zwar am Bayerischen Gymnasiallehrplan. Dieser sieht in der 6. Kl. unter der Überschrift „Informieren" (mündlich) u.a. vor: „Gegenstände, Vorgänge beschreiben; Regeln, Gebrauch und Funktion von Gegenständen erläutern". In Kl. 7 (ebd., 315) sind es dann „komplexere Abläufe, Vorgänge und Gegenstände", die auch „in Zusammenhängen (zu) veranschaulichen" sind. In Kl. 8 soll schließlich informiert werden über „Sachverhalte und Probleme"; weiterhin sind „Gegenstände, Vorgänge, Personen (zu) beschreiben" (ebd., 320). Daneben tritt jetzt (ebd.) aber auch das Schildern als eigene sprachliche Tätigkeit aus: „Situations- und Stimmungsbild" soll dabei herauskommen, als „persönlich geprägte Sprachform". Das klingt sehr pädagogisch und sehr wenig alltagsweltlich. Aber der neue Lehrplan verweist an dieser Stelle, und das muss man wohl doch für einen Fortschritt halten, auch auf mediale *Textsorten*: „auch als Feature, Reportage u.ä." (ebd.).

In diesem Lehrgang zwischen Kl. 6 und 8 erkennen wir unschwer die Vermittlung von drei der in diesem Kapitel unterschiedenen Teilaspekte informierenden Sprechens. Der Lehrgang läuft weiter, indem in Kl. 9/10 das Zusammenfassen von Gesprächen, Texten und Sendungen geübt werden soll – wir können sagen: indem das berichtende, beschreibende und schildernde Formulieren *anderer* nun zum Ausgangspunkt wird. Der Übergang zum Erklären und Argumentieren ist sicherlich fließender, als der Lehrplan erkennen lässt, der dieses Ziel in einem anderen Abschnitt getrennt ausweist: „Sachverhalte, Vorgänge, Auffassungen und Einstellungen [...] kommentieren, erörtern und beurteilen". Selbstverständlich ist das nicht möglich ohne berichtende, beschreibende und eventuell schildernde Teilhandlungen. Der Kernbereich, die Vermittlung der Kompetenz *Informierenden Sprechens*, ist die Sek. I. Unabhängig von der Wahl und Komplexität der Gegenstände/Sachverhalte ist es eine Versachlichung des Sprechens überhaupt, die eingeübt werden soll.

### Sachorientiertes Sprechen als Auseinandersetzung mit der Welt

Bearbeitet wird damit das Verhältnis zur Welt überhaupt: WOLFF (1981, 93) gibt an, schon von Kl. 2 an sei das „Erzählen/Berichten" dafür „geeignet, eine Auseinandersetzung des Kindes mit der Außenwelt, mit sich selbst, mit dem Gegenüber zu unterstützen." Nun gilt das in dieser Allgemeinheit eigentlich für mündlichen Sprachgebrauch jeder Art; das Berichten, Beschreiben und Schildern unterstützt darüber hinaus jedoch „die Entwicklung kognitiver Strukturen" (ebd.): es stabilisiert den „Gegenstandsbegriff", bildet Raum- und Zeitvorstellungen (besser) aus und fördert die Wahrnehmungsfähigkeit. Informierendes Sprechen ist mehr als bloße Wiedergabe oder Darstellung eines Geschehens oder einer Tatsache, ist vielmehr unmöglich ohne eine „geistige Tätigkeit" (WOLFF, ebd.), die das Beobachtete/Erlebte oder Gelesene/Gehörte in eine *Ordnung* bringt: bei Berichten ist es meist eine chronologische, bei Beschreibungen eine räumliche (von oben nach unten, vom Vordergrund zum Hintergrund, usw.), bei Schilderungen eine nach dem ‚Stimmungswert').

Will man also aus einem komplexen Kommunikationsgeschehen, das nicht nur im Alltag, sondern auch in der Schule verschiedenartige Teilhandlungen enthält – neben berichtenden, beschreibenden, erzählenden und schildernden selbstverständlich auch Informationen erfragende und bewertende Handlungen – überhaupt einzelnes isolieren, so kann man nur, wie unsere Lehrpläne das tun, von den Gegenständen aus ordnen: Informiertwerden kann über Menschen, Tiere, Pflanzen Dinge; aber dann auch Vorgänge sowie komplexe Zusammenhänge, die erklärende Teilhandlungen nötig machen. Damit ist klar, dass solche Sprachtätigkeiten nicht nur erlernt werden sollen, um die Fähigkeit zur partnergerechten sachorientierten Kommunikation zu schulen, sondern auch, um die kognitive Entwicklung des Sprechers zu fördern.

*Informieren*

## Info-Seiten 4: Wissen beim Sprechen:
## das Verhältnis von Sprach- und Sachkompetenz

Über das Verhältnis von Sprechen und Wissen ist weniger bekannt, als man glauben möchte (zum Wissen beim *Schreiben* vgl. dagegen MÜLLER 1997). Die Pädagogik war sehr lange Zeit „sprachfeindlich" (vgl. kritisch BOLLNOW 1966). Dass so gut wie alles pädagogische Wirken im Medium der Sprache vor sich geht, hätte zwar auch früher niemand bestritten; aber wichtig nahm man das nicht, es schien so selbstverständlich. Erst seit den 1990er Jahren gibt es Bemühungen, die Rolle der Sprache in der Auseinandersetzung über die Welt der „Gegenstände und Sachverhalte" (so BÜHLERS oft zitierte Bestimmung der Darstellungsfunktion von Sprache) differenzierter zu sehen. (Im 1. Kapitel wurde GARDT 1995 zitiert, der gute Gründe dafür anführt, die Konstruktion einer ‚reinen' Darstellungsfunktion aufzugeben.)

Lange hat man geglaubt, man müsse alles, worüber man reden wolle, vorher gewusst, erfahren, durchdrungen haben. Heute gehen wir davon aus, dass es den ‚Gegenstand' oder ‚Sachverhalt' sozusagen vor aller Sprachlichkeit nicht gibt. Wir schaffen ihn vielmehr erst dadurch, dass wir sprechen. Bekannt ist der Aufsatz Heinrich v. KLEISTS „Über das allmähliche Verfertigen der Gedanken beim Reden" (1805/06). Darin hat KLEIST wohl als erster die These ernsthaft vertreten, über etwas zu sprechen heiße, „zur Erkenntnis zu gelangen". Reden war ihm lautes Denken, das Gegenüber der Rede eine Art Katalysator, nämlich ein „Quell der Begeisterung". Und diese Erfahrung kann man ja tagtäglich machen: dass man in einer Situation, in der man redet, Dinge zu sagen imstande ist, die einen selbst überraschen – oder überraschen würden, würde man sich beim Reden zuhören (also *reflexiv sprechen*). Die Gedanken, wusste KLEIST, kommen oft beim Reden wie der Appetit beim Essen.

Was bedeutet es nun sprachdidaktisch, dass das, was wir über die Welt denken, oft erst beim Sprechen „verfertigt" wird? Und kann ich womöglich auch das, was ich über die Welt *weiß*, erst beim Sprechen „verfertigen"? Wohl nicht, wenn man unter Wissen ‚Fakten' versteht. Aber aus Prüfungsgesprächen weiß man auch, dass es unter günstigen Umständen möglich ist, aus dem Prüfling etwas hervorzuholen (ihn etwas verfertigen zu lassen), wovon er nicht wusste, dass er es weiß; nicht Fakten, sondern Zusammenhänge. Grundlegend dafür ist weniger Wissen als Können; genauer: ein sprachliches Können, eine Fähigkeit zur verbalen Kommunikation, zum Zuhören und Aufeinandereingehen.

Aber das ist nicht so gemeint, als könne ‚Gerede', wenn man Glück hat, Sachwissen ersetzen oder sein Fehlen kaschieren; nein: in ihrer radikalen Form lautet die

These, um die es hier geht, dass „sich die Trennung des sprachlichen Wissens und des sachlichen Wissens weder begrifflich noch empirisch durchhalten lässt" (SWITALLA 1993, 39).

Diese Trennung ist aber das Fundament, auf dem die von BOLLNOW kritisierte sprachfeindliche Pädagogik ruhte. SWITALLA (1993, 48) sagt weiter:

„Im naturwissenschaftlich-technisch orientierten Sachunterricht folgt man der Fiktion eines rein sachlichen Umgangs mit den Dingen; im sozialkundlich orientierten Sachunterricht der Fiktion eines rein subjektiven Umgangs mit der eigenen Betroffenheit. Im [...] formalgrammatisch orientierten Sprachunterricht folgt man der Fiktion eines rein technischen Umgangs mit der Sprache. Man tut ebenso, als ob die Erkenntnis der Welt, die Erkenntnis der andern und die Erkenntnis der eigenen Person ohne Interpretation im Medium der Sprache möglich wäre."

SWITALLA setzt dagegen, dass die Sprache eben nicht nur Darstellungswerkzeug ist, sondern kognitives Medium des Lernens. Wenn das richtig ist, so sind heute alle Fachdidaktiken, nicht nur die Deutschdidaktik, aufgerufen, im Zeichen eines fächerübergreifenden Sach- und Sprachlernens die irreführende Trennung von Sachlichkeit und Sprachlichkeit zu überwinden. Sachunterricht ist Sprachunterricht und umgekehrt. Für die Schulfächer, die sich als Sach-Fächer verstehen (also die meisten), und für diejenigen Lernbereiche im Deutschunterricht, die sich ebenso verstehen (also z.B. den Literaturunterricht) heißt das, dass die sprachliche Form unseres Sprechens über die Dinge der wirklichen Welt nicht nur eine Frage der Zweckmäßigkeit und der richtigen Begriffskenntnis ist, sondern eine Form der Erkenntnis. Darüber zu reden – auch unbegrifflich, metaphorisch, assoziativ, unpräzise, unwissenschaftlich, ‚subjektiv', usw., darf in keinem Fach und keinem Sachzusammenhang verpönt sein; denn das Reden darf nicht erst anfangen, wenn ‚die Sachen geklärt' sind bzw. vom Lehrer erklärt, sondern es hat selbst heuristische Funktion. Wäre dies nicht so, es könnte Sprechen im Deutschunterricht allenfalls als bloße Kommunikations- und Konversationstechnik geben, nicht als eigenen Lernbereich, der die Menschen stärken und die Sachen klären soll und kann. Es ist derjenige Lernbereich und der Deutschunterricht insgesamt derjenige Fachunterricht, der – wenn es denn Fachunterricht geben muss – das Zusammentreffen, das Mit- und Ineinander von Sachwissen und Sprachwissen organisieren und fruchtbar machen muss. Hier, wenn irgendwo, erfahren die Schüler, dass Sprache ein Medium der Erkenntnis ist und es nie und nirgendwo darum geht, schon fertiges und zuhandenes Wissen bloß noch verbal einzukleiden.

## 3.3 (Sich) Informieren im Rahmen projektorientierten Arbeitens

### „Projektorientiertes Arbeiten" als Begriff

„Projektarbeit im Deutschunterricht" (INGENDAHL Hrsg. 1974) wurde zwar in einer euphorischen ersten Phase vor dreißig Jahren in ihrer praktischen Machbarkeit sicherlich überschätzt; aber eine neuere Publikation von FRITZSCHE u.a. (1992) hält mit Recht am Begriff des Projekts theoretisch fest und dokumentiert an einer Vielzahl von Beispielen – Einsendungen zu einem vom Klett-Verlag 1990 veranstalteten Wettbewerb –, dass seit den 1970er Jahren der Projektgedanke in den Deutschunterricht tatsächlich bis zu einem gewissen Ausmaß Eingang gefunden hat. Aber wie unterscheide ich ein Projekt von bloß thematisch integriertem oder allenfalls „projektorientiertem" Arbeiten? Die Unterschiede sind graduell, die Grenzen fließend; trotzdem gibt es harte Kriterien, die in der Literatur etwa so gefasst werden:

- Motivation möglichst aus der Bedürfnislage der Lernenden,
- aus der Praxis (Lebenswelt) her kommende und wieder auf sie bezogene Zielvorstellungen,
- selbstbestimmtes Lernen,
- vom gemeinsamen Ziel bestimmtes sprachliches Handeln,
- Ablauf in deutlich unterscheidbaren Phasen,
- Interdisziplinarität.

Die Kluft zwischen dieser Utopie und der pädagogischen Praxis ist bekannt. Auch in einer abgemilderten Variante, die mit den Strukturen unserer Schulen und den oft nicht optimalen Rahmenbedingungen besser vereinbar ist und sich unter dem Namen „projektorientiertes Arbeiten" durchgesetzt hat, sind wenigstens einige der Ziele erreichbar: Lernen ist auch hier eher als sonst selbstbestimmt, an den lebensweltlichen Interessen der Schüler ausgerichtet sowie interdisziplinär. Von den drei Vorzügen des Projekte, die IVO (in: FRITZSCHE et al. 1992, 118ff.) genannt hat (Ereignishaftigkeit, Integrativität und Prozesshaftigkeit) sind zumindest die beiden letzteren auch hier anzutreffen: Nicht fertige Erkenntnisse sollen nur noch vermittelt, sondern Erkenntnis- und Forschungswege und -methoden sollen selbständig erprobt, Ziele und Fragen von der Lerngruppe formuliert werden, und zwar in bewusster Überschreitung von Fächergrenzen. Erwerb von Wissen aus Büchern sowie von Fähigkeiten und Fertigkeiten an isolierten und formalistischen Übungsaufgaben sollte weitestgehend ersetzt werden durch Erwerb von Wissen und Kompetenzen in und aus sachlichen Zusammenhängen, in denen *gehandelt* wird.

Was hat nun solch „projektorientiertes Arbeiten" mit mündlichem Sprachgebrauch zu tun? Es geht hier um die Frage, was der Anteil des Faches Deutsch an einem „interdisziplinären" Projekt ist, und was der Anteil des Lernbereichs Sprechen/Miteinander Sprechen an einem projektorientierten Unterricht *im* Fach Deutsch.

### Der Anteil des Faches Deutsch an einem „interdisziplinären" Projekt

Deutsch ist das einzige Schulfach, in dem Sprache nicht nur Medium, sondern selber Gegenstand des Lernens ist. Ziele wie „Sprachdifferenzbewusstsein" können zwar auch im Fremdsprachenunterricht bis zu einem gewissen Grad verfolgt werden, aber den Blick Lernender auf die *Sprachlichkeit unserer Umwelt* zu lenken, das ist ein genuines Ziel des Faches Deutsch. Nicht nur der traditionelle lernziel- und lehrerzentrierte Unterricht in allen Schulfächern, sogar – wie ich sagte, weithin in Deutsch – ging von dieser Trennung aus, sondern nach meinem Eindruck zunächst auch der Projektgedanke. Damit meine ich: Auch die Didaktik des Projektunterrichts war nicht gefeit dagegen, der Sprache eine nur dienende Rolle zuzuschreiben: es geht eigentlich um Ziele kognitiver Art (etwas wissen bzw. erfahren), pragmatischer Art (etwas herausfinden bzw. untersuchen) instrumenteller Art (etwas aus- oder durchführen), affektiver Art (etwas bewerten; eine Beziehung dazu aufbauen). Dass solche Ziele, und zwar auf allen vier Ebenen, fast durchweg mit sprachlichen Mitteln zu erreichen sind und nur mit diesen Mitteln, erscheint selbstverständlich, kaum der Rede wert. „Interdisziplinarität", so ehrenwert sie war und ist, bedeutete in der Praxis gerade. die *sprachdidaktische Natur von Projektarbeit* überhaupt nicht zu sehen oder nicht wichtig zu nehmen. Das gilt – wohlgemerkt – unabhängig von Gegenständen oder Themen; also z.B. nicht nur für den Spezialfall, dass sich ein Projekt etwa mit Sprache und Sexualität befasst (10. Hauptschulklasse aus Krefeld: vgl. FRITZSCHE 1992, 9–16) und notgedrungen themazentrierte Sprachreflexion betreiben muss. Gemeint sind Projekte jeder Art, ganz gleich, ob es sich um (a) Kontakt- und Unterhaltungsprojekte handelt, (b) um Veränderungsprojekte oder (c) um Orientierungs- und Forschungsprojekte (Einteilung nach MÜLLER-MICHAELS).

### Phasen eines Projekts

Idealtypisch gegliedert hat ein Projekt vier Phasen; in jeder Phase ist mündlicher Sprachgebrauch relevant:

(1) Motivations- und Zielentscheidungsphase: Beratung über das Thema, Diskussion von und Abstimmung über Optionen,
(2) Planungsphase: Klärung von und Entscheidung über die Vorgehensweise und die Zeitplanung,
(3) Durchführungsphase: Sprechen/Miteinandersprechen in vielen Formen (z.B. Interviews, Arbeitsgruppengespräche, szenisches Spiel, Erklärung und Zusammenfassung von Rechercheergebnissen),
(4) Reflexionsphase: Statements, Diskussion.

### Der Anteil des Lernbereichs an einem projektorientierten Unterricht im Fach Deutsch

Nicht alle von FRITZSCHE et al. dokumentierten Vorhaben sind Projekte in Vollform; eine ganze Reihe würde ich als Formen projektorientierten Arbeitens einstufen, weil sie im Wesentlichen in einem Fach (oft Deutsch) durchgeführt worden sind. Das gilt z.B. für das Vorhaben der „Überprüfung des Wahrheitsgehalts eines Stern-Berichts" (9. Gymnasialklasse aus Bremen: vgl. FRITZSCHE et al. 16 ff.); allerdings fand diese Überprüfung aus praktischen Gründen vorwiegend in der Schriftlichkeit statt. Das Gleiche gilt für das Vorhaben „Thomas Mann in Italien" (Deutsche Schule Rom, 12. Kl.: vgl. FRITZSCHE et al. 1992, 16 ff.) das allenfalls insofern den Fachunterricht (Leistungskurs Deutsch) bedingt überschritt, als es in eine Buchproduktion einmündete, die mit allerlei praktischen Organisationsproblemen verbunden gewesen sein wird. Ich wähle also ein anderes, offenbar ebenfalls eher fachspezifisch projektorientiertes Vorhaben aus, das ich vorhin schon erwähnt habe: die Untersuchung des Zusammenhangs zwischen Sprache und Sexualität in Liebe und Partnerschaft durch eine 10. Hauptschulklasse aus Krefeld (vgl. FRITZSCHE 1992, 9–16). Der Lehrer (Gottfried Eßer) schrieb selbst dazu, dass eine fruchtbare Zusammenarbeit mit Biologie und Religion leider „selten" zustande kam (ebd., 10). Die Arbeit gliederte sich in eine Lesephase, in der man sich dem Thema über die Rezeption literarischer Texte näherte, in eine Wortfeldarbeit, die auch Feldarbeit im sozialwissenschaftlichen Sinn war, weil die Lernenden auszogen, „Wortmaterial" zu sammeln, und schließlich in eine Schreibphase, die hier nicht interessiert.

### Sprachtätigkeiten im projektorientierten Unterricht

Im projektorientierten Unterricht wird zwar auch nicht mehr geredet als sonst im Deutschunterricht, aber die Rederechte sind anders verteilt und die sprachlichen Handlungsabsichten sind andere. Während sonst oft zu ca. 70 % oder mehr die Lehrkraft redet, hat man es hier mit *themazentrierten Gesprächen* zu tun sowie mit sprachlichen Auseinandersetzungen über die Vorgehensweise sowie die Interpretation bzw. Bewertung gesammelter Daten und festgestellter Zusammenhänge. Erst durch den Charakter gemeinsamen Handelns auf ein ausgehandeltes Ziel hin wird aber Reden zum mündlichen Sprachgebrauch, bleibt es nicht frontal gelenktes Unterrichtsgespräch. Erst dann *handeln* die Lernenden wirklich selbst mit und durch Sprache.

Fragen wir nach den *Sprachtätigkeiten*, die in Zusammenhang mit einer solchen projektorientierten Arbeit anfallen. Auch ohne dass der erwähnte Projektbericht ausführlich genug wäre, um das in jedem Punkt zu belegen, kann man eine stattliche Liste unterstellen: Da wird jedenfalls erzählt, geschildert, berichtet, Gehörtes/Gelesenes zusammengefasst; da werden in und außerhalb der Schule Leute befragt (Interviews gemacht), Notizen angefertigt, verglichen und zu schriftlichen Darstellungen verarbeitet; da werden Sach- und Fachtexte studiert und ggf. Fachleute zu Rate gezogen; und da wird schließlich argumentiert und diskutiert, und zwar nicht nur über die strittigen Aspekte des Projektthemas, sondern, oft wichtiger noch, um die Ziele und die Mittel und Wege, diese zu erreichen, denn schließlich soll keins von beiden durch Lehrende vorgegeben werden.

Projektorientiertes Arbeiten im Deutschunterricht ist eine die Komplexität außerschulischen Sprachhandelns gut nachbildende Anforderungssituation; es ist zuallererst mündlicher Sprachgebrauch mit Zielen, die sich zwar nicht auf Sprache selbst beziehen müssen, jedoch können: In diesem Fall wird als eines der Ergebnisse ausdrücklich vermerkt, dass im Zug des projektorientierten Arbeitens besonders den Jungen der Klasse „ihr unbekümmerter Sprachgebrauch fraglich wurde" (ebd., 14).

Projektorientiertes Arbeiten ist auf mündlichen Sprachgebrauch vielfach angewiesen, d.h. auf zielgerichtete sprachliche Tätigkeiten (sprachliche Handlungen), die weder allein von der Lehrkraft ausgehen noch allein von ihr verantwortet werden. Gerade dieses Prinzip des möglichst wenig fremdbestimmten *learning by doing* schafft eine Atmosphäre, in der das Berichten, Beschreiben, Schildern, Erzählen, Zusammenfassen nicht mehr (nur) monologisch isoliert, sondern dialogisch in den Projektablauf eingebunden sind. Zu informieren und sich informieren zu lassen ist dann nicht schulische Aufgabe, von der Lehrkraft gestellt, sondern logische Reaktion auf vorausgehende sprachliche Handlungen. Analoges gilt für Diskussionen und Debatten.

## 3.4 Erklären und Zusammenfassen in einem kompetenzorientierten Unterricht

### Der didaktische Anspruch des Erklärens

Erklären als Leistung hat noch deutlicher als das informierende Beschreiben, Berichten und Schildern einen didaktischen Anspruch. Gleichgültig, wer wem was erklären will oder soll, er oder sie sollte der berechtigten Erwartung genügen, tatsächlich einen Einblick in Gegenstand oder Thema zu vermitteln und dabei Vorwissen und Interessen der Hörer/-innen in Rechnung zu stellen. Prototyp und Vorbild in diesem Sinn ist die Lehrkraft selbst – erklärende Sprachhandlungen kommen zunächst und vorwiegend von ihr. Ein Schaubild zum Epochenumbruch um 1900, eine nähere Bestimmung des Begriffs „Erzählte Zeit", die Funktionen des Konjunktiv I im Deutschen ...: Immer ist das, wenn es um Sachzusammenhänge oder Fachbegriffe geht, mehr als Beschreiben oder Schildern, es ist notwendigerweise bereits Deuten und Verknüpfen mit vorhandenen Wissensbeständen. Analog gilt in Bezug auf zeitliche Abläufe, dass Erklären mehr ist als Berichten: Es ist auf Bekanntes zurückzugreifen, um neues Wissen zu vermitteln; es ist ein Zusammenhang herzustellen z.B. im Schreibunterricht zwischen der Adressatenorientierung einer Textsorte und ihrer sprachlichen Beschaffenheit, oder im Literaturunterricht zwischen einer neuen Gattung wie dem bürgerlichen Roman und den soziopolitischen Verhältnissen der Entstehungszeit. Erklären ist Informieren, aber nicht nur über Fakten oder Wirklichkeitsausschnitte, sondern eine Ebene höher über Möglichkeiten, solche Fakten und Ausschnitte einzuordnen, zu deuten, argumentativ zu verwenden.

### Erklären als Kompetenz

Es ist eigentlich erstaunlich, dass das Erklären als sprachliche Handlung eigenen Rechts in der Fachliteratur zum mündlichen Sprachgebrauch bisher kaum Aufmerksamkeit gefunden hat, geschweige denn zum Kompetenz-Kandidaten für den Bereich der Mündlichkeit ernannt worden ist. Verräterisch ist die Formulierung „Inhalte zuhörend verstehen" aus den KMK-Standards (vgl. oben, S. 31): Sie verweist darauf, dass auf der Gegenseite schlicht etwas fehlt: Erklären, als das *verstehensorientierte* Vermitteln von Wissen und mentalen Modellen zum Verständnis von Information, macht verstehendes Hören leichter. Das ist der didaktische Anspruch – dem Sprecher, der komplexe Zusammenhang nicht nur wiedergibt, sondern erklärt, leichter folgen und das Gehörte besser behalten zu können.

Unter den in den Hauptschulstandards genannten Sprachhandlungstypen („Vorstellungsgespräch/Bewerbungsgespräch, Antragstellung, Bitte, Aufforderung, Beschwerde, Entschuldigung, Dank") fehlt aus dieser Sicht das *Beantworten von Verständnisfragen*, obwohl es in Schule und außerschulischem Alltag, bis hin zum Berufsleben, eine der häufigsten Kommunikationssituationen sein dürfte.

In der Praxis eines kompetenzorientierten Unterrichts tun Situationen Not, in denen Lernende auch selbst die aktive Rolle einnehmen und anderen etwas erklären können – etwa als Teil einer Buchvorstellung, eines Kurzreferats über ein eigenes Hobby, als Bericht von einer Exkursion oder Reise, als Redebeitrag aus einer Expertengruppe im projektorientierten Unterricht. *Lernen durch Lehren*, ein von MARTIN (z.B. 1998, 2002) für den Hochschulunterricht entwickeltes Konzept, tut auch in der Schule seine Wirkung.

### Zusammenfassen als Kompetenz

In einem solchen Rahmen gibt es dann auch die Anforderungssituation des mündlichen *Zusammenfassens*. Was ein gelesener Text an Information vermittelt, oder was ein Gespräch in der Arbeitsgruppe ergeben hat, soll in komprimierter Form wiedergegeben werden. Gilt jedoch die schriftliche Zusammenfassung heute vielen Lehrplänen als Einstieg in die ‚Inhaltswiedergabe', und gibt es dazu didaktisch-methodische Überlegungen im Zeichen der Kompetenzorientierung (vgl. ABRAHAM/FIX 2006), so ist über das mündliche Zusammenfassen noch kaum nachgedacht worden. Neben das Erklären wird es hier gestellt, weil es mit diesem den didaktischen Anspruch gemein hat, dem „verstehenden Hören" (KMK-Standards) entgegenzukommen und in der Praxis oft in Zusammenhang mit erklärenden Sprachhandlungen steht. Stichwortzettel, Karteikarten oder geeignete Präsentationsmedien (Tapetenrolle für Boden oder Wand, Powerpoint oder OHP) sind für die Aufgabe mündlichen Zusammenfassens unerlässlich. Nichts ist ärgerlicher, als wenn jemand, von dem man schnelle und entsprechend kurzgefasste Information über einen gehörten Vortrag, gesehenen Film, gelesenen Text, erlebten Unterricht usw. benötigt, sich umständlich in Details verliert und den für das Zusammenfassen nötigen Abstraktionsgrad nicht erreicht.

Und obwohl hierfür fraglos auch kognitive Grundlagen eine Rolle spielen, die didaktisch schwer zugänglich sind, ist es doch möglich und dringend nötig, im Unterricht immer wieder Situationen zu schaffen und zu nutzen, in denen (nicht nur dieser selbst!) zusammengefasst werden kann.

## 3.5 Resümee Sachorientierten Sprechens: Themen und Gegenstände im mündlichen Sprachgebrauch

### Sprechanlässe

„Originäre Sachbegegnung als Sprechanlaß", hieß ein Kapitel in der Didaktik von PSCHIBUL (1980, 158–171); darin ist von Gegenstandsbeschreibungen die Rede, außerdem von Vorgangsbeschreibungen anhand chemischer und physikalischer Abläufe. Und da scheint es dann in der Tat auf den ersten Blick, als ob es das gäbe, was in diesem Band so nicht vorkommt: eine reine Darstellungsfunktion. Aber etwas weniger voreilig können wir zunächst nur sagen: Es gibt die „Sachbegegnung", also die Konfrontation mit einer Sache – einem Objekt, einem Vorgang –, die ich verstehen (lernen) kann. Aber ich kann das nur lernen, indem ich die *heuristische*, auch die *mnemotechnische* Funktion von Sprache nutze (vgl. Schema S. 28)! Dass der Zweck des Sprechens (Beschreibens, Berichtens) die „Darstellung" sei und nichts als sie, das dagegen kann man nur behaupten, solange man es nicht mit einer authentischen Kommunikationssituation zu tun hat, sondern mit etwas künstlich (didaktisch) Arrangiertem, z.B. einer Vorlesung: Es ergibt sich aus der Isolation einzelner Sprachtätigkeiten, die so (einzeln) in der Lebenswelt nicht vorkommen. Ich beschreibe nicht einen Gegenstand, ohne dass es darauf ankäme, für wen in welcher Lage zu welchem Zweck. Natürlich kann das in der Schule gelegentlich Übungscharakter haben und damit sinnvoll sein kann. Aber die Sache und nichts als die Sache als Gegenstand des Sprechens, das gibt es nicht. *Es gibt freilich die Sache als Sprechanlass und umgekehrt das Sprechen als an der Sache orientiertes.*

### Ein Unterrichtsmodell zum sachorientierten Sprechen

Ein Unterrichtsmodell von BAURMANN (1987) verdeutlicht das. „Im dunkeln gesehen werden", heißt es und ist für das 1./2. Schuljahr gedacht. Es verbindet sprachdidaktische Ziele mit solchen der Verkehrserziehung: Da wird *erzählt/berichtet* von Situationen, in denen es wichtig war, abends oder nachts auf der Straße gesehen zu werden, von anderen Verkehrsteilnehmern nämlich, meist Autofahrern; da wird die lichtreflektierende Wirkung verschiedener Farben *beschrieben* und *erklärt*; da werden schließlich Situationen erinnert oder erfunden und jedenfalls *geschildert*, in denen Kleidungsstücke in Signalfarben Unfälle verhindert haben bzw. verhindern können. Der Sachverhalt, auf den es ankommt, wird im abgedunkelten Klassenzimmer per OHP experimentell überprüft; eine Pappscheibe mit rundem Ausschnitt auf dem OHP simuliert einen Scheinwerferstrahl, in dem sich dann Kinder in verschiedenfarbiger Kleidung bewegen. Beobachtungsergebnisse werden *beschreibend* und *argumentierend* versprachlicht. Das zeigt: Es gibt ein sachorientiertes Sprechen, das also weniger auf Gefühle und Empfindungen und auch nicht von vornherein auf Einstellungen und Meinungen aus ist, sondern allererst auf eine Beschreibung und Klärung von Sachverhalten und Gegenständen. Aber alles das – die Gefühle, die Meinungen usw. – kommt darin notwendig auch vor: Es kommt zur Sprache, die damit ihre Sachlichkeit sozusagen nur bedingt durchhalten kann. Eine komplexe Einheit von darstellenden und bewertenden Sprachhandlungen liegt im Unterricht vor, und das bereits denkbar früh, nämlich zu Anfang der Grundschule.

### Die fachspezifische Aufgabe, sich Gegenständen und Sachverhalten „alltagssprachlich" zu nähern

JESCH/STOFFEL (1977) gehen in einer (für eine praxisorientierte Didaktik leider zu) theoretischen Arbeit über *informierendes Sprechen* davon aus, „daß jede Darstellung von Sachverhalten schon immer bestimmten ‚Verzerrungen' unterliegt" (ebd., 185). Man könne Sachverhalte nicht als Sachverhalte wiedergeben, sondern immer nur auf der Basis eines bestimmten Welt- und Selbstverständnisses (vgl. ebd.). „Die Sachen klären", das heißt eben nicht, von der eigenen Person oder der des Dialogpartners absehen, nur die Sachen sehen; es heißt immer: die Sachen für mich klären, und/oder für einen andern. Aufgabe von Unterricht ist generell, die Sachen zu klären, dafür gibt es ja die Schulfächer, damit die Sachen in ihre eigenen Zusammenhänge eingestellt werden können; und jedes Schulfach hat seine Sach- und Fachsprache dafür. Jedes – bis auf den Deutschunterricht. Diese Behauptung mag überraschen; schließlich gibt es zur Beschreibung und Deutung von Literatur ein ganzes Begriffsinventar, das der Germanistik nämlich. Aber man kann an der Fachgeschichte zeigen, dass erstens die Rezeption literarischer Texte auch schon Problem war, Literatur auch schon Gegenstand, bevor es die Germanistik gab, und dass zweitens in der Gegenwart erhebliche Meinungsverschiedenheiten darüber bestehen, wie viel von diesem Begriffsinventar zu welchem Zweck im Deutschunterricht eigentlich notwendig ist. Und drittens gibt es nicht analog für alle anderen Lernbereiche ebenfalls solche fachsprachlichen Vorgaben, und wo es sie gibt – etwa im Grammatikunterricht –, dort gibt es in der Didaktik auch analog kontroverse Verhältnisse. Mit anderen Worten: Der Deutschunterricht ist dasjenige Fach, das geradezu die Aufgabe hat, sich den Gegenständen und Sachverhalten so weit wie möglich alltagssprachlich zu nähern, so wenig wie möglich in einer Kunstsprache (man denke an die Fächer *Mathematik* oder *Wirtschaft und*

*Recht*). Das ist nicht trivial; darin steckt ein Problem, aber auch eine Chance. „Die Sachen klären" kann der Deutschunterricht nie eigentlich exakt und präzise; Definitionen im wissenschaftlichen Sinn sind seine Sache nicht, und nicht zuletzt deshalb steht er bei vielen Lernenden, gar manchen Lehre/-innen im Ruf, ein „Laberfach" zu sein. Aber eine solche Sichtweise zeugt von Ignoranz oder Borniertheit; denn das Fach hat als Gegenstandsbereich die Sprachlichkeit aller Gegenstände, genauer nun: die Art und Weise, wie wir uns die Welt sprachlich ordnen und deuten, im Alltag und (in höheren Klassen) in der Wissenschaft. Nicht die Sachen selber sind seine Lerngegenstände – auch nicht im Fall der Literatur! –, sondern unsere Wahrnehmung dieser Sachen sowie der sprachliche Ausdruck, den wir diesen Wahrnehmungen verleihen (können). Und am Ende ist das die Gesamtheit dessen, was schon in der Antike die Rhetorik zu behandeln hat (vgl. Kapitel 4).

### Erkundung der Welt in ihrer Sprachlichkeit

Zur „Sache" (zum Gegenstand) des mündlichen Sprachgebrauchs kann so gut wie alles werden, was in der Lebenswelt vorkommt. Schätzen wir die „Sachen" nicht gering, nur weil sie in den Überblicksdarstellungen zum Lernbereich Sprechen/Miteinander Sprechen in der Regel kaum vorkommen! Die Sachen haben sozusagen ihre eigene Würde und sind nur begrenzt funktionalisierbar für unsere didaktische Zwecke. Aber sie in Gebrauch zu nehmen dafür, ist mehr als eine Verlegenheitslösung (weil ja über irgend etwas geredet werden muss); nicht Reden um des Redens willen ist das Ziel, sondern die *Erkundung der Welt in ihrer Sprachlichkeit*, und natürlich die kognitive Klärung der Sachverhalte, instrumentelle Erfassung der Gegenstände, pragmatische Perspektivierung der Themen und affektive Auseinandersetzung mit Meinungen zu Sachverhalten. Um sich die nicht ganz leicht zugänglichen unter ihnen – als Deutschlehrer/in, d.h. oft als Dilettant/in – zu erschließen, braucht man für die Praxis ein Archiv, das thematisch geordnet ist. Um die komplexen unter den Sachen zu klären, betreibt man am besten selbst „mündlichen Sprachgebrauch" mit Expert/-innen anderer Fächer. (Es macht nichts, wenn das auch Lehrer/-innen sind.)

**Aufgabe zu Kap. 3**

♦ für Schüler/-innen aller Schulstufen und Studierende

„Wie komme ich dahin?"
Bildet vier Arbeitsgruppen. Erklärt/erklären Sie mit Hilfe eines Orts- bzw. Stadtplans mündlich den Weg vom Bahnhof zum Gemeinde- bzw. Rathaus, und zwar

- einem Fußgänger
- einem Rollstuhlfahrer
- einem PKW-Fahrer
- dem Fahrer eines 12 Tonnen-Sattelschleppers

Informiert euch/informieren Sie sich, soweit notwendig, über zu erwartende Schwierigkeiten und bezieht diese in die Wegerklärung ein.

**Aufgabe für die jeweiligen Zuhörer/-innen: Notiert Euch/Notieren Sie sich die beschreibenden, schildernden und erklärenden Teilhandlungen in drei Spalten.**

# 4 Szenisch spielen

## 4.1 Rollen spielen im Unterricht

Das Thema dieses Abschnitts verleitet dazu, philosophisch zu werden: Wann spielen wir eigentlich keine Rollen? Die Überschrift „Rollen spielen im Unterricht" ist hier aber weniger sozialpsychologisch oder philosophisch zu verstehen, sondern praktisch-methodisch. Wann und warum agieren Lernenden im Unterricht nicht als ‚sie selbst', sondern in dem ausdrücklichen Auftrag oder Vorsatz, entweder jemand anderer zu sein oder doch in einer ganz anderen (als der Klassenzimmer-)Situation? Situationen wie die folgenden dürften mittlerweile zum Standard im Deutschunterricht gehören: Schüler/-innen spielen

- Lehrer/-innen und umgekehrt (vgl. z.B. SCHUSTER 1994, 80–82),
- ihre eigenen Mütter oder Väter gegenüber Mitschülern, die in die Kinderrolle schlüpfen,
- sog. „Personen des öffentlichen Lebens": Politiker, Schauspieler, Popstars; sie lassen sich z.B. in solchen Rollen interviewen,
- Figuren aus literarischen (dramatischen oder epischen) Texten.

**Sprachdidaktische und literaturdidaktische Ziele des Rollenspielens**

Wir haben es hier zwar mit prinzipiell gleichartigen Tätigkeiten zu tun – einem Verkörpern von Rollen sozusagen in Wort und Tat –, aber mit verschiedenen Zielen und Anwendungsbereichen (vgl. im Überblick BARZ 2006). Man unterscheidet sinnvoller Weise *sprachdidaktische* von *literaturdidaktischen* Zielen und von beiden noch einmal pädagogische und therapeutische, die hier nicht eigens thematisiert werden können, die aber in der Praxis nie von den anderen zu trennen sind. Dient also das Rollenspielen dem Zweck, mündlichen „Ausdruck" zu fördern (die kommunikative Kompetenz zu erweitern) in bezug auf Situationen, die man in der Schule eben nur künstlich arrangieren *kann*, so nennt man das Ergebnis „sprachdidaktisches Rollenspiel", konkreter „Konfliktrollenspiel" (BARTNITZKY 1975; erneut in KOCHAN Hrsg. 1981). Dient das Rollenspielen dagegen der besseren Einfühlung in die subjektive und/oder objektive Situation einer literarischen Figur oder dem inneren Nachvollzug eines vom poetischen Text behandelten Problems, so spricht man seit EGGERT/RUTSCHKY (1978;

1980) von „Literarischem Rollenspiel", und zwar unter Ausgrenzung desjenigen Bereichs, den man „Rollenschreibspiele" nennen könnte.

Wie kaum ein zweites Handlungs- und Lernfeld des Deutschunterrichts kann sich das Szenische Spiel (das auch das Dramatische Gestalten von Spielvorlagen umfasst) auf ein außerschulisches Pendant berufen und stützen. „Lebenswelt" muss hier nicht mühsam als Motivationshilfe konstruiert oder rekonstruiert werden: Sie ist immer schon präsent, ja mehr noch: Sie ist allgegenwärtig auf eine Weise, dass sich weder Lernende noch Lehrende ohne Mühe ihrer erwehren können. Theater, Kino und Fernsehen versorgen uns mit Vorbildern für Spielrollen jeglicher Art; besonders TV-Programme auf sämtlichen Kanälen bestehen ja, abgesehen von reinen Nachrichten- und Dokumentarsendungen, eigentlich aus mehr oder weniger gutem Szenischem Spiel. In zahllosen Soaps und Clips spielen bessere und schlechte Schauspieler alle möglichen und unmöglichen Alltagsrollen, agieren mit Helden, Bösewichtern in Miniaturhandlungen, deren Einfalt sich auf vielfältigste Weise präsentiert.

### Rollenspiel als Methode und szensisches Lernen als Prinzip

Dabei geht es hier nicht um Theater – auch nicht um Schultheater –, sondern um „Rollenspiel als Methode" (KOCHAN Hrsg. 1981) und um ein szenisches Lernen im Deutschunterricht (vgl. ABRAHAM/KAMMLER Hrsg. 2006), das mit Theatertexten zu tun haben kann, aber nicht muss. Immer ist der Anspruch da, jemanden überzeugend zu verkörpern, der man selbst nicht ist – entweder *noch* nicht ist (ein Erwachsener) oder überhaupt nie werden kann, weil man z.B. dazu das falsche Geschlecht hat oder im falschen Jahrhundert lebt. Als einfaches Beispiel für ein sprachdidaktisches Rollenspiel (vgl. etwa ISB 1995, 114–117) diene hier das Vorstellungs- oder Einstellungsgespräch in einer 9. Klasse: Auch die Rolle des Personalchefs verkörpert ein/e Schüler/-in; Rollentausch hilft nicht nur die sprachlichen, para- und nonverbalen Fähigkeiten, sondern auch die hermeneutisch-analytischen zu schulen: Was erwartet der eine vom andern zu Recht/zu Unrecht?

Zwischen Inszenierungen, in denen ein vorliegender Text gleich welcher Herkunft zu ‚Theater' werden soll, und Rollenspiel gibt es dann aber freilich einen wesentlichen Unterschied: Während Dramatisches Gestalten bzw. Inszenieren immer zwischen Prozess- und Produktorientierung lavieren muss, erschöpft sich das Rollenspiel in aller Regel im Prozess. Jedenfalls ist dieser viel wichtiger als das Produkt – weshalb man eigentlich nicht „Rollenspiel" sagen sollte, sondern „Rollenspielen".

## Vier Prozessmerkmale des Rollenspielens

Für den Spielprozess hat BARTNITZKY (1975) vier Merkmale genannt:

(1) *Vergegenwärtigung*: Konflikte werden „quasi-real" dargestellt (hergestellt).

(2) *Distanzierung*: das Rollenspielen bietet aber auch die Möglichkeit der kognitiven Distanzierung; denn sie sind künstlich arrangiert und werden in der Lerngruppe oder zwischen den Spielern abgesprochen; Spielunterbrechung und beliebige Wiederholung sind möglich und „entbinden den Schüler vom Zugzwang realer Situationen" (ebd., 95).

(3) *Variation*: Wiederum ergibt sich dieses Merkmal aus dem vorigen; bestimmte Faktoren können nach Absprache verändert werden, wodurch „divergierende" Lösungen entstehen.

(4) *Bewertbarkeit*: Man kann bzw. muß Kriterien finden, die eine vergleichende Bewertung verschiedener durchgespielter Lösungsansätze erlauben; dass die „Bedürfnisse" der Schüler und die Realitätsnähe dabei oft nicht zur Deckung kommen, sieht allerdings schon BARTNITZKY.

Aus heutiger Sicht ist die pädagogische Hoffnung der 1970er Jahre, in den durchgeführten Rollenspielen möchten sich die Emanzipationswünsche und -fähigkeiten der Lernenden möglichst direkt aussprechen, leicht als naiv zu erkennen. Es gibt jedoch auch eine seither ausgiebig diskutierte Skepsis gegenüber solchen Rollenspielen, die auf ‚unrealistische' Lösungsansätze im vornherein verzichten und lediglich normgerechtes, im Sinn der sozialen Konvention ‚angemessenes' Kommunikationsverhalten einüben sollen (vgl. grundlegend HAUG 1977; Teilabdruck in KOCHAN Hrsg. 1981). Rollenspiel nur als Kommunikations- und Verhaltenstraining in diesem Sinn zu verstehen, wäre also ein Missverständnis.

## Das Ziel der Realitätsbewältigung

„Rollenspiel zielt auf Realitätsbewältigung, es ist also selbst noch nicht Realitätsbewältigung" (KOCHAN 1981, 17). Es ist „Begreifspiel" (GRÜNWALDT 1984, 13), und zwar durch „Probehandeln" (INGENDAHL 1981), das von der Analyse der außerschulischen Lebenswelt ausgeht, also die Bedürfnisse, Interessen und Wünsche der Schüler berücksichtigt und zur Themafindung benutzt. So wird ein gemeinsames Problem herausgearbeitet, an dem mit Hilfe szenischen Spiels gearbeitet werden soll – in einem vergleichsweise sanktionsfreien Raum, in dem nicht jede ungeschickte Äußerung, jedes allzu kompromissbereite *oder* zu rigide Verhalten sofort durch die Realität ‚bestraft' wird.

Erfahrungsgemäß konflikthaltige Alltagssituationen werden vorgegeben. Die Spieler/-innen können sich „verhalten, wie sich ihrer Erfahrung oder Information nach die Beteiligten in Wirklichkeit meistens verhalten, manchmal verhalten, am liebsten verhalten würden, unter bestimmten Voraussetzungen verhalten müssten oder nach Maßgabe bestimmter Vorschriften Erwartungen oder Wünsche verhalten sollten." In diesem kleinen Katalog von KOCHAN (1981, 17 f.) steckt die pädagogische und didaktische Problematik des Rollenspiels: Soll das herausgeforderte Probehandeln die Spieler lehren, sich in die (Erwachsenen-)Wirklichkeit besser hineinzufinden, an sie anzupassen bzw. sich in ihr durchzusetzen (so reden/denken/handeln eben die Leute)? Oder soll es sie im Gegenteil lehren, diese Wirklichkeit in alltäglicher Interaktion zu kritisieren und zu verändern? Es ist die Spannung zwischen diesen beiden Polen (Anpassung an ‚die andern' und Emanzipation des ‚Ich'), die das Rollenspiel bestimmt.

### Ziele des Rollenspielens im Unterricht

Was die Ziele des Rollenspielens betrifft, besteht heute weitgehend Übereinstimmung darin, dass es die zuerst von KRAPPMANN (1972) genannten vier sind (vgl. z.B. SCHUSTER 1994, 86 f.):

(1) *Empathie* – die Fähigkeit, sich in andere hineinzuversetzen, um ihre Probleme und Erwartungen einschätzen zu können
(2) *Rollendistanz* – Fähigkeit, übernommene Rollen kritisch reflektieren und ggf. revidieren zu können
(3) *Ambiguitätstoleranz* – Fähigkeit, die zwischen Rollenpartnern oft divergierenden Erwartungen (auch unterschiedlichen Wert- und Normvorstellungen) ertragen zu können
(4) *Kommunikative Kompetenz* – Fähigkeit, die eigene Rolleninterpretation überzeugend sprachlich zu verwirklichen.

Ebenso wie die „Einfühlung" in die zu spielende Figur bleibt auch die gegenseitige Interpretation und Bewertung von Rollen gleichsam unter der „Oberfläche". Nur die vierte der jetzt aufgezählten vier Fähigkeiten ist eine sprachliche im engeren Sinn. Die anderen drei sind kognitiver und affektiver Art; sie werden heute gern mit dem Begriffspaar *Fremdverstehen und Selbstverstehen* umschrieben.

## Info-Seiten 6: Die Begriffe „Rolle" und „Interaktion"

„Soziale Rollen sind [...] Bündel von Verhaltensnormen" (DREITZEL 1972, 96). Eine solche Rolle ist nicht etwas, was ich *habe*; vielmehr gilt: Jede soziale Rolle ist Ausdruck einer oder mehrerer sozialer Beziehungen zu anderen ..." (ebd.), denen gegenüber ich eine bestimmte *Position* einnehme. Eine Sozialrolle wie beispielsweise die des Hochschullehrers ist also eine relative Sache, nicht etwas, was ich ein für allemal innehabe. Wenn ich mit meinem Sohn Billard spielen gehe, übernehme ich eine ganz andere Sozialrolle: Vater. Und ich wäre nicht gut beraten, wollte ich versuchen, dort die zu spielen, die ich an der Universität spiele. Es wäre nicht nur lächerlich, sondern im strengen Sinn unmöglich; denn die Rolle bestimmt sich nicht nur, wie angedeutet, aus Verhaltensnormen, sondern auch aus den *Erwartungen*, die meine Interaktionspartner in ihren komplementären Rollen an mich richten.

Ein Beispiel entwickelt der Soziologe DREITZEL: „In die Rolle des Lehrers gehen die Erwartungen der Schüler, der Eltern, der Kollegen und der Vorgesetzten ein; jede dieser Bezugsgruppen stellt bestimmte Ansprüche an das Verhalten des Lehrers, an jeder dieser Erwartungen muss er sein Verhalten orientieren" (DREITZEL 1972, 97). Da sehen wir dann auch die Grenzen eines solchen Rollenbegriffs, der in seiner seitherigen Vulgarisierung den einzelnen als bloße Funktion von Fremderwartungen und Konventionen begreift: Gibt es denn keine Erwartungen, die der Lehrer an sich selber hat? Er „muss" bei DREITZEL nur, der arme Lehrer; was aber „kann", was „will", was schließlich „darf" er?

- Was er *kann*: Seit den Arbeiten von Erving GOFFMAN (1959; Neuausg. 1983) weiß man: „Wir alle spielen Theater" im Alltag, aber nicht aus Eitelkeit, sondern weil wir unsere Sozialrollen jeweils *gestalten* müssen. GOFFMAN hat gezeigt, dass es nur wenige Berufsrollen gibt, bei denen die eigentliche Leistung mit der öffentlichen Selbstdarstellung zusammenfällt; er nennt beispielhaft *Preisboxer* oder *Konzertmusiker* (GOFFMAN 1983, 31). Bei Krankenhauspersonal dagegen stellte GOFFMAN fest, dass die eigentliche Leistung für den Patienten in der Regel so wenig sichtbar ist, dass die Rollenspieler einem Bedürfnis zur dramatischen Ausgestaltung ihrer Rollen nachgeben; so inszenieren etwa Ärzte ihre Visite. Und DREITZELS Lehrer *kann* das auch, wird es z.B. bei Elternabenden tun. Wirkungsvolle Darstellung einer Berufsrolle ist *nicht* identisch mit Professionalität der Berufsausübung; aber es ist *auch* eine Kompetenz, die man erwerben kann und muss.

- Was er *will*: Mit Hilfe einer geeigneten dramatischen Ausgestaltung seiner Berufrolle die Kluft zwischen Fremderwartungen und Selbstverständnis so gut wie möglich schließen. Er will an sein eigenes Rollenspiel *glauben* können; zwar gibt es, wie GOFFMAN sagt, auch die *zynische* (Selbst-)Darstellung, aber so lange ein Bedürfnis da ist, die berufliche Pflicht und persönliche Grundüberzeugungen in Einklang zu halten, fließt dieses Bedürfnis in das Sozialrollenspiel ein.
- Was er also *darf*: Immer wieder an die *Grenzen* seiner Sozialrolle stoßen, um sie womöglich immer noch etwas hinauszuschieben; was für eine Art, mit Schüler/-innen umzugehen, mit Kollegen zu reden, dem Chef zu antworten darf er sich erlauben? Nur ganz wenige Sozialrollen sind so rigide festgelegt, dass solche Spiel- und Gestaltungsräume gegen Null tendieren. Aber alle Sozialrollen, die sinnvoller Weise von Lernenden gespielt werden könnten und sollten, haben Spielräume individueller Interpretation und Gestaltung; schon von daher verbietet sich die Deutung des schulischen Rollenspiels als bloßes Verhaltenstraining; welches Lehrerverhalten soll denn da zugrunde liegen?

Nach LUCKMANN (1979, 311) gibt es kein von allen Sozialrollen unabhängiges „Selbst", das man den gespielten Rollen *entgegensetzen* könnte; allerdings relativieren sich verschiedene „Rollenrealitäten" dergestalt gegenseitig, dass gerade aus meinen Reaktionen auf die widersprüchlichen Erwartungen, die an mich in meinen aus verschiedenen Rollen herangetragen werden, doch so etwas entsteht wie ein „quasi-autonomes Selbst" (ebd.).

Nun hat allerdings die Analogie von Theaterspiel und dramatischer Gestaltung im sozialen Alltag ihre Grenzen; Theater spiele ich in der Regel auf der Bühne für ein Publikum drunten; im Alltag spiele ich meine Rolle weniger für andere als mit anderen oder gegen sie; mit einem Wort: in sozialer *Interaktion*. Und auch dieser Begriff ist für die Didaktik des mündlichen Sprachgebrauchs wichtig geworden. Nach dem Artikel „Interaktion", den OSWALD für die *Enzyklopädie Erziehungswissenschaften* geschrieben hat:, handelt es sich um einen Prozess, in dem mindestens zwei Personen ihre Handlungen unter Berücksichtigung des Kontextes aufeinander beziehen. Dazu ist nötig, dass diese Personen Rollen übernehmen (vgl. ebd., 448) – aber nicht so, dass jeder einfach für sich beschließt, welche Rolle er hier spielen will, sondern tatsächlich so, dass er das *Fremdbild*, das die beteiligten Andern von ihm entwerfen, erkennt und mindestens zunächst übernimmt. Es mit seinem *Selbstbild* zu vermitteln, ist geradezu seine Aufgabe in der Interaktion, ganz gleich was ihr Gegenstand oder Anlass ist. Natürlich geht es da um *Selbstdarstellung*. Indem die Interaktanden jeweils eine „Darstellung ihrer situativen Identität" geben und zugleich die situativen Identitäten des/der anderen wahrnehmen (vgl. ebd., 446), machen sie Angebote für eine Aufrechterhaltung der Beziehung; das führt „zu identitätsanerkennenden Handlungen selbst bei unterschiedlicher Interessenlage, ungleicher Definitionsmacht und ungleichem Status" (ebd., 449).

Auch für „sozialisierende Interaktion" (ebd., 446) gilt natürlich, dass Interaktion Rollenübernahme voraussetzt; Lehrende müssen die ihnen zugedachte Rolle – das Fremdbild – übernehmen, d.h. durch Handlungen und Verhalten zeigen, dass sie die Erwartungen der Interaktionspartner zumindest im Prinzip akzeptieren.

## 4.2 Konfliktrollenspiele planen und durchführen

### Erprobung von Konfliktrollenspielen in der Lehrer/-innenbildung

„In seiner inhaltlichen Flexibilität ist das Rollenspiel offen für die Erfahrungen der Schüler", sagt KOCHAN (1975, 255). Das ist wahr, aber noch nicht sehr hilfreich. Deutlicher als bisher wird jedoch beim Rollenspielen ein praktisches Problem sichtbar, das wir in der Lehrer/-innenbildung haben: Wir können für die Ausbildung nicht einfach solche Situationen wählen, wie man sie etwa in der Grundschule oder in der Sek. I benutzen würde (z.B. Kind diskutiert mit Mutter über den Sinn des Aufräumens; weitere Beispiele aus dem familiären, dem schulischen und dem gesellschaftlich-öffentlichen Bereich bei SCHUSTER 1994, 84). Damit der Lernprozess deutlich wird und die Durchführung nicht läppisch, brauchen wir vielmehr, wenn wir „Rollenspiel als Methode" wirklich am eigenen Leib erproben wollen, Situationen und Themen, die altersangemessen, d.h. *uns angemessen* sind. Brauchbar wäre etwa ein Rollenspiel zum *Rauchen*, wie es etwa SCHUSTER (1994, 76–79) aus einer 8. Hauptschulklasse berichtet. Das Thema geht offensichtlich auch Erwachsene etwas an. Allerdings darf es nicht nur um eine szenisch eingekleidete *Diskussion* eines kontroversen Themas gehen; eine wirkliche Verhaltens- oder Einstellungsänderung muss bei mindestens einem der Interaktionspartner zumindest denkbar sein. Das kann in diesem Fall allerdings auch heißen, dass die Clique von Rauchern, die da auf den Nichtraucher einredet, ihn zur Übernahme einer neuen Rolle zwingt oder bringt, die im pädagogischen Sinn nicht wünschenswert ist – der des Gelegenheitsrauchers (vgl. ebd., 97).

### Bewertungskriterien für Konfliktrollenspiele

Das Beispiel zeigt: Sinn des Konfliktrollenspiels ist nicht unbedingt die Demonstration eines idealen Problemlösungsverlaufs, ist keine ideale Kommunikation, sondern eine mit ungewissem Ausgang. Es bleibt ja dann immer noch die Möglichkeit der *Distanzierung*; *Vergegenwärtigung* einer ‚realistischen' Situation ist ja nur der Anfang. *Varianten* können erprobt, verglichen und *bewertet* werden. Dafür dienen als Bewertungskriterien:

- *Plausibilität* der vorgebrachten Argumente, natürlich vor dem Hintergrund der jeweils übernommenen Rolle,
- *Angemessenheit* und ‚Realitätsnähe' des verbalen und nonverbalen Verhaltens,
- *rhetorisches Geschick* bei der Durchsetzung der eigenen Rolleninterpretation gegen die fremde,

- der leider nicht direkt beobachtbare Grad an *Empathie*,
- die sich im Aushalten und Durchhalten einer Meinungs-Verschiedenheit zeigende *Ambiguitätstoleranz*.

Dabei kommt es weniger auf die dramatische Qualität eines solchen Spiels an – etwa besonders witzige oder originelle Einfälle der Spieler – als auf die im Spielverlauf übernommenen und gestalteten Rollen, insbesondere auch die Überzeugungskraft der nonverbalen Signale (Kinesik, also Mimik, Gestik und weitere Körperbewegungen).

Die gängige Unterscheidung in *offene* Rollenspiele, in denen Spieler eine bestimmte Situation (Kinder wollen noch spielen, die Mutter drängt zum Aufräumen) ohne weitere Absprache und unreflektiert-spontan gestalten, und *geschlossene* Rollenspiele, für die Handlungsablauf und/oder Ausgang der Interaktion vorgegeben sind (ein Mitglied einer Clique von Jugendlichen soll zum Rauchen überredet werden) ist für die praktische Durchführung nur bedingt hilfreich. Ich spreche lieber von „offeneren" und „geschlosseneren" Situationen, die man vorgeben kann. Der Grad der Offenheit hängt davon ab, wie man die Funktion des Rollenspiels im gegebenen Unterrichtszusammenhang beurteilt: Soll es eher die außerschulische Wirklichkeit wiedergeben – herausarbeiten, wie die Leute eben reden und handeln –, oder soll es einen Lernprozess in Gang bringen, der Möglichkeit erforscht, wie man denn *anders* (z.B. kooperationsbereiter, reflektierter, weniger von Berufs-, Geschlechts- oder Nationalstereotypen bestimmt) interagieren *könnte*?

Wie nach dem ersten Spielversuch weitergearbeitet wird, hängt vom Thema, vom Alter und der Vorerfahrung der Schüler/-innen ab; ich nenne drei Möglichkeiten, die relativ unabhängig davon sind und sich nicht gegenseitig auszuschließen brauchen.

### Möglichkeiten der Weiterarbeit mit Rollenspielversuchen

#### Möglichkeit I: Interaktion anhalten und stillgestellte Spieler „einrichten"

Zuschauer, die geklatscht haben, erhalten das Recht, an den gleichsam eingefrorenen Spielern gezielte Veränderungen im Bereich der Mimik, Gestik und Körpersprache vorzunehmen. Sie können also der Meinung sein, an bestimmten Stellen der Interaktion zeigen die Spieler zu Wenig oder zu Viel von ihrer Emotion, oder was sie zeigen, stimme nicht mit ihren verbalen Signalen überein. Also lassen Sie halten und demonstrieren Sie Ihre Vorstellungen an den ‚Puppen'. Betrachten Sie dabei aber nicht eine Figur für sich, sondern immer in Relation zu dem/den ‚Andern'. Und das gilt auch für die Position im Raum, die die Figuren zueinander einnehmen. Körpersprache umfasst ja neben der *Kinesik*, von der schon einmal die Rede war, auch die *Haptik* und die *Proxemik* – also mehr oder weniger konventionalisierte Berührungen sowie die Bewegung bzw. das Verhältnis der Sprechenden im Raum. Hierbei unterscheidet man vier Zonen: intime, persönliche, soziale und öffentliche Zone (vgl. zusammenfassend OKSAAR 1985). Achten Sie also darauf, in welcher Zone sich die Interaktion gerade abspielt und überlegen Sie, in welcher sie sich abspielen *sollte*; korrigieren sie ggf. die Entfernung der Spieler-Puppen zueinander und dann auch die Gestik und Mimik. (Wo Sie das nicht direkt können, z.B. bei den Augen, geben Sie Kommandos: *Augen zu Boden,* usw.)

*Möglichkeit II: Interaktion anhalten und selbst für einen Spieler eintreten*

Jeder Zuschauer darf wiederum ‚abklatschen', jetzt aber zu dem Zweck, selbst an die Stelle des/der Abklatschten zu treten; ersetzt werden sollte aber immer nur jeweils ein Spieler. Sie haben also die Möglichkeit, Ihre eigenen – anderen, besseren – Vorstellungen vom weiteren Verlauf der Interaktion selbst zu demonstrieren, und das heißt natürlich auch: ihrerseits der Kritik auszusetzen.

*Möglichkeit III:*
*Die Interaktion durch Kommentare, Vorschläge und Einreden begleiten*

Diese dritte ist vielleicht die anspruchsvollste, oft aber auch die interessanteste Möglichkeit. Sie ist in der Literatur unter der Bezeichnung *alter-ego*-Technik oder „Doppeln" bekannt. Ein Spieler, vielleicht auch beide, bekommen einen ‚Einflüsterer' zugeteilt, der ihnen ggf. die Hand auf die Schulter legt und etwas ‚eingibt': eine neue Idee, einen gute Formulierung, eine überraschende Wendung des Dialogs, usw. Das beschleunigt oft die Austragung des „interpersonalen Konflikts". Hat der Spieler mit einem inneren („intrapersonalen") Konflikt zu kämpfen, so können auch zwei *alter-ego*-Leute hinter ihm stehen und ihm wechselweise etwas ‚eingeben'.

**Rollenspiel als Sozialform**

Ein Rollenspiel kann man eine „Sozialform" (SCHOENKE 1991, 68) nennen, es ‚einfach durchführen' und hinterher per Unterrichtsgespräch auswerten. Auch ohne *Einrichten, Abklatschen* oder *Einflüstern* verfolgt „das Rollenspiel als Methode" (KOCHAN 1981) *für die Spieler* die bereits diskutierten kognitiv-affektiven und sprachdidaktischen Ziele. Bereits der einfache Durchlauf versetzt jeden Spieler in die Lage, eine ihm sonst nicht ‚natürliche' oder überhaupt nicht erreichbare sprachliche Situation gestalten zu müssen und zu dürfen; das erweitert das sprachliche Ausdrucksrepertoire, und es schafft Verständnis für Fremde oder für fremde Lebenslagen. Das ist schon viel. Der Versuch allerdings, so viele Lernende wie möglich zu Spielern zu machen und die *anderen* aus der Konsumentenhaltung herauszuholen, ist allemal die Mühe wert, und dazu bedarf es der Techniken.

## 4.3 Literarische Rollenspiele mündlich spielen

### Der Begriff „Literarisches Rollenspiel"

Auch in Literarischen Rollenspiele (der Begriff stammt von EGGERT/ RUTSCHKY, zuerst 1978) schlüpfen Lernende in Rollen und sprechen in ihnen bzw. aus ihnen heraus ‚maskiert', allerdings nun „literarisch", d.h. in Anschluss an einen literarischen Text oder einen Teil davon, in Bezug auf diesen, mithilfe der durch ihn vorgegebenen Problemstellung, Figurencharakteristiken, Redeweisen, usw. Es handelt sich aber nicht um eine *Textinszenierung*, in der einfach gespielt werden soll, was die Textvorlage an Dialog und Handlung vorgibt. Stattdessen sollen Leserinnen und Leser in Rollen schlüpfen, aus denen heraus sie *in den Text eingreifen* können; das können, müssen aber nicht die Rollen der im Text selbst agierenden Figuren sein. KOPFERMANN führt in einem Übungsbuch zum produktiven Verstehen von Literatur für die Sek. II (1994, 118) das Literarische Rollenspiel ein, indem er sagt: Es handelt sich um eine literarische *Antwort* auf ein literarisches Werk. Dieses Werk – das kann ein Erzähltext sein, ein Drama, ein Gedicht – sei damit nicht mehr „Objekt", sondern „Partner". *Spielregel* sei, „dass alles gesagt, gefragt etc. werden kan, was die literarische Vorlage zuläßt oder gar provoziert." (Ebd.)

Während aber KOPFERMANN in erster Linie Rollen*schreib*spiele meint, interessiert hier die Möglichkeit, mündlich-spontan einzelnen Figuren oder dem Text als ganzem zu „antworten".

### Ein Beispiel

*Kreide trocknet die Haut aus*, das ist nicht nur eine pädagogische Alltagserfahrung, sondern auch der Titel eines Romans von Jutta STRIPPEL (Frankfurt a.M.: Fischer-Tb 1982). Dieser Roman – für angehende Lehrer/-innen auch unabhängig davon eine lohnende Lektüre – enthält ein Gespräch im Lehrerzimmer, das als Spielvorlage genutzt werden kann. Die Zuhörer bekommen, während drei Gruppen unterschiedlich präparierte Textvorlagen mit nach draußen nehmen und sich vorbereiten, den gesamten Dialog und lesen ihn. In Abwesenheit werden dann die drei Aufgabenstellungen der Spieler erläutert (vgl. unten im Anschluss an Kap. 4).

Jeder Spieler „antwortet" nun dem Text auf seine Weise:

- der Erzählerin als *Frau Pendel*, als *Herr Leise* oder die hinzukommende vierte Person, die ein weiterer Lehrer hätte sein können, der Schuldirektor, ein Schüler, der etwas abholen soll, der Hausmeister ...
- der *Frau Pendel* als „Ich", als *Herr Leise*, als vierte Person
- dem leisen *Herrn Leise*, der sich (wieder mal) nicht einmischen will und doch was zu sagen hätte.

Mit alledem sind wir noch im Horizont des Erzähltextes selbst, auch wenn wir ihn behutsam erweitert haben. Wir können aber auch der Autorin antworten, die ja mit der Erzählerin nicht identisch ist; Bedingung ist wieder, dass auch dies in Rollen geschehen muss und nicht z.B., was ja auch seinen guten Sinn hat, in einem Brief, den eine Klasse der Autorin schriebe; das ist natürlich auch eine Antwort, eine Darstellung der Leseerfahrung, eine Bitte um Auskunft (usw.), aber es ist keine literarische Antwort. Eine solche wäre, wenn wir unsererseits einen Dialog erfänden, den wir mit der Autorin führen oder über sie und ihr Werk; so könnten wir zwei Pädagogikprofessoren streiten lassen, *wer* hier *was* falsch macht, oder eine Pädagogikprofessorin mit einem Lehrer, oder einen Schüler mit einer Lehrerin, oder eine Schülerin mit einem Professor. Und damit nicht genug: Wir könnten, damit eine dramatische Situation deutlicher hervortritt, als Co-Autoren aktiv werden und einen Vorfall erfinden: Frau Pendel erleidet im Lehrerzimmer einen Nervenzusammenbruch. In der Konsequenz könnten zu einem Gespräch bei der Schulleitung bestellt werden: die Ich-Erzählerin, weitere Zeugen des Zusammenbruchs, der Schüler Georg. Spielen Sie dieses Gespräch! Oder Herr Leise, der nie etwas sagt, unternimmt scheinbar völlig überraschend einen Selbstmordversuch. Spielen wir den Morgen im Lehrerzimmer, wo nacheinander fünfzehn Lehrer(innen) hereinkommen und davon erfahren!

### Sich ins Spiel bringen

Solche Versuche stammen zwar aus der Lehrer/-innenbildung, nicht aus dem Schulunterricht. Sie zeigen aber, worum es beim Literarischen Rollenspiel geht: Es handelt sich um einen Sammelbegriff für alle Verfahren des Literaturunterrichts, mit deren Hilfe – ganz wörtlich – Lernende „sich ins Spiel bringen" (ABRAHAM 1993): Überall dort, wo nicht *über* eine Figur aus einem literarischen Werk gesprochen wird, sondern *aus* der Perspektive bzw. *im* Erfahrungshorizont einer Figur geredet und agiert wird, liegt Literarisches Rollenspiel vor – als eine Form nicht des Inszenierens *von*, sondern eher *zu* und *nach* Texten. Methodisch handelt es sich also um szenisches Spiel, *intentional* allerdings nicht um Dramatisierung einer epischen oder lyrischen Vorlage, sondern um den Versuch, den bei jeder Textrezeption ablaufenden „inneren Prozess szenischer Verlebendigung" (KLINGE 1980, 97) nach außen hin sicht- und hörbar zu machen.

### Literaturdidaktische Begründung

Daraus folgt, dass die didaktische Legitimation für das Literarische Rollenspiel aus der Literaturdidaktik stammt bzw. sich auf den Lernbereich *Literatur, Lesen und Medien* bezieht. Zur Begründung wird in der Literatur immer wieder auf den Leerstellenbegriff aus der Rezeptionsästhetik verwiesen. Lernende agieren also, so wird da argumentiert, spielend etwas aus, was in der Textvorlage entweder gar nicht oder nicht so detailliert ausgeführt ist, z.B.:

- die *Gedanken* zweier Dialogpartner beim Sprechen,
- einen *inneren Monolog*, der einen Gewissenskonflikt an einer Schlüsselstelle verbalisiert,
- eine *Nebenhandlung* oder die *Perspektive*, aus der eine im Text nur erwähnte Randfigur die Geschehnisse sieht,
- oder auch ein prinzipielles (ethisches, pädagogisches, soziales, usw.) *Problem*, das der Text offensichtlich anspricht und das im Unterrichtsgespräch herausgearbeitet worden ist oder noch werden soll.

Die neuere Literaturdidaktik hält diese sozusagen leerstellentheoretische Begründung für unzureichend: Es werden nicht nur ‚Lücken' aufgefüllt, sondern auch Zusammenhänge zwischen Handlungen sichtbar gemacht, Sinnhorizonte erschlossen, Perspektiven von Figuren oder Autor(en) eingenommen und verglichen, Deutungen vorbereitet, usw.

Wichtiger als diese ist aber ohnehin, dass die literaturdidaktische Legitimation für solches Tun überhaupt nicht die einzig denkbare ist; wäre sie das, so hätte das Literarisches Rollespiel in diesem Band gar nichts zu suchen. Aber es handelt sich ja um Sprechen (Sprechen in Rollen); Lernziele aus dem Bereich der Mündlichkeit kommen also in Frage, oder genauer: Sie werden zwangsläufig erreicht oder verfehlt, auch oder gerade wenn das Augenmerk auf dem literarischen Text liegt.

## Sprachdidaktische Begründung

Achten wir weniger auf den Inhalt der „Antworten" (KOPFERMANN), die da dem Text gegeben werden, als auf die *Art des Antwortens,* so stellen wir fest: die Aufgabe, spontan Sätze zu sprechen, die die verkörperte Figur in der gegebene bzw. erfundnen Situation sagen könnte oder müsste, ist nicht weniger sprachdidaktischer Natur, als das beim Konfliktrollenspiel der Fall war. Auch hier gilt folglich, dass wir situationsangemessenes Sprachhandeln wollen, z.B. das ‚richtige' *Register*, wenn der Schulleiter spricht, oder eine plausible (glaubhafte) *Varietät* (für den Schüler Georg). Auch die nonverbalen Signale, die Frau Pendel aussendet (sie verkrampft sich) und die im Widerspruch zu ihren verbalen Signalen stehen, werden wir besonders beachten. Insgesamt werden wir auch hier auf die Fähigkeit(en) zur Empathie, zur Rollendistanz, zur Ambiguitätstoleranz hinauswollen. Natürlich ist das Literarische Rollenspiel abzugrenzen vom *sprachdidaktischen Rollenspiel*; aber es hat die Thematisierung sozialer Rollen und eine gewisse Konflikthaltigkeit mit ihm gemein. Abzugrenzen ist es natürlich auch von *Pantomime und Stegreifspiel*, mit denen es die Momente der Improvisation und – ggf. übertreibenden – Spontaneität gemein hat (vgl. Info-Seiten 6, S. 96 ff.). Allerdings bleibt das Spiel immer auf einen Text bezogen, der nicht Spielvorlage im strengen Sinn sein muss, wohl aber konstituierende Voraussetzung bleibt.

## Affektive und kognitive Leistung beim Literarischen Rollenspiel

Während nun gelenkte Unterrichtsgespräche häufig dominant sachlich und kognitiv operieren (Gefühle heraushalten wollen), erfordert das Rollenspiel bei den Lernenden offensichtlich eine gewisse affektive Bereitschaft zur Anteilnahme (vgl. schon EGGERT 1980; auch SCHUSTER 1994, 131 f.). Deshalb aber das Rollenspiel als angeblich affektiv-soziale Lernform gegen die ‚kognitivere' Form des Interpretationsgesprächs auszuspielen, geht freilich nicht an: Eine *kognitive Leistung* wird auch bei der Rollenverkörperung verlangt, erst recht beim Erdenken eines Rollentextes, der besonders bei älteren Texten u.U. auch schriftlich vorformuliert werden muss. Literarisches Rollenspiel ermöglicht sinnliche ästhetische Erfahrung und bedeutet *ganzheitliches Lernen* in dem Sinn, dass sowohl kognitiver Erkenntniszuwachs stattfindet als auch Schulung pragmatischer und sozialer Fähigkeiten sowie nicht zuletzt instrumenteller Fertigkeiten.

## Methodische Varianten des literarischen Rollenspiels

Die wichtigsten *Varianten* des literarischen Rollenspiels, so weit sie sich spontanmündlich realisieren lassen, dürften die folgenden sein:

- ein in der Vorlage nicht oder nicht so enthaltener Dialog zweier Figuren, der oft die Handlung abändert oder ergänzt (nicht nur nachspielt),
- ein Dialog einer Figur mit einer im Text nicht vorkommenden realen oder fiktiven (auch historischen) Person (vgl. KOPFERMANN, ebd.; auch FREUDENREICH/Sperth 1990, 19 f.),
- eine Wiederholung oder Fortsetzung eines Dialogs nach *Rollentausch* (vgl. ebd., 23); u.U. wird mehrmals getauscht,
- ein Monolog einer Figur, realisiert ggf. mit „Alter-ego-Technik", bei der ein ‚zweites Ich' hinter dem Monologisierenden steht und ihm Stichwörter gibt, dreinredet, widerspricht usw. (vgl. SCHUSTER 1994, 91 f.; bei FREUDENREICH/SPERTH 1990, 20 f. heißt das „Doppelgängermethode"),
- ein durch den Spielleiter mithilfe gezielter Fragen unterbrochener (geleiteter) Monolog einer Figur (vgl. FREUDENREICH/SPERTH 1990, 18): Was empfindest du jetzt, während du ...?
- ein Dialog mit Hilfe der „Alter-ego-Technik" beidseits: Jedem der Dialogpartner wird ein ‚zweites Ich' beigegeben,
- in Bezug auf alle genannten Möglichkeiten das „Stop-Verfahren", bei dem jeder Zuschauer an jeder Stelle unterbrechen darf – mit der Verpflichtung, das Spiel an dieser Stelle mit einer eigenen Variante wiederaufzunehmen, oft nach einer Diskussion über den bisherigen Verlauf.

Literarische Rollenspiele, um das zusammenzufassen, sind relativ offene Konfliktrollenspiele, die ihre Basis in einem literarischen Text haben und den Zweck, auf diesen Text zu antworten. Eine solche Antwort kann sich an eine konkrete Figur richten, aber auch an das Werk als ganzes; sie kann aus der Leservorstellung stammende weitere bzw. alternative Möglichkeiten des Sprechens und Handelns verbalisieren, die Motive der Figuren deutlich machen, den Konflikt durch Einführen einer weitere Figur oder eines krisenhaften Vorfalls herausarbeiten, aber auch eine Textinterpretation anbahnen durch Benennung und Diskussion eines Problems.

## Info-Seiten 6: „Improvisation"

Der Unterschied zwischen Mündlichkeit und Schriftlichkeit ist nicht nur ein medialer, sondern liegt in der Konzeption. Die Mündlichkeit ist ihrer Natur nach improvisiert und spontan; die vorher überlegte, im Wortlaut kühl berechnete Formulierung gibt es gelegentlich, aber als Ausnahme (man will sich beim Chef beschweren und hat sich jedes Wort genau zurechtgelegt). Wenn wir im Alltag miteinander sprechen, einander etwas erklären, mitteilen, ein- oder ausreden, dann ist das sprachliche Improvisation. Gleichzeitig ist es aber *Rollenhandeln*. Wäre es das nicht, es würde nicht funktionieren; wir können nur mit Erfolg unsere Rede improvisieren, wenn wir eine Vorstellung von der Rolle – d.h., von dem Bündel an Erwartungen – haben, die wir spielen sollen. Wir gehorchen diesen Erwartungen mehr oder weniger unbewusst (so wird unser Gegenüber auf den Satz ‚*Ich wüsste da einen guten Italiener*' wohl kaum eine Diskussion über Ausländer eröffnen.) Unsere Rollen können wir *gestalten* (vgl. Info-Seiten 5); und genau dieses Prinzip des spontanen Umspielens einer in Umrissen festgelegten Sozialrolle liegt in der *commedia dell'arte* vor. Entstanden im Italien des 16. Jahrhunderts, erforderte es von den Schauspielern eine Darstellungsleistung ohne festliegenden Text. Sie verkörperten Typen, keine Charaktere in unserem heutigen Wortsinn: Es gab zwölf Typen, die menschliche Eigenschaften verkörperten (Geiz, usw.), aber auch einzelne italienische Landschaften; so kam der angeberische *capitano* aus Neapel, der pedantisch-gelehrte Schwätzer *dottore* dagegen aus Bologna. Diese vom 16. bis zum 18. Jahrhundert auf Jahrmärkten und Marktplätzen in ganz Europa gepflegte Spielform, der immer eine Tendenz zur Sozialsatire anhaftete, hatte die Kunst der szenischen Improvisation perfektioniert. Der Dialog ergab sich *adhoc*, war wohl auch oft nicht besonders anspruchsvoll, aber lustig; wussten die Spieler nicht weiter, musste der *arlecchino* mit Gags einspringen. (Im deutschen Sprachraum war das der Hanswurst.) Sprachlich anspruchsvoller muss gewesen sein, was im 17. Jahrhundert die Berufsimprovisateure bei öffentlichen Auftritten boten, wenn sie auf Zuruf Reime fabrizierten oder Lieder machten. Auch sie lebten aber, genau wie die *commedia*, vom Klischee. Das moderne Stegreiftheater führt diese Tradition fort. So beschreiben BATZ/SCHROTH (1983, 115) die Improvisation als Balanceakt „zwischen Nachahmung/Ausführung und der eigentlich schöpferischen Produktion". Improvisation nennen sie eine „eher kombinatorische Angelegenheit, die die Kenntnis von schon bestehenden Regeln und Mustern, Formen, Techniken und Figuren etc. voraussetzt" (ebd.). Improvisation sei erstens Trainingsmethode im Schauspielunterricht, zweitens Gestaltungsprinzip und drittens eine alte Spielform (vgl. ebd., 116). Die moderne Spielpädagogik hat alle drei Aspekte aufgegriffen (vgl. WEIHS 1981), und das Subversive noch weiter vorangetrieben, wie etwa das Stegreif- und Mitspieltheater des Brasilianers Augusto BOAL zeigt (BOAL 1979).

In der Deutschdidaktik wird seit längerem die Bedeutung des Stegreiftheaters und der Improvisation diskutiert. Schon MÜLLER-MICHAELS (1975, 47) leitet „ein frei erfundenes Rollenspiel in Dialogen ohne Textvorlage" von der *commedia dell'arte* her und nennt vier Merkmale (ebd., 49):

- Figuren sowie Szenenfolge sollten vorab festgelegt werden, auch ggf. wirksame sprachliche Gags.
- Beabsichtigt sei das „Zusammentreffen unterschiedlicher einseitiger Typen", häufig mit komischem Resultat.
- Improvisiert werde in Sprache, Mimik und Gestik.
- Die Welt werde mit ihren Schwächen auf letztlich optimistische Weise (komisch) interpretiert; Adressen an das Publikum könnten Anspielungen auf aktuelle Ereignisse und Probleme enthalten.

„Eine universell einsetzbare und robuste Form des Spiels" nennt SCHUSTER (1994, 49) das Stegreifspiel. Die Tradition der Berufsimprovisateure wendet er ins Didaktische, indem er Übungen vorschlägt, bei denen auf Zuruf über ein bestimmtes Thema ohne Vorbereitung geredet (er sagt irreführend: „referiert") werden soll (vgl. ebd., 49). Dem sprachdidaktischen Rollenspiel mit seinem Hang zur Ernsthaftigkeit hat das Stegreifspiel die Möglichkeit voraus, komisch-satirische Rollenverkörperung zuzulassen. Beiden gemeinsam ist das Prinzip der Improvisation, das aber nicht darin besteht, dass jeder tun darf, was er will. Vielmehr sind Verabredungen notwendig, die in ihrer Funktion den Konventionen bzw. Typen der *commedia* entsprechen. Es geht dabei nicht in erster Linie um Originalität, doch die Reproduktion von Klischees und Stereotypen macht auf die Dauer wenig Sinn. Es bedarf also bestimmter Hilfen, wenn der Balanceakt mit Schülern gelingen soll. Dass solche Hilfen nicht unbedingt nur im Festlegen von Figuren oder Handlungsabläufen zu suchen sind, zeigt Johnstone in seinem Buch IMPRO. Er unterscheidet zwei Typen von Spielern: *high-status* und *low-status players* (vgl. JOHNSTONE 1993, 70) Beiden „Typen" bringt er bei, diese Art von Voreinstellung bei sich selber wahrzunehmen und sich auch an der gegenteiligen zu versuchen.

Die *Status-Bestimmung* ist nicht identisch mit dem Festlegen desjenigen Spielers, der Dialog und Handlung vorantreibt, indem er „führt"; auch das kann man vorher verabreden, und „führen" („Work someone": vgl. 93 f.) kann sehr wohl auch derjenige, der im Status unterlegen sein soll. JOHNSTONES Status-Übungen zielen in vielfältigen Formen, die hier nicht referiert werden können, immer wieder darauf ab, das Machtgefälle in dramatischen Situationen auszunützen, herauszuarbeiten und in seiner Bedeutung für das Stegreiftheater bewusst zu machen. Auch dieser Ansatz hat im übrigen eine gewisse gesellschaftskritische Sprengkraft.

Drei *Improvisationsregeln* stellt JOHNSTONE (ebd., 138) auf:

1. *Interrupt a routine.*
2. *Keep the action onstage.*
3. *Don't cancel the story.*

(1.) Eine interessante Handlung bzw. Dialogführung ergibt sich nicht daraus, dass eine alltägliche Routine ausgeführt wird, sondern daraus, dass einer der Akteure etwas Unvorhergesehenes sagt oder tut: Will ein Spieler mit dem bekannten Satz „Kennen wir uns nicht irgendwoher?" ein Mädchen aufreißen, so sollte die Spielerin nicht routinemäßig antworten „Hau ab!" sondern z.B. „Aber sicher, ich hab Sie erst gestern in der Schwulenkneipe gesehen, wo ich bediene! Damit ist eine neue Situation geschaffen, hinter die der ‚Aufreißer' nun nicht mehr zurück kann; er muss darauf reagieren.

(2.) Er sollte aber nicht so reagieren, dass nun ein Dialog über ‚gestern Abend' sich entspinnt, denn damit fiele die Handlung von der Bühne (aus dem Hier und Jetzt), und das ist erfahrungsgemäß bald schon ihr Ende.

(3.) Er sollte sich aber auch hüten, den eben gemachten Vorschlag (er sei schwul oder vielmehr offensichtlich bisexuell) einfach zu „blockieren", z.B. zu sagen: „Das muss eine Verwechslung sein!" Solch destruktives Verhalten nennt JOHNSTONE *cancel the story*. Stattdessen könnte er, viel konstruktiver, fortfahren: Das ist meine Stammkneipe, ja. Da gehen viele Schauspieler hin. Nein, ich dachte, ich hätte Ihr Gesicht bei den Statisten gesehen. – Darauf wieder sie (*don't cancel the story!*): Ach, dann waren sie der Typ, der ewig zu spät kam, der für die Hauptrolle? Ist ja heiß!

## 4.4 Resümee Kreatives Sprechens: Szenisches Spiel und mündlicher Sprachgebrauch

**„Kreatives Sprechen" als Begriff**

Im Unterschied zu dem des „Kreativen Schreibens" handelt es sich bei diesem Begriff nicht um einen in der Deutschdidaktik schon eingeführten. Während man „Kreatives Schreiben" heute vielfach in Buchtiteln und Schlagwortregistern findet, ist „Kreatives Sprechen" mein eigener Begriff (vgl. ABRAHAM 1996).

Das Sprechen wurde lange Zeit im Deutschunterricht, wie im Schulunterricht überhaupt, stark instrumentalisiert gesehen: Die Lehrperson musste sprechen, um seinen „Stoff" zu benennen, zu erläutern, näher auszuführen und – bestenfalls – aus den Schüler/-innen herauszufragen, was er brauchte, um seine Unterrichtsziele zu erreichen.

Auch die „kommunikative Wende", die das Kommunizieren selbst und als solches zum Thema gemacht hat, hat mit der Instrumentalisierung des Sprechens nicht sofort ernstlich Schluss gemacht; wieder waren es zunächst vor allem Konventionen, Regeln und (Sprach-)Handlungsmuster, die unter dem Schlagwort „Kommunikationstraining" beachtet und geübt werden sollten. Es waren zwar andere als vorher, nämlich nicht mehr die der alten Paukschule, sondern solche der neuen Lebenswelt, aber dass Sprechen von ‚Sachen' und von ‚Wirklichkeiten' zu handeln hatte, die *vor den Sprechenden (Schülern) immer schon da waren,* das hat erst die (Rollen-)Spielpädagogik ernstlich in Zweifel gezogen. Im Konfliktrollenspiel übernehmen Sprechende andere als ihre lebensweltlichen (Schüler-, Kinder-)Rollen, schaffen sie also doch Wirklichkeiten, ist also ihr Sprechen kreativ in dem Sinn, um den es mir hier geht. Freilich war dazu nötig, das „geschlossene" Rollenspiel mit seinen vorgegebenen Handlungsabläufen und -zielen aufzubrechen zugunsten „offenerer" Arrangements, in denen Alltagsrede nicht nur dazu benutzt wurde, gewohnte Sozialrollen zu bestätigen.

**Sprechen als kreativer Prozess**

Sprechen in Rollen ist kreativ, auch ohne deshalb gleich „literarischen" Anspruch zu erheben; zum kreativen Prozess gehört

- das selbständige Finden einer Lösung (für das aufgegebene Kommunikationsproblem),

- das Kombinieren von *Wissen* (über Sozialrollen) und *Fähigkeiten* (der Interaktion in verschiedenen Varietäten und Registern) verschiedener Herkunft (z.B. aus anderen Schulfächern oder der außerschulischen Umwelt),
- Intentionalität, d.h. ein Handeln-Wollen im Gegensatz zu einem bloßen Sich-Verhalten.

Legt das Konfliktrollenspiel den Schwerpunkt auf die Fähigkeit zur selbständigen Lösung von (Sprachhandlungs-) Problemen mit den vorhandenen Mitteln, die gleichwohl dadurch jeweils erweitert werden, so betont die Improvisation als Prinzip und Methode einen anderen Aspekt des kreativen Prozesses, nämlich den des divergenten Denkens (vgl. WERMKES Didaktik einer „Kreativität als paradoxer Aufgabe" von 1989). Kreatives Sprechen im improvisierten Dialog ist die Fortsetzung des Geschichtenerzählens und Phantasiereisens (vgl. Kap. 2) mit anderen Mitteln, nämlich mit denen der Interaktion. Die Ergebnisse von Improvisationsversuchen sind nicht weniger als Produkte des Literarischen Rollenspiels „kreagene Produkte" (WERMKE) – auch wenn etwas so Flüchtiges und Spontanes wie ein Wortwechsel in szenischer Improvisation nur unter Vorbehalt ein „Produkt" genannt werden kann. Immerhin könnte man solche Versuche als Audio- oder Videodatei festhalten.

Warum – drittens – Literarische Rollenspiele „kreatives Sprechen" sind, bedarf keiner weiteren Begründung: Ich spreche als eine literarische Figur, ich schreibe einen Brief an sie, ich verfasse einen Dialog zweier Figuren vielleicht aus verschiedenen literarischen Werken, usw.

Ein Lernziel ‚Fähigkeit zum kreativen Sprachgebrauch' ist nicht nur eine wichtige Komponente ganzheitlicher Persönlichkeitsentwicklung, sondern auch sprachdidaktisch von großer Bedeutung, weil an Empathie, Rollendistanz und Ambiguitätstoleranz ja nur sprachlich heranzukommen ist.

**Aufgaben zu Kap. 4**

♦ für Grundschüler/-innen

„Der kleine Prinz", der von einem anderen Planeten auf die Erde gekommen ist, verirrt sich in ein Lehrerzimmer. Dort sitzt eine Lehrerin und sieht einen Stapel Hefte durch. Spielt ein Gespräch zwischen den beiden!
*(Zur Einstimmung kann ein Kapitel aus St. Exupérys Buch verwendet werden, z. B. das Gespräch mit dem Weichensteller.)*

♦ für Spieler/-innen der Sekundarstufen sowie Studierende

Ein Gespräch im Lehrerzimmer aus Jutta Strippels Roman *Kreide trocknet die Haut aus*

- Zu Textauszug I: Spielt/Spielen Sie den Dialog zwischen der Ich-Heldin und Frau Pendel weiter!
- Zu Textauszug II: Spielt/Spielen Sie den Dialog zwischen der Ich-Heldin und Frau Pendel weiter!
- Zu Textauszug III: Spielt/Spielen Sie den Dialog zwischen der Ich-Heldin und Frau Pendel weiter und lassen Sie Herrn Leise eingreifen!

*Textauszug I*

Frau Pendel ist doch da. Sie kommt aus der Teeküche, ihr Strickzeug unter dem Arm. »Ich habe auf Sie gewartet«, steuert sie mich an, »Ihre Klasse ist einfach unerträglich.« Auch das noch, als wüßte ich nicht schon längst, dass meine Klasse kaum zu unterrichten ist. Die Disziplinlosigkeit ist Ergebnis der Klassenführung. Aber so deutlich spricht man das nicht aus. Mindestens zweimal in der Woche sollte man den Rowdies eine Predigt halten. Das schafft Zugehörigkeitsgefühl. »Sie leiten die Zehnte doch noch?« fragt Frau Pendel, »oder nicht?« »Doch, ich leite sie noch. Wenn ich Pech habe, bis zum Abitur. Aber bevor wir uns zusammensetzen, hätte ich gern einen Kaffee. Darf ich?« Ich drücke mich in die Teeküche, lasse viel zu viel Wasser in den Boiler. Das dauert länger. Ich warte.

Das Wasser beginnt zu tanzen. Ich nehme eine der langweiligen weißen Schultassen aus dem Regal, löffle Pulver hinein, stelle fest, daß der Kaffee zu stark wird, gleiche das aus mit Würfelzucker und bin gespannt, ob noch Wasser in die Tasse paßt. Ich kann es nicht ändern, der Kaffee ist fertig. Ich habe keinen Vorwand mehr, mich dem Gejammer von Frau Pendel zu entziehen. Bis zu meinem Stuhl gelingt mir die Balance. Das macht einen überzeugenden Eindruck. Sau-

bere, nicht beschwapste Untertassen sprechen für sich. Frau Pendel ist Kunstlehrerin. Kein leichtes Fach. Schon gar nicht in der Mittelstufe. »Wir sollten zu gemahlenem Kaffee übergehen«, sage ich, »Nescafe ist nicht gut für den Magen.« »Trinken Sie Tee«, antwortet Frau Pendel, »der bekommt besser.« Ich rühre in meinem Kaffeebrei, konzentriert, sehr aufmerksam.
»Also, Ihre Klasse. Ich kann da nicht mehr unterrichten.«

*Textauszug II*

Frau Pendel ist doch da. Sie kommt aus der Teeküche, ihr Strickzeug unter dem Arm. »Ich habe auf Sie gewartet«, steuert sie mich an, »Ihre Klasse ist einfach unerträglich.« Auch das noch, als wüßte ich nicht schon längst, dass meine Klasse kaum zu unterrichten ist. Die Disziplinlosigkeit ist Ergebnis der Klassenführung. Aber so deutlich spricht man das nicht aus. Mindestens zweimal in der Woche sollte man den Rowdies eine Predigt halten. Das schafft Zugehörigkeitsgefühl. »Sie leiten die Zehnte doch noch?« fragt Frau Pendel, »oder nicht?« »Doch, ich leite sie noch. Wenn ich Pech habe, bis zum Abitur. Aber bevor wir uns zusammensetzen, hätte ich gern einen Kaffee. Darf ich?« Ich drücke mich in die Teeküche, lasse viel zu viel Wasser in den Boiler. Das dauert länger. Ich warte.

Das Wasser beginnt zu tanzen. Ich nehme eine der langweiligen weißen Schultassen aus dem Regal, löffle Pulver hinein, stelle fest, daß der Kaffee zu stark wird, gleiche das aus mit Würfelzucker und bin gespannt, ob noch Wasser in die Tasse paßt. Ich kann es nicht ändern, der Kaffee ist fertig. Ich habe keinen Vorwand mehr, mich dem Gejammer von Frau Pendel zu entziehen. Bis zu meinem Stuhl gelingt mir die Balance. Das macht einen überzeugenden Eindruck. Saubere, nicht beschwapste Untertassen sprechen für sich. Frau Pendel ist Kunstlehrerin. Kein leichtes Fach. Schon gar nicht in der Mittelstufe. »Wir sollten zu gemahlenem Kaffee übergehen«, sage ich, »Nescafe ist nicht gut für den Magen.« »Trinken Sie Tee«, antwortet Frau Pendel, »der bekommt besser.« Ich rühre in meinem Kaffeebrei, konzentriert, sehr aufmerksam.

»Also, Ihre Klasse. Ich kann da nicht mehr unterrichten.« Gestern, das war der Gipfel. Die Kinder sind ja nicht normal. Das ist mir noch nie vorgekommen. Ich hatte das Gefühl, ich sei im Irrenhaus.« Ich versuche einen Schluck. Es schmeckt scheußlich. Ich brauche Milch. Aber Frau Pendel läßt nicht locker. »Stellen Sie sich vor. Als ich in die Klasse komme, sind sie noch ganz normal. Naja, ein bißchen laut und unruhig. Aber es sind ja Kinder. Wenn ich auch der Ansicht bin, eine zehnte Klasse muß ihre Grenzen kennen.« Wie schaffe ich es, Milch aus der Teeküche zu bekommen. Warte ich noch länger, wird das Zeug kalt. Dann ist es auch mit Milch ungenießbar. »Ja«, sage ich, »das sollte sie.« »Ich bitte also um Ruhe. Der Max ist ja ganz schlimm. Der tut immer so gefährlich. Und ist ja auch zwei Kopf größer als ich. Aber ich kenne den Max schon seit der Siebten. Was war das für ein netter kleiner Kerl. Ein bißchen wild. Aber immer einsichtig, wenn man ihm sagte, was er falsch machte.« »Max ist, wie die anderen auch, in einem schwierigen Alter«, sage ich. »Entschuldigen Sie, ich brauche Milch.« Ich stehe auf und schaue Herrn Leise tief in die Augen. Er verfolgt unser Gespräch über den Rand seiner Zeitung.

*Textauszug III*

Frau Pendel ist doch da. Sie kommt aus der Teeküche, ihr Strickzeug unter dem Arm. »Ich habe auf Sie gewartet«, steuert sie mich an, »Ihre Klasse ist einfach unerträglich.« Auch das noch, als wüßte ich nicht schon längst, dass meine Klasse kaum zu unterrichten ist. Die Disziplinlosigkeit ist Ergebnis der Klassenführung. Aber so deutlich spricht man das nicht aus. Mindestens zweimal in der Woche sollte man den Rowdies eine Predigt halten. Das schafft Zugehörigkeitsgefühl. »Sie leiten die Zehnte doch noch?« fragt Frau Pendel, »oder nicht?« »Doch, ich leite sie noch. Wenn ich Pech habe, bis zum Abitur. Aber bevor wir uns zusammensetzen, hätte ich gern einen Kaffee. Darf ich?« Ich drücke mich in die Teeküche, lasse viel zu viel Wasser in den Boiler. Das dauert länger. Ich warte.

Das Wasser beginnt zu tanzen. Ich nehme eine der langweiligen weißen Schultassen aus dem Regal, löffle Pulver hinein, stelle fest, daß der Kaffee zu stark wird, gleiche das aus mit Würfelzucker und bin gespannt, ob noch Wasser in die Tasse paßt. Ich kann es nicht ändern, der Kaffee ist fertig. Ich habe keinen Vorwand mehr, mich dem Gejammer von Frau Pendel zu entziehen. Bis zu meinem Stuhl gelingt mir die Balance. Das macht einen überzeugenden Eindruck. Saubere, nicht beschwapste Untertassen sprechen für sich. Frau Pendel ist Kunstlehrerin. Kein leichtes Fach. Schon gar nicht in der Mittelstufe. »Wir sollten zu gemahlenem Kaffee übergehen«, sage ich, »Nescafe ist nicht gut für den Magen.« »Trinken Sie Tee«, antwortet Frau Pendel, »der bekommt besser.« Ich rühre in meinem Kaffeebrei, konzentriert, sehr aufmerksam.

»Also, Ihre Klasse. Ich kann da nicht mehr unterrichten.« Gestern, das war der Gipfel. Die Kinder sind ja nicht normal. Das ist mir noch nie vorgekommen. Ich hatte das Gefühl, ich sei im Irrenhaus.« Ich versuche einen Schluck. Es schmeckt scheußlich. Ich brauche Milch. Aber Frau Pendel läßt nicht locker. »Stellen Sie sich vor. Als ich in die Klasse komme, sind sie noch ganz normal. Naja, ein bißchen laut und unruhig. Aber es sind ja Kinder. Wenn ich auch der Ansicht bin, eine zehnte Klasse muß ihre Grenzen kennen.« Wie schaffe ich es, Milch aus der Teeküche zu bekommen. Warte ich noch länger, wird das Zeug kalt. Dann ist es auch mit Milch ungenießbar. »Ja«, sage ich, »das sollte sie.« »Ich bitte also um Ruhe. Der Max ist ja ganz schlimm. Der tut immer so gefährlich. Und ist ja auch zwei Kopf größer als ich. Aber ich kenne den Max schon seit der Siebten. Was war das für ein netter kleiner Kerl. Ein bißchen wild. Aber immer einsichtig, wenn man ihm sagte, was er falsch machte.« »Max ist, wie die anderen auch, in einem schwierigen Alter«, sage ich. »Entschuldigen Sie, ich brauche Milch.« Ich stehe auf und schaue Herrn Leise tief in die Augen. Er verfolgt unser Gespräch über den Rand seiner Zeitung. Frau Pendel hat angefangen zu stricken. Das beruhigt, denke ich und tropfe das zähflüssige Glück kondensierter Kühe in meine Tasse. »Aber Max war heute nicht der schlimmste«, klappert Frau Pendel zwei links, zwei rechts, »der schlimmste war Gregor. Der Junge ist krank.« Sie wechselt die Nadel. »Ich habe die Klasse endlich so weit, daß sie die Albernheiten lassen, und hänge zwei Bilder an die Tafel. Wissen Sie, wir beschäftigen uns gerade mit italienischem Barock. Ich habe da großartige Vergrößerungen von römischen Brunnen. Das Thema eignet sich übrigens ausgezeichnet für fächerübergreifenden Unterricht. Sie haben doch Deutsch und Latein in der Klasse, nicht wahr? Rilke und griechische Mythologie, großartig!« »Ich mache gerade Villon und Horaz«, bemerke ich vorsichtig, »ich glaube, Lyrik habe ich den Kindern gründlich ausgetrieben inzwischen.« Frau Pendel lacht nachsichtig und hält die Nadeln fest. Sie verkrampft sich deutlich. Sie kommt zur Sache. Ich lehne mich zurück. »Gregor«, sagt sie, »Gregor steht plötzlich von seinem Stuhl auf, geht aufrecht mit unbeweglichem Gesicht den Mittelgang entlang auf mich zu. Ich habe noch nie ein so starres Gesicht gesehen. Er geht entlang bis zum Lehrertisch, schaut mich ganz starr an, dreht sich langsam um zur Klasse, die sind ganz verhext, und sagt ganz dumpf ›Mammon‹ oder so was. Ich sage ›Gregor, setz dich hin. Laß den Unsinn‹, aber der dreht sich wieder nur ganz langsam um und fixiert mich mit dem starren Blick. Mir wurde richtig angst. Und dann geht er hinter den Tisch, rückt den Stuhl weg, alles mit diesem Gesicht, steigt auf den Lehrertisch und schreit ›Mammon‹ und bricht auf dem Tisch zusammen. Also, ich sage Ihnen, ich habe einen solchen Schreck gekriegt. Ich schüttle ihn und sage, er soll sich doch hinsetzen, es reicht, das ist nicht mehr lustig, er soll mir nicht die Stunde kaputtmachen, da fangen die anderen an, mit den Händen auf die Tische zu trommeln. Ich schreie, sie sollen aufhören. Aber die denken nicht dran. Gregor fing an, sich komisch zu bewegen, und dann würgte er lauter komische Laute aus sich heraus. Immer wenn er sich aufrichtete. Wenn er nichts sagte, legte er die Stirn auf den Tisch, wie ein Moslem. Und in dem

Moment schlugen die anderen immer mit den Händen auf die Tische. Ich habe sie nicht dazugekriegt aufzuhören. Dann habe ich gewartet. Nach zehn Minuten vielleicht war Gregor fertig. Und er erhob sich und ging ganz ruhig wieder an seinen Platz. Er nahm sein Heft raus und setzte sich in Positur wie ein Musterschüler. Keiner hat gelacht, die waren alle todernst. Ich habe dann auch so getan, als wäre nichts gewesen, und habe die Brunnen erklärt.

# 5 Lehr-, Lern- und Prüfungsgespräche führen

## 5.1 Unterrichtskommunikation als Problem und Forschungsgegenstand

Sprechdenken mit anderen

Dass Gespräche in der Schule vorkommen, und zwar als Lehr-, Lern- und Prüfungsgespräche, erscheint uns so selbstverständlich, dass wir zunächst vielleicht weniger genau hinsehen als etwa beim Erzählen, beim Informieren, beim Rollenspielen oder beim Redenhalten. Ist nicht das Gespräche führen im Unterschied zu diesen anderen Handlungsfeldern etwas nicht Formalisiertes und Inszeniertes, etwas Naturwüchsiges also: ein „naturgegebener Prozess", wie TECHTMEIER (1984, 22) etwas missverständlich formuliert? So scheint es uns auf den ersten Blick:

- Im Gespräch ‚verstellt' man sich nicht (wie im Rollenspiel).
- Im Gespräch muss man das Rederecht nicht vorverteilen oder umständlich aushandeln (wie oft in der Diskussion oder auch im Interview).
- Am Gespräch darf normalerweise jeder teilnehmen, der anwesend ist; es ist dialogisch, nicht monologisch (wie oft das Erzählen oder das Informieren). „Sprechdenken mit anderen" hat GEISSNER (1982) das Gespräch genannt, die Rede dagegen sei „Sprechdenken zu andern".

„Sprechdenken" ist ein schöner Ausdruck: Ich sage normalerweise, was mir in den Kopf kommt und mehr oder weniger direkt zum Thema gehört; ich entwickle meine Gedanken gesprächsweise, indem ich die der andern kennen lerne und auf sie eingehe. Dass ich meine Meinung schon habe, wenn das Gespräch anhebt, ist dabei gerade nicht Voraussetzung. Dass Sachfragen erst geklärt, Standpunkte erst entwickelt, Meinungs-Verschiedenheiten verdeutlicht, aber auch spontan ausgeglichen werden können, das eben zeichnet ja das Gespräch vor anderen Formen der Rede (z.B. der Debatte) aus.

Unter welchen Bedingungen kann ein gemeinsames Sprechdenken, ein befriedigender Austausch von Informationen, Meinungen usw. glücken bzw. misslingen? BECKER-MROTZEK/QUASTHOFF (1998, 5) gehen davon aus, dass wir alle über „implizites Gesprächswissen" verfügen, das sich (mindestens) erstreckt auf:

- Regeln für den Sprecherwechsel,
- kommunikative Muster und Schemata („intuitive Fahrpläne"),
- konsensfähige Gesprächsformen für den jeweiligen Zweck.

Wenn *Gespräch* „ein Oberbegriff für alle Formen des Miteinandersprechens" ist (WOLFF 1981, 124), als „dialogisches Geschehen" unter mindestens zwei Sprechern/Hörern stattfindet und auf spontanem Sprecherwechsel basiert (SCHANK/ Schwitalla 1980), so wird das Gespräch gleichsam „aus sich selbst heraus definiert" (TECHTMEIER 1984, 48), ist also zwar nicht voraussetzungslos möglich, wie wir gemerkt haben, aber doch an weit weniger rigide Voraussetzungen gebunden als z.B. eine Planungsbesprechung, eine politische Debatte, usw. Nötig ist lediglich (vgl. SCHWANK/SCHWITALLA 1980) die Annahme der „interpersonalen Gerichtetheit" des Sprachhandelns, die der prinzipiellen thematischen Relevanz aller Äußerungen, weiterhin die Unterstellung von Normalformen des Miteinanderredens, die eindeutige Zuordenbarkeit der Sprecherrolle zu einer gegebenen Zeit und insgesamt die thematische und intentionale Verknüpftheit der Redebeiträge.

### Kriteriengeleitete Beschreibung von Gesprächen

Dies vorausgesetzt, kann man Gespräche nach verschiedenen Kriterien beschreiben. HENNE/REHBOCK (1979, 32f.) nennen neun:

1. die Gattung: natürlich vs. inszeniert,
2. das Raum-Zeit-Verhältnis Kontext: *face-to-face* vs. fernmündlich,
3. die Konstellation der Gesprächspartner: Zweierkonstellation vs. Kleingruppe vs. Großgruppe,
4. der Grad der Öffentlichkeit: privat vs. halböffentlich vs. öffentlich,
5. die soziale Verhältnis der Gesprächspartner: symmetrisch vs. asymmetrisch,
6. die Handlungsdimension: direktiv vs. narrativ vs. diskursiv,
7. der Bekanntheitsgrad der Gesprächspartner: vertraut vs. befreundet vs. bekannt vs. unbekannt,
8. der Grad der Vorbereitetheit der Gesprächspartner: nicht vs. routiniert vs. speziell vorbereitet,
9. die Themafixiertheit: nicht fixiert vs. themabereichsfixiert vs. speziell fixiert.

Man sollte sich nicht durch die in der Fachliteratur auffallende Betonung des Spontan-Natürlichen am Gespräch dazu verleiten lassen, jetzt wieder alles zu vergessen, was aus dem vorigen Kapitel über soziale Rollen schon bekannt ist. Wenn es prinzipiell kein menschliches Verhalten gibt, das *nicht* Rollenverhalten wäre, wir also immer „Theater spielen" (GOFFMAN), nur eben in verschiedenen Stücken mit verschiedenen Mitspielern ggf. vor unterschiedlichem Publikum, so gilt das auch für Gespräche; dann ist man aber im Unterschied zum Konfliktrollenspiel relativ nah an spontan eingenommenen Alltagsrollen. Im Unterschied zur alltäglichen Interaktion, in der Rollenverhalten meist unreflektiert bleibt (und in pragmatischem Interesse auch bleiben muss!), geht es im Deutschunterricht auch hier, und hier besonders, um *reflexives* Sprechen.

## 5.2 Sprechen über Themen und Probleme: Unterrichtsgespräche mit dem Ziel einer Wirklichkeitsdeutung

### Sprechen unter den Bedingungen der Institution Schule

„Unterrichtsgespräche müssen die Bedingungen der Institution Schule ernstnehmen." (BECKER-MROTZEK/QUASTHOFF 1998, 10) Das heißt, dass Lehrende und Lernende nicht vorgeben sollten nicht zu wissen, wo sie sich unterhalten und unter welchen curricularen und sonstigen Vorgaben (vgl. auch VOGT 1995). Es heißt aber nicht, dass Unterrichtsgespräche nur von der Lehrkraft gesteuert und nur von ihrem Wissen gespeist sein sollten.

Wenn Kommunikation als unterrichtliches Handeln die drei Komponenten *Gegenstand*, *Lehren* und *Lernen* aneinander bindet (vgl. FORYTTA 1981, 347), so kann die Lehrkraft die Kommunikation zwar leiten, aber nicht eigentlich „in der Hand behalten"; versuche sie das doch, so finde ein wirkliches Gespräch gerade nicht statt: Überall dort, wo eine Frage auftaucht, auf die die Lehrkraft nicht speziell vorbereitet ist – und das kann prinzipiell jederzeit sein –, bestehe eigentlich die Chance, Kommunikation könne „als eine sprachliche Auseinandersetzung mit dem Wissen stattfinden, das der Lehrer sonst oft nur ‚übergibt' und auch nur ‚übergeben will' " (ebd., 349).

### Ein Beispiel

FORYTTA beschreibt eine von ihm beobachtete und dokumentierte Unterrichtsstunde, in der es Schülern nicht gelang, außerschulisches Wissen, das sie offensichtlich hatten und das thematisch relevant war, auch einzubringen. Mit der Feststellung in Bezug auf ein Tafelbild, dies könne keine Autobahn sie, weil auf dem Mittelstreifen einer Autobahn nie Bäume stünden, versucht ein Schüler einen Diskurs einzuleiten, der sich auf die Lebenswelt beruft, die er kennt; er reagiert damit auf eine Äußerung der Lehrerin, da seien „Büsche und Bäume". Obwohl der Schüler Unterstützung von anderen erhält, insistiert die Lehrerin auf ihrer (nach FORYTTAS Meinung falschen) Anfangsfeststellung, auf Mittelstreifen gebe es „Büsche und Bäume", und Ähnliches passiert bei den anderen elf Fällen, wo der Beobachter in dieser Stunde „Wissensmitteilungen" zählte, die sich auf außerschulische Erfahrungen gründeten (vgl. ebd., 353). FORYTTA resümiert:

> „Obwohl hier in höchstem maße kommuniziert wird, wird nicht viel gelernt. (...) Durch die abwehrungen kommen die Schüler, die das wissen schon haben, nicht dazu, es sprachlich zur disposition zu stellen. Die schüler, die das wissen noch nicht haben, können es nicht erwerben, obwohl es dauernd im spiel ist. (...) Wir nennen eine solche kommunikation gestört, weil sie mit dem lernprozeß (...) nicht in deckung kommt." (Ebd., 354)

Man kann es auch einfacher sagen: Ein wirkliches Gespräch findet nur statt, wo die Beteiligten einander zuhören und ernsthaft zu verstehen suchen, und das ist hier nicht der Fall. Sonst – ergänze ich – müsste man Konzept und Begriff von *BAUM* metakommunikativ klären, was Forytta auch nicht tut. Dass es kein Einzelfall ist, zeigt die Untersuchung von FORYTTA/LINKE, aus der das Beispiel stammt (vgl. Info-Seiten 7, S 113f.).

Unterrichtskommunikation soll *Sprechen über Themen und Probleme* sein. Gerade im Deutschunterricht tut oft Verständigung Not über das sehr unterschiedliche lebensweltliche Wissen, das in sie eingeht. Lernende, die solches Wissen einbringen wollen, sollten nicht die Erfahrung machen müssen, dass sie damit stören. (Dass gelegentlich Schüler *Störer* sein können, bleibt bei FORYTTA/ LINKE eine Randbeobachtung, ist aber empirische Realität.) Auch ein Lehr- und Lerngespräch, das die gerade referierte Kritik ernstnimmt und beherzigt, garantiert also noch keine ungestörte Kommunikation, wenn sonstige institutionelle Bedingungen nicht stimmen. Gestört aber ist das Unterrichtsgespräch jedenfalls im angeführten Fall nicht, weil die Schüler stören wollten, sondern weil ihr Gesprächsangebot (ihr Verlangen um sachliche Klärung, um zweckdienliches „Sprechdenken") von der Lehrkraft nicht akzeptiert worden ist. Sie selbst hatte keine in diesem Punkt zureichende Sachanalyse (sich nie vergewissert, ob und wie hoch Bäume auf Mittelstreifen sein dürfen), und sie hielt eine solche Vergewisserung dann auch im Unterricht für unnötig oder irrelevant; es ging ja um etwas anderes, nämlich um eine Einführung ins Verständnis geografischer Karten, genauer um das Symbol für ‚Autobahn'. Weil sie den roten Doppelstrich auf der Karte digital ‚liest' – als Symbol eben –, kommt die Lehrkraft nicht auf die Idee, die Schüler könnten den Doppelstrich analog lesen – als verkleinertes

Abbild einer wirklichen Autobahn, wie sie sie aus ihrem Erfahrungswissen kennen. Die Lehrkraft selbst (zer-) stört den Klärungsprozess. Ein Lerngespräch hätte ohne weiteres stattfinden können, in dem alle Beteiligten gelernt hätten. Die Lehrerin, dass Mittelstreifen selten Bäume enthalten, und die Schüler, dass die zweidimensionale Karte als digitales, nicht als analoges Zeichen zu verstehen ist, die Frage nach der Bewachsung des Mittelstreifens also für die Kartenzeichner irrelevant ist.

**Unterrichtsgespräche als störungsanfällige Kommunikation**

Dabei spricht nichts gegen Lehrgespräche, gegen das also, das man seit Sokrates „Mäeutik" nennt. Lernende gesprächsweise zu führen – zu einer Einsicht zu führen –, ist legitim. Ihnen aber gar nicht zuzuhören, wenn sie etwas zu sagen haben, das ist nicht legitim. Und Unterrichtsgepräche *sind* störungsanfällig. FORYTTA/ LINKE (ebd., 764–775) verallgemeinern ihre Befunde so:

- Die Abwehr von Schülerwissen schränkt deren Lernmöglichkeit ein.
- Unterrichtsgespräche laufen häufig leer.
- Diskurseröffnungen, d.h. geglückte Versuche von Schülern, eine Frage oder einen Aspekt zum Thema des weiteren Gesprächs zu machen, finden kaum statt.
- Die Kommunikation in der Klasse findet zwischen (zu) wenigen Gesprächspartnern statt.
- Die Kommunikation im Unterricht dient oft nur scheinbar einem Gegenstand, *de facto* häufig der (V)Ermittlung sozialer Anpassungsbereitschaft (verkapptes Prüfungsgespräch).
- Der Ablauf ist oft nur methodisch, nicht inhaltlich strukturiert. Die Sachanalyse komme zu kurz, die methodische Planung werde für das hauptsächlich zu Leistende gehalten und solle allein den Gesprächserfolg sichern.

Bei aller berechtigten Kritik an der Unterrichtskommunikation generell muss aber betont werden: *Dass* im Deutschunterricht über Themen und Probleme geredet wird, ist uns selbstverständlich geworden; kein anderes Fach ist so offen, in seinen Grenzen so durchlässig für so gut wie alles, was zu irgendeiner gegebenen Zeit gerade diskutiert wird, was also in Alltagsgesprächen, in den Medien, in aktuellen Buchtiteln usw. vorkommt. Das macht im Positiven die Attraktivität des Faches aus und im Negativen die Tendenz jeder Unterrichtsvorbereitung, binnen kurzer Zeit veraltet und überholt zu sein.

## Themen und Probleme im mündlichen Sprachgebrauch

Projektorientiertes Arbeiten, das ja immer von einem Thema ausgeht und nicht von sprach- oder literaturdidaktischen Zielen, will ständig und immer neu aus der ‚lebensweltlichen Fülle' sogenannter aktueller Themen und Probleme gespeist werden – unabhängig davon, ob dann schwerpunkthaft *informiert* oder *diskutiert* werden soll. Die Formulierung „Sprechen über ..." lässt das bewusst offen; gemeint ist Bereitstellung von Sachinformation ebenso wie Austausch von Argumenten und Gewinnung von Standpunkten. Oft sind es ja gerade diejenigen Aspekte eines Themas, die kontroverse, erfahrungs- und meinungsabhängige Stellungnahmen erlauben oder provozieren, die einen (offenen!) Gesprächsunterricht am meisten befruchten: Wer z.B. und was ist für mich heute ein *Held?* Oder lehne ich den Begriff als obsolet ab bzw. reserviere ihn im emphatischen Sinn für die Protagonisten der mittelalterlichen Epen und im technischen Sinn für die Hauptpersonen narrativer Texte generell?

Die Auswahl solcher Themen und Probleme soll sich nun, um dieses Missverständnis von vornherein auszuschließen, nicht einfach am Stand der gerade laufenden öffentlichen Diskussionen und Debatten orientieren, nicht sozusagen die *talk-show*-Themen übernehmen. Vielmehr sind es drei Kriterien, nach denen man zusammen mit der Klasse entscheiden wird:

- der Grad der Aktualität (die „Gegenwartsbedeutung" nach KLAFKI),
- aber auch die „Zukunftsbedeutung", d.h. das Ausmaß, in dem das betreffende Problem erwartbar eine Rolle spielen wird im Leben der später erwachsenen Kinder und Jugendlichen,
- die Integrierbarkeit eines Themas in fachdidaktische Konzepte zu einzelnen Lernbereichen: Welche Vorgaben z.B. für das mündliche Informieren, Erörtern usw. kann ich damit erfüllen? Welche Materialbasis (Texte, andere Medienprodukte) kann ich bereitstellen oder erschließen helfen?

## Ziel des Sprechens über Themen und Probleme

Ziel ist jedenfalls ein „Sprechen über ..." als gewissermaßen exemplarisches; als von der Lehrkraft angeregte und angeleitete (aber nicht gesteuerte) Möglichkeit, sich einen Gegenstand dialogisch gemeinsam zu erschließen, sich eigene relevante Erfahrungen klarzumachen und fremde dagegenzuhalten, sich mit fremden Standpunkten auseinanderzusetzen und einen eigenen zu gewinnen. Dieser Prozess ist es, auf den alles ankommt; die „Sprechanlässe" sind austauschbar und müssen es, wie gesagt, schon in Hinblick auf das Aktualitätskriterium unbedingt sein.

Durch Kommunizieren und verbalen Erfahrungsaustausch erarbeiten und deuten wir uns die sogenannte Wirklichkeit; das ist ein menschliches Grundbedürfnis. Im Deutschunterricht geht es um exemplarische und angeleitete Wirklichkeitsdeutung. Den Prozess, der dahin führt, im Namen didaktischer Planung allzu stark steuern zu wollen, verträgt sich nicht mit kompetenzorientiertem Unterricht, dem es auf das *Outcome* ankommt: Nicht die Lehrkraft, sondern die Lernenden sollen Informieren und Diskutieren, Redebeiträge einbringen und Überzeugungsarbeit leisten lernen!

Das Unterrichtsgespräch also ist kein Alltagsgespräch, sondern Unterrichtskommunikation und als solche *störungsanfällig*. Dennoch kann ein offen, d.h. ohne vorgefasste Meinungen über wünschenswerte Ergebnisse, geführtes Unterrichtsgespräch, das den Namen verdient – wo also alle Beteiligten einander zuhören und ernstnehmen – die Funktion einer exemplarischen Wirklichkeitsdeutung eines thematischen ‚Ausschnitts' erfüllen. Diese Ausschnitte selbst werden immer wieder wechseln; wer sie auswählt, hat neben der Gegenwartsbedeutung (Aktualität) unbedingt auch die Zukunftsbedeutung für die Lernenden sowie die Verbindbarkeit mit fachdidaktischen Zielen zu bedenken.

## Info-Seiten 7:
## Unterrichtskommunikation als „gestörte Kommunikation"

„Rhetorischer Rückzug des Lehrers! Schülerrede statt Lehrerrede!" Diese Devise gab eine Handreichung zum Mündlichen Sprachgebrauch an bayrischen Gymnasien (ISB 1995, 35) aus. Das ist als Faustregel nicht schlecht, weil Lehrerhetorik oft die Schülerrhetorik gerade nicht fördert. Aber Rückzug ist zu wenig: Unterrichtsgespräche sind nicht „naturgegeben" (TECHTMEIER), sondern eine nach der Konstellation der Gesprächspartner spezifisch asymmetrische, das Rederecht vermutlich seltener als sonstige Gespräche wechselnde Gesprächsform.

Das Unterrichtsgespräch ist insofern paradox, als es *geplante Spontaneität* realisieren soll und dazu verurteilt ist, naturwüchsig sein zu sollen und trotzdem Institutionalität herzustellen (vgl. BECKER-MROTZEK/QUASTHOFF 1998, 9). Als Vorwurf ist das nicht gemeint, weder an die Adresse einzelner Lehrpersonen noch an die Adresse der Institution. Es ist eine Feststellung, und diese gilt zwar für Unterricht generell, wird aber besonders dort zum Problem, wo Lernziele verfolgt werden sollen, die weniger an die *Unterrichtsgegenstände* gebunden sind (einen physikalischen Vorgang verstehen, eine Tierart beschreiben, ethische Normen kennen lernen, usw. usw.) als an die *Kommunikationsvorgänge* selbst, mit anderen Worten: deutschdidaktische Lernziele. Denn Deutsch hat ja, was Unterrichtskommunikation betrifft, eine „Sonderrolle" (ebd., 10).

Eine allzu zielgerichtete, didaktisch-methodisch durchgeplante Gesprächsführung, wie das *Lehrgespräch* sie ja darstellt, kann eine prekäre Balance zum Kippen bringen: Während man beim „Sprechdenken" mit anderen im Alltag (GEISSNER) diesen immer auch etwas mitteilt, was sie nicht vorher schon gewusst haben, tendiert die Rolle der Lernenden im Lehrgespräch zur Rezeptivität, manche kritisieren schärfer: zur Passivität. Der etwas mitzuteilen hat, ist dann fast ausschließlich der/die Lehrende, und was er/sie nicht mitzuteilen hat oder nicht mitzuteilen wünscht, das wird auch nicht vermittelt. Zwar wechselt in einem solchen Lehrgespräch das Rederecht gelegentlich, aber nicht oft genug und zudem so, dass es für jeweils nur kurze Zeit an einen Schüler geht und dann sofort wieder für längere Zeit an die Lehrperson zurück. Dass die Schüler untereinander ein sinnvolles, thematisch relevantes Gespräch über einen Unterrichtsgegenstand führen, das hat man lange Zeit als Möglichkeit nicht ernsthaft in Erwägung gezogen. Das Wissensgefälle zwischen Lehrperson und Lernenden betonend, hat man gemeint, nur ein straff geführtes Lehrgespräch könnte dieses Gefälle in vertretbarer Zeit ausgleichen, nicht ein *Lerngespräch*, das einen Gegenstand womöglich eher umspielt als diskursiv fassbar macht, eher assoziativ als begrifflich präzise ‚behandelt'. Lerngespräche schließen das ein, was GRÜNWALDT (1984, 28 ff.) „Aussprache", und das, was er „Besprechung" in Gruppen- und Partnerarbeit nennt. Nicht, dass an einem Lerngespräch die Lehrkraft gar nicht teilnehmen könnte oder dürfte; aber die didaktische Vorausplanung kann es abtöten. Die Lehrkraft kann in einem Lerngespräch als Gesprächspartner allemal agieren, als Gesprächsplaner und -lenker dagegen tunlichst möglichst wenig oder phasenweise auch gar nicht. Dass es andere Phasen geben muss – z.B. solche der Zusammenfassung und Wiederholung des Gelernten –, wo die Lehrkraft planend und steuernd agieren muss, ist damit ja nicht bestritten: Hat ein Lerngespräch in Arbeitsgruppen stattgefunden, so bedarf die anschließende Zusammenführung und Auswertung der Gesprächsergebnisse einer lenkenden Hand, einer Moderation zumindest.

Soll zu Ende der Stunde oder zu Beginn einer neuen ein Zwischenergebnis gesichert werden, damit darauf aufgebaut werden kann, so findet kein Lerngespräch mehr statt, eigentlich auch kein Lehrgespräch, sondern – und das ist die dritte Möglichkeit – ein *Prüfungsgespräch*. Das heißt nicht unbedingt, dass einzelne Schüler/-innen geprüft werden sollen (wie viel haben sie verstanden, haben sie aufgepasst, haben sie die Hausaufgabe gemacht?); es kann auch darum gehen, zu prüfen, ob die Klasse als ganze einen Stand erreicht hat, der einen neuen Weg zu beschreiten erlaubt.

So verstanden, laufen Prüfungsgespräche tatsächlich oft in Tateinheit mit Lehr- und Lerngesprächen ab. Sie alle sind Unterrichtskommunikation und als solche unter mehreren Aspekten kritisierbar:

- Eine nun schon ältere Kritik lautet, von lebensweltlicher Erfahrung sei Unterrichtskommunikation, soweit sie in den hergebrachten Bahnen (also gelenkt) verlaufe, zu sehr abgeschottet.
- In Hinblick auf geschlechtsstereotype und sexistische Verhaltensweisen sei Unterrichtskommunikation weitgehend „blind" (vgl. z.B. FUCHS 1989). Geschlechtsspezifische Benachteiligung laufe „so subtil und hochautomatisch ab, dass die Beteiligten häufig nicht in der Lage sind, die empirische Realität (...) angemessen wahrzunehmen" (ebd., 92).
- Schließlich sei Unterrichtskommunikation „doppelbödig" (BECKER-MROTZEK/QUASTHOFF 1998, 9): Man tue immer, als ginge es nur um Inhalte, Probleme, Standpunkte usw., aber alle wüssten, dass es um Leistung und Befähigung gehe.

## 5.3 Sprechen über Literatur in verschiedenen Medien: Unterrichtsgespräche mit dem Ziel ästhetischer Erfahrung

### Ästhetische Erfahrung zur Sprache bringen

Literatur gibt es in verschiedenen Medien – es gibt sie als Printliteratur (Buch, Comic), als Inszenierung (Theater), als mediale Inszenierung per AV-Text (Kurz- und Spielfilm, Fernsehspiel, Poetry Clip) und als „nichtlineare" Netzliteratur im Internet. In all diesen Erscheinungsformen kann und soll Literatur im Deutschunterricht zum Gesprächsanlass werden – so wie außerhalb der Schule ja auch.

Schon lange selbstverständlich ist das (nur) für das Medium Buch. „Texte als Sprechanlass", hieß ein Abschnitt bei PSCHIBUL (1980, 171–177). Der Text, an dem der Autor das Prinzip demonstrierte – „Die Geschichte vom jungen Krebs" von Gianni RODARI – ist ein literarischer Text, genauer gesagt: eine moderne Fabel bzw. eine Anti-Fabel. Aber dieser Unterrichts-Gegenstand ist letztlich nicht mehr als ein Katalysator, um das Sprechdenken der Schüler/-innen miteinander und mit der Lehrkraft in Bewegung zu bringen. Nicht das sogenannte adäquate Textverständnis um des Werkes willen ist angestrebt, sondern ein aus dem Erfahrungshorizont der Gesprächspartner heraus begründetes Problemverständnis, das den Weg – oft kein Umweg, sondern der einzig gangbare – über ästhetische Erfahrung nimmt.

Ein solches „literarisches Gespräch" hat eine Eigendynamik, die nicht ohne Folgen durch allzu gezieltes Hinarbeiten auf Resultate gestört werden kann. Es ist in erster Linie ein Lerngespräch, das hier zu führen ist, und eben deshalb ist das Verbum *führen* nicht im Sinn einer Lehrerlenkung zu verstehen. FORYTTA hat auch für Gespräche über Literatur Recht, wenn er – wie zitiert – sagt, die Lehrkraft könne ein (Lern-)Gespräch zwar anregen, aber nicht in der Hand behalten. Dort, wo der Lehrer dies im konkreten Fall hier versucht, wird das Gespräch prompt inkohärent und unfruchtbar.

### „Offener" Gesprächsunterricht über Literatur

In dem Gesprächsunterricht, um den es hier geht, braucht die Lehrkraft eine Vorstellung davon, was der Text zu diskutieren zulässt oder erfordert, und kann sich und die Klasse nicht einfach treiben lassen. Im Abstecken solcher Grenzen besteht ja gerade ihre vielleicht wichtigste Aufgabe beim Moderieren eines Lern- und Lehrgesprächs. Diese Grenzen werden desto enger zu ziehen sie, je älter die Lernenden und je komplexer die Textvorlagen sind. So eng aber, dass die Lernenden nur noch „das Richtige zu treffen" haben, d.h. erraten müssen, welchen Begriff die Lehrkraft jetzt im Kopf oder in seiner Unterrichtsvorbereitung hat, so eng darf es nie werden.

Wie stark sich die Lehrkraft zurückhalten kann und wie weitgehend der Umgang mit literarischen Texten Gesprächsunterricht sein kann, demonstrierte ANDRESEN (1992). Sie sprach mit Grundschüler/-innen über eine Auswahl an Gedichten, die nicht unbedingt altersspezifisch scheint: Sie enthält nicht nur z.B. etwas von Ringelnatz, sondern auch Texte von GOETHE, von EICHENDORFF, von HEINE, von RILKE, von EICH, also Texte aus dem Lyrik-Kanon der Sekundarstufen. „Die Gedichte, die Kinder selbst für sich aussuchen, sind oft weit außerhalb des Horizonts zu finden, den wir für ihr Alter annehmen." (ebd., 11). Wenn man die Scheuklappen der eigenen, eine Textanalyse-Haltung erzeugenden philologischen Ausbildung ablegt, stellt sich heraus, dass das keineswegs so überraschend ist, wie man auf den ersten Blick denken mag: Kinder, argumentiert ANDRESEN (ebd.), sind es ja gewöhnt, dass die Welt um sie herum nicht „kindertümlich" sei, dass sie auch im Alltag nicht alles verstehen. Kinder haben eine notwendige Fähigkeit, mit dem unverstandenen Rest zu leben, der bei jeder Interaktion für sie bleibt. Nur, wer das „interpretierende Zerstückeln" (ebd., 12) von Gedichten für den einzig adäquaten Umgang mit ihnen hält, wird darin ein Problem sehen; aber der muss sich auch ANDRESENS Vorwurf gefallen lassen, er richte die Schüler dazu ab, „Antworten zu apportieren" (ebd., 13). Diese böse Formulierung polemisiert gegen ein mündliches und schriftliches Exekutieren von Textanalyse im Unterricht. Dagegen setzt ANDRESEN ihr Konzept eines Gesprächsunterrichts, das zwar nicht einen „in Ahnungen schwelgenden oder gar dumpfen Umgang mit Gedichten" (ebd., 13) propagiert, wohl aber einen Umgang mit „Zeit und Gelassenheit" (ebd., 12). Wichtig sei das Vorlesen und Zuhören, gefährlich das voreilige Auf-Begriffe-Bringen, das Ein- und Zuordnen, das Festlegen allgemeiner oder objektiver Bedeutung, die ein Text habe. Deswegen: „Versteh mich nicht so schnell". Die Gespräche, deren Protokolle in dem Buch abgedruckt sind, umkreisen ihre Gegenstände eher, als dass sie sie ‚frontal' angehen. Die Lehrerin hält sich auffällig zurück; es sind Lern-, keine Lehr und schon gar keine Prüfungsgespräche. Sie dienen nicht der Interpretation, sondern der Annäherung an ästhetische Erfahrungen, die allemal subjektiv sind. ANDRESEN (ebd., 42) beobachtete an sich selbst, dass auch sie freier assoziierte und persönlichere Zugänge zu den besprochenen Texten fand, wenn sie mit den Kindern darüber sprach, die unbefangen und ohne den Anspruch auf vollständiges Verstehen herangingen.

**Beispiele**

Auch wir Erwachsene finden uns ja Gedichten gegenüber nicht selten in der Lage, dass das vollständige Verstehen ein uneinlösbarer Anspruch bleibt:

> Als eine weiße Schneebeere
> Möcht ich dein letztes Wort sein.
> Niemand spricht es mehr aus.
> Aber die weiße Schneebeere am Haus
> Wird noch dort sein
> Jahrein jahraus.

Der Text heißt „Dauer" und stammt von Georg VON DER VRING (1889–1968); ausgesucht hatte ihn eine Schülerin einer 2. Klasse (vgl. ANDRESEN 1992, 301). Nichts wäre, folgt man ANDRESENS Konzept und Überzeugung, unnötiger, als dem Kind eine solche Wahl wieder auszureden, weil diesen Text angeblich nur erwachsene Leser/-innen verstehen könnten und zu schätzen wüssten. Der Prozess der (dialogischen) Annäherung an ihn ist wichtig, nicht das Ergebnis. Leider gibt es zu diesem Text kein Gesprächsprotokoll; vielleicht hat die Schülerin ihn nur vorgelesen, auch nicht darüber sprechen wollen. Gespräche kann man nicht erzwingen, sonst sind es keine (keine Lerngespräche jedenfalls). Über das „Liedchen" von Ringelnatz dagegen gibt es ein Gesprächsprotokoll:

**Liedchen**

> Die Zeit vergeht.
> Das Gras verwelkt.
> Die Milch entsteht.
> Die Kuhmagd melkt.
>
> Die Milch verdirbt.
> Die Wahrheit schweigt.
> Die Kuhmagd stirbt.
> Ein Geiger geigt.

Ich greife eine Gesprächspassage mitten heraus (ANDRESEN 1992, 72 f.):

Jan: Die Zeit vergeht. Das könnte ein Jahr sein.
Katharina: Vielleicht, weil die Zeit schon so lange vergangen ist, da lebt keiner mehr auf dem Hof und dann verdirbt eben alles und die Kuhmagd stirbt auch noch.

| | |
|---|---|
| Julia: | Wenn alle tot sind, dann kann keiner mehr eine Wahrheit sagen oder eine Lüge sagen. |
| Ute: | Dann schweigt die Wahrheit. |
| Jan: | Und niemand kann mehr die Kuh melken und niemand auf die Milch aufpassen. |
| Katharina: | Oder vielleicht ist das Leben die Wahrheit und der Tod eben nicht so wahr, sondern eher Phantasie. |
| Olli: | Oder dass es immer wieder von vorn anfängt, sie sterben und dann geht das Gedicht wieder von vorne an. |
| Julia: | Aber wieso „Liedchen"? Da oben steht ja „Liedchen". |
| Olli: | Vielleicht ist es ein Lied. |
| Jan: | Sing's halt mal! |
| Olli: | Ich weiß ja nicht, wie die Melodie geht. |
| Ute: | Mach dir eine. |
| Olli: | *singt.* |

Er singt. Das ist der Unterschied zwischen einem solchen Gesprächsunterricht und einem textanalytischen Unterrichtsgespräch – der Unterschied zwischen „ich weiß die Melodie nicht" und „macht dir eine".

### Theorie und Didaktik des literarischen Gesprächs in der Schule

Nun gibt es Praktiker und Theoretiker, die diesem Ansatz, auch weil er nicht im Klassenverband, sondern in Kleingruppen erprobt wurde, Realitätsferne vorwerfen. Es gibt seit Mitte der 1990er Jahre eine Fachdiskussion „zur Theorie und Didaktik des literarischen Gesprächs in der Schule". Das ist der Titel eines diese Diskussion zusammenfassenden und auf Begriffe bringenden Aufsatzes von MERKELBACH. „Lässt sich der gelenkte, lernzielorientierte literarische Diskurs in der Institution Schule überhaupt verändern?" fragt er (in: CHRIST et al. Hrsg. 1995, 12). In der germanistischen Ausbildung, so konstatiert MERKELBACH (ebd., 16), sei allzu lange das literarische Gespräch als irrelevant, wenn nicht gar als störend betrachtet worden. Im Literaturunterricht dagegen habe es traditionell immer einen hohen Stellenwert gehabt (vgl. 20), jedoch vor allem im gymnasialen Deutschunterricht (zu) stark bestimmt von fachwissenschaftlichen Zielen. Seit der Etablierung des Lernbereichs habe jedoch insbesondere die „Volksschuldidaktik" das Gespräch über Texte thematisiert (vgl. ebd., 21).

Die Frage nach den Veränderungsmöglichkeiten des literaturanalytischen Diskurses im Deutschunterricht beantwortet MERKELBACH mit der Skizze eines Gesprächsunterrichts im „Wechselspiel von entfaltenden und abstrahierenden

Gesprächsbeiträgen" (ebd., 42 ff.). Mit WIELER (1989) fordert er ein wenigstens zeitweises Abrücken von den üblichen Leitfragen, die dem Unterrichtsgespräch eine Richtung und ein Ziel vorgeben, und einen Verzicht der Lehrkraft auf das „Strukturierungsmonopol". Was das praktisch heißen soll, war an dem Beispiel aus ANDRESEN (1992) zu sehen. Theoretisch abgesichert wurde es von WIELER (1998) mit Hinweis auf WYGOTSKIS Konzept der „Zone der nächsten Entwicklung". Genau wie beim Erzählen gilt auch hier, dass der/die Erwachsene zunächst eine „Strukturierungsaufgabe" wahrnimmt (vgl. ebd., 32 f.) und einen „Unterstützungsdiskurs" führt (ebd., 33).

### Das literarische Gespräch als dialogische Sinnfindung

Wir brauchen eine Didaktik des literarischen Gesprächs, die sich auf wirkliche dialogische Sinnfindung einlässt und beherzigt, dass ein Text für Lernende nur bedeutend ist, wenn er *ihnen* etwas bedeutet und sie das auch artikulieren dürfen. Die Fähigkeit, solche literarischen Gespräche zu führen, ist Voraussetzung für literarische Bildung" (MERKELBACH, ebd., 46).

Eine solche Didaktik des offenen „literarischen Gesprächs" entwerfen HÄRLE/ STEINBRENNER Hrsg. (2004). Die Lernenden sollten ihre Äußerungen nicht nur an die Lehrkraft adressieren, sondern an andere Mitglieder der Lerngruppe, sonst wird aus einem gelenkten Unterrichtsgespräch kein literarisches Gespräch. Dieses wird textzentriert, doch weniger als die Schriftlichkeit auf Distanz verpflichtet sein. Solche Überlegungen zielen auf eine Veränderung des herkömmlichen Unterrichtsgesprächs über Literatur (vgl. HÄRLE/STEINBRENNER 2004, S. 2 ff.); literarische Gespräche

- sollten weniger lehrergelenkt und kommunikativer gestaltet werden;
- könnten der Gefahr des „Elitären" durch demokratischere Strukturen entgehen („Gespräch unter Peers");
- sollten durch den Verzicht auf „Leitfragen" das eigenständige Nachdenken über den Text begünstigen;
- sollten auf die Frage nach der Autorintention verzichten.

### Phasen des offenen literarischen Gesprächs

Solche Überlegungen aufnehmend, hat SPINNER (2006, 14) das Literarische Gespräch als ein Modell angemessenen Umgangs mit Literatur beschrieben und den erwünschten Gesprächsverlauf in sechs Phasen untergliedert:

(1.) Die leitende Person wählt einen durch Mehrdeutigkeit oder Rätselhaftigkeit auffallenden und daher geeigneten Text aus.
(2.) Durch einen Sitzkreis schafft man ein klares Setting, gekennzeichnet durch Ruhe, Konzentration und kommunikative Symmetrie.
(3.) Der Text wird zunächst vorgetragen, dann ausgeteilt und noch mal still gelesen.
(4.) Die leitende Person gibt durch einen anregenden Impuls allen die Gelegenheit zu einer ersten Äußerung.
(5.) Damit ist das Gespräch eröffnet, das auch für Irritation und Nicht-Verstehen offen ist und ausdrücklich dazu einlädt, eigene Erfahrungen auf den Text zu beziehen.
(6.) Dem Abschluss dient eine von der leitenden Person gestaltete Schlussrunde, die wichtige Verstehensaspekte und Gesprächserfahrungen artikuliert.

Solche Anregungen zu einem veränderten literarischen Diskurs in der Schule setzen allerdings, das sei ausdrücklich betont, die Bereitschaft voraus, über eine Veränderung der Lehrerrolle nachzudenken: Lehrende werden zu Moderatoren eines solchen Gesprächs, manchmal vielleicht sogar zu einfachen Teilnehmern.

### Sprechen über Literatur in den Nichtprintmedien

Auf Literatur in anderen Medien sind nicht alle, aber viele der jetzt gewonnenen Erkenntnisse zu übertragen. So verwendet FROMMER in seiner Erzähldidaktik von 1992 u.a. Comics. Das betrifft die Sek. I. GRÜNEWALD 1996 macht Vorschläge für einen Gesprächsunterricht über Comics auf der Primarstufe. Sprechen über Kinderfilmstars wird skizziert bei MATTERN (2002). Über *daily soaps* wird (geschlechterdifferenzierend) gesprochen im Rahmen eines Unterrichtsmodells von BRUNKEN (1997). Sprechen über Videoclips beschreibt MATTHIAS (1999).

Besonders ergiebig ist Sprechen über Filme („Filmgespräche führen"). Anregungen findet man etwa in EBERLES *Sehschule* (1998), in *Teenie-Kino* von KAHRMANN u.a. (1993) . Es sollte darauf geachtet werden, dass gesehene Filme nicht nur spontan im Sinn eines Geschmacksurteils bewertet, aber auch nicht nur inhaltlich und/oder thematisch diskutiert werden, sondern auch hinsichtlich ihrer medienästhetischen Beschaffenheit und Qualität: Wie erzählt der Film seine Geschichte, wodurch werden symbolische Bezüge geschaffen oder Zusammenhänge hergestellt, wie werden Zeitsprünge bewältigt, usw.?

In Zusammenhang mit szenischen Verfahren ist der Umgang mit Film bei KRÄMER (2006) materialreich erläutert; es wird deutlich, in welch vielfältiger Weise Filme oder Ausschnitte daraus Schüleräußerungen anregen können. An

Dialoge (im Rollen- oder Planspiel) ist dabei ebenso zu denken wie an Entwicklung und Diskussion eines Drehbuchs oder Storyboards in Teamarbeit oder an ein inszeniertes Casting.

Erstaunlicher Weise eher wenig entwickelt ist eine Didaktik des *Kurzfilms* (vgl. aber z.B. BAUDET 1987). Hingegen gibt es seit einiger Zeit eine lebendige Auseinandersetzung mit dem Format des Poetry Clip (vgl. *Praxis Deutsch* 200/2000).

Ein wichtiges filmdidaktisches Hilfsmittel sind Standbilder (*Stills*). ABRAHAM (2005) berichtet von der Erprobung eines Unterrichtsmodells zur Verwendung von Stills (aus *Herr der Ringe I*) in einem medienreflexiven Deutschunterricht in einer 9. Klasse, die mit Laptops ausgestattet war („Notebookklasse").

**Aufgabe 1 zu Kap. 5**

Mehrere Kleingruppen (alle Schulstufen und Studierende) führen je ein literarisches Gespräch zu Kafkas „Kleiner Fabel" (1920). Die Gruppen werden zunächst nach draußen geschickt und dann nacheinander hereingeholt, um gegenseitige Beeinflussung zu vermeiden. In ihrer Abwesenheit wird ein *Moderator* gewählt und auf seine Rolle vorbereitet:

- selbst keine Deutung vorgeben oder vorschlagen!
- jeden Beitrag ernstnehmen!
- darauf achten, dass alle zu Wort kommen!
- Wenn das Gespräch stockt: Stellen aus dem Text vorschlagen (kommentarlos zitieren), zu denen Äußerungen erwünscht sind!

Franz Kafka

**Kleine Fabel** (1920)

„Ach", sagte die Maus, „die Welt wird enger mit jedem Tag. Zuerst war sie so breit, daß ich Angst hatte, ich lief weiter und war glücklich, daß ich endlich rechts und links in der Ferne Mauern sah, aber diese langen Mauern eilen so schnell aufeinander zu, daß ich schon im letzten Zimmer bin, und dort im Winkel steht die Falle, in die ich laufe." – „Du mußt nur die Laufrichtung ändern", sagte die Katze und fraß sie.

(Aus: *Beschreibung eines Kampfes,* Frankfurt a.M.: Suhrkamp 1976, S. 91)

## Info-Seiten 8: „Interpretation" als Aus-Handeln von Bedeutung

„Interpretation" und „Interpretieren" sind Begriffe mit hohem Anspruch, doch mittlerweile (zu) weitem Bedeutungsumfang. Von einer „Krise der Interpretation" sprach schon 1977 RUTSCHKY. Wie Ingendahl in seinem Buch *Umgangsformen* (1991, 90–94) verschiedene germanistische ‚Schulen' der Interpretation aufzuzählen, hilft in der Praxis nur sehr bedingt: Nicht einmal Literaturwissenschaftler schaffen in der Regel eine *nur* literatursoziologische oder *nur* psychogenetische Deutung. Die monologische schriftliche Interpretation, sozusagen die aufsatzförmige, hat zwar als Prüfungsleistung besonders in der Sek. II durchaus ihre Berechtigung. Wir haben aber hier zu überlegen, was Interpretieren literarischer Texte auch auf den anderen Schulstufen und auch in Hauptschule und Realschule sein könnte oder sollte; die Antwort: allererst dialogisches und mündliches Interpretieren. Ich setze hinzu, dass ich im Einklang mit der didaktischen Literatur diese Überlegung nicht nur aus pädagogischen Gründen anstelle, also nicht deshalb, weil jüngere Schüler/-innen und die der nicht-gymnasialen Schularten zur Hochform der Interpretation nicht geführt werden sollten oder könnten; das mag zwar sein, ist aber nicht der entscheidende Grund. Man geht vielmehr von einer grundsätzlich *dialogischen Natur* des Interpretierens aus: Jedes Unterrichtsgespräch über einen poetischen Text, so assoziativ und selektiv-wahrnehmend es begonnen haben mag, tendiert zu interpretierenden Aussagen. Interpretieren ist ein menschliches Grundbedürfnis, das sich kommunikativ realisiert: Wir besprechen Texte und andere Phänomene, um uns und einander ihrer Bedeutung zu versichern. Und das heißt: das Gespräch dient eben dem Zweck, eine solche Bedeutung buchstäblich auszuhandeln; wer als Lehrkraft glaubt, die Aufgabe zu haben, eine in der Fachliteratur vorfindliche, in der Ausbildung gelernte Textbedeutung weiterzugeben, der missversteht die Funktion eines Interpretationsgesprächs gründlich.

Während nun alltagsweltliches Verstehen ungeplant und spontan geschieht, ist die Interpretation eine mehr oder weniger systematisch herbeigeführte Verstehens- und Kommunikationsleistung. Sie „findet überall dort statt, wo Lesende sich über den Sinne eines Textes verständigen wollen" (SPINNER 1987, 17): Interpretieren geschieht bereits *lesend* und nicht erst nach Abschluss der Textrezeption, und es handelt sich um eine im Gespräch auf sozial möglichst faire Weise, d.h. ohne Berufung auf Wissens- oder Machtvorsprünge (vgl. SCHEFFER 1995) zu erreichende Verständigungsleistung, ein Bemühen um Intersubjektivität: Als *erfolgreich ausgehandelt* darf (nur) eine Bedeutung gelten, die auf der Folie der „Lebensromane" (SCHEFFER) der Gesprächsteilnehmer plausibel erscheint, also vermittelt werden konnte mit persönlichen Erfahrungen und Affekten.

So betrachtet, ist das monologische Interpretieren eine sekundäre Erscheinung von schul- und hochschulliterarischer Künstlichkeit. Interpretation ist allerst ein Prozess, ein Verständigungsprozess nämlich, auch ein (Sprech-)Denkprozess, und erst dann, wenn überhaupt, ein Produkt, auch wenn die germanistische Redeweise genau das suggeriert: Man hat ja „eine Interpretation" von XY gelesen oder geschrieben.

Für das schriftliche Interpretieren hat GERTH (1989) eine Stufenfolge formuliert:

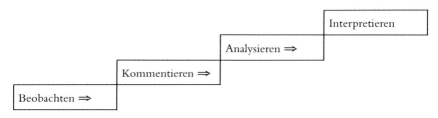

Im Prozess dialogischen Interpretieren ist das eher als Nebeneinander und Gleichzeitigkeit zu denken: Es wird beobachtende, kommentierende, interpretierende Teilhandlungen geben, gelegentlich ‚sogar' analysierende, und hinzutreten werden Assoziationen, Erinnerungen, Erfahrungsberichte.

## 5.4 Argumentieren und Diskutieren: inszenierte Gespräche

**Diskutieren als Unterrichtsideal**

Eine Unterrichtsstunde betrachten wir oft besonders dann als geglückt, wenn ein lebendiger Austausch über den Gegenstand unter Einbeziehung verschiedener Perspektiven und kontroverser Standpunkte gelungen ist: VOGT (1998) befragte Lehrende nach Einstellung und Erfahrungen zum Diskutieren im Deutschunterricht und kam zu dem Ergebnis, viele betrachteten die Diskussion als „Unterrichtsideal", ohne dass ihnen die praktische Umsetzung in der Regel gelinge. Das gilt zwar für alle Fächer; aber in Deutsch wird das Problem besonders virulent, denn hier ist Diskussion nicht nur eine Form, sondern ein Ziel.

**Phasen einer Unterrichtsdiskussion**

LUDWIG/MENZEL (1976) haben vier Phasen unterscheiden:

1. Themenwahl,
2. Meinungsaustausch,
3. Argumentativer Dialog,
4. Abschluss.

Das scheint trivial, enthält aber die Botschaft, dass unstrukturiertes Redenlassen keine Lösung ist – genauer: Es ist keine im Sinn kompetenzorientierten Unterrichts klare *Anforderungssituation*, in der definiert wäre, was von den Lernenden erwartet wird und welche Mittel und Strategien für eine Problemlösung sie haben.

Es gibt zwar vereinzelt methodische Überlegungen zur Modellierung von Diskussionen im Unterricht (vgl. z.B. VOGT 1998), aber noch keine Didaktik des Diskutierens oder mündlichen Argumentierens.

**Sprachhandlungen und Handlungsfelder des Diskutierens**

Für eine solche Didaktik wäre nicht der alltagssprachliche Begriff von *Diskussion* einfach zu übernehmen, sondern ein wissenschaftlich abgesicherter Begriff auszubilden, der Diskutieren als dialogische (gemeinsame) Sprachhandlungsfolge begreifen müsste, die wenigstens theoretisch in einzelne Sprachhandlungen auflösbar wäre. Die wiederum sind offensichtlich dem SCHOENKEschen Handlungsfeld 3 zuzuordnen, genauer: „3.1 argumentieren: etwas behaupten, dies belegen, begründen, schlussfolgern, einschränken/auf Argumente eingehen/Argumente zurücknehmen, auf ihnen beharren/Argumente abwägen, Entscheidungen treffen/einen Konsens, einen begründeten Dissens oder einen Kompromiß feststellen" (SCHOENKE 1991, 77).

Daraus folgt, dass man eine *Theorie des Argumentierens* haben müsste, die aber SCHOENKE noch nicht hat und die seinerzeit aus dem Funkkolleg-Beitrag von MAAS (1973, 158 ff.) auch nicht in wünschenswerter Klarheit hervorging. Ich gebe mich daher mit einem immer noch gültigen vorwissenschaftlichen Konsens zufrieden, den man unschwer gängigen Sprachbüchern der Sek. I entnehmen kann. So enthält etwa *Sprache gestalten 9* (BUCHNERS 1995) ein Kapitel „Argumentieren" in Hinblick auf die Erörterung, in dem folgendermaßen definiert wird:

„*argumentieren = behaupten + erläutern*" (ebd., 84)

Sieht man genauer hin, so ergibt sich, dass mit „erläutern" zweierlei gemeint sein kann: zum einen die *Begründung* einer These, zum andern aber auch ein *Beleg* im Sinn eines aus der Alltagserfahrung oder der Medienrezeption stammenden Beispiels. In logischer Hinsicht ist das mitnichten dasselbe; eine regelrechte Begründung, die dem Anspruch gleichsam zwingender Logik genügt, ist nicht für viele Behauptungen über die Welt – die ja nicht den Gesetzen der Mathematik gehorcht – zu liefern; weit häufiger müssen sie durch Erfahrungssätze belegt und durch Beispiele abgesichert werden, die fast immer durch Gegenbeispiele unterlaufen werden könnten, also im systematischen Sinn gar nichts beweisen, jedoch etwas plausibel oder wahrscheinlich machen.

### Beispiel

Ein Beispiel macht es deutlich: In einer Diskussion über *Gewalt an Schulen* behauptet eine Schülerin der 10. Jahrgangsstufe, das Schikanieren von Mitschülern, das Erpressen von Dienstleistungen oder Geld, der Vandalismus an schulischen Einrichtungen usw. habe seine Ursache in den von der Institution selbst ausgeübten Zwängen, in monotoner Unterrichtsgestaltung, repressiver Pädagogik usw.

Womit könnte die Schülerin, die ja nun *argumentieren* muss, ihre These stützen? Zurückgreifen kann sie auf

- „erzählbare" Beispiele: *Neulich habe ich zwei beobachtet, die ihren Frust über eine Bioabfrage in der Pause an einer Gruppe Fünftklässer ausgelassen haben: Pausebrot in den Dreck geworfen, Heft zerrissen, verbal bedroht,* usw. (narrativer Diskurs),
- Erfahrungswerte als Verallgemeinerungen konkreter Beobachtungen, z.B.: *der Vandalismus ist nach der Zeugnisausgabe bei uns immer besonders schlimm, nach Schulaufgaben prügeln sich die Jungen immer, bei manchen Lehrern werden*

*im Unterricht systematisch Tische und Stühle vollgekritzelt und zerkratzt*, usw. (topischer Diskurs),
- eine stringente Beweisführung: Druck erzeugt Gegendruck, Gewalt Gegengewalt (nur wäre die eine strukturell und die andere manifest) (logischer Diskurs).

Wie sich Erfahrung und Verallgemeinerung, Einzelfall und Stereotyp dabei zueinander verhalten, bedürfte einer Untersuchung, die ich hier nicht anstellen kann.

## „Argumentation" als Begriff

Das Beispiel hat noch keine Diskussion simuliert, sondern einen Ausschnitt daraus, den wir eine „Argumentation" nennen wollen. Jede Argumentation hat eine mehr oder weniger begrenzte Reichweite: Sie kann sich im engen Umreis persönlicher Erfahrung bewegen und subjektiv gewisse (durch Beobachtung verbürgte), allerdings objektiv vielleicht nur bedingt taugliche Belege für eine These beibringen; sie kann Verallgemeinerungen eigener, vielleicht aber auch nur vermeintlicher Erfahrungen riskieren und sich dabei auf Lebensweisheiten, Gemeinplätze oder Stereotypen berufen: *Das weiß doch jeder, dass repressive Pädagogik Aggression erzeugt. Wie man in den Wald ruft, so ...* (usw.). Der Vorteil: Die Argumentation wird scheinbar allgemeingültig, wird hinausgehoben über den bloßen Erfahrungsbericht. Der Nachteil: In sie sind Schablonen der Wahrnehmung, der Formulierung und des Urteils eingegangen (man könnte auch sagen: Klischees), die nur solange ‚überzeugen' wie sie nicht auf gegenteilige Schablonen treffen. Im vorliegenden Fall könnte die Schülerin in der Diskussion über Gewalt an Schulen auf eine Gegenthese treffen, die etwa lautet: *Das wissen wir doch, dass manche Eltern mit ihrem Tick einer antiautoritären Erziehung Kinder großgezogen haben, die keinen Respekt mehr vor fremdem Eigentum haben,* usw. Dieses – auf unserer mittleren Abstraktionsebene angesiedelte – Gegenargument könnte dann zum einen gestützt werden durch entsprechende Beobachtungen: In meiner Klasse ist einer, der darf zuhause machen, was er will, und in der Schule ... usw.; zum andern könnte dieses Gegenargument seinerseits so weit abstrahiert werden, dass am Ende, wie man so sagt, Meinung gegen Meinung stünde: Nicht Gewalt erzeugt Gegengewalt, sondern *Verzicht auf Ausübung von Autorität erzeugt Orientierungslosigkeit, Gleichgültigkeit und Egoismus.*

Wer hätte nun ‚Recht'? Gleich ist man mitten in einer Diskussion. Voraussetzung fürs Argumentieren, sagt MAAS (1973, 160), sei das Problematisieren von Sprechhandlungen, und eben das ist hier geschehen. Was man beim Diskutieren jeweils konkret in Frage stellt, das nennt MAAS „das Strittige" (vgl. für die Didaktik WOLFF 1981, 141), als ein „Behauptungspaar", das nach der einen oder der anderen Seite hin aufgelöst werden kann: Zwei – oder mehr – Argumentierende ringen darum, wer mit seiner Behauptung sozusagen ‚durchkommt', und das ist keine Frage der Logik, sondern eine Frage der sachlichen Plausibilität und sprachlichen Geschicklichkeit. GRÜNWALDT (1984, 55 ff.) entwickelt Möglichkeiten der „Gegenargumentation": *taktische Reaktion* (Teilwiderlegung, Verständnisfragen, persönl. Angriff) und *Gegenargumente* (Bestreiten des Sachverhalts, Umwertung von Fakten, Hinweis auf Konsequenzen).

### Diskutieren als soziale und kognitive Herausforderung

Diskutieren ist insgesamt nicht nur eine kognitives Herausforderung (wie logisch sind die Argumente?), sondern eine „Form sozialen Lernens" (VOGT 1998, 25). Denn was ich da jetzt referiert habe, ist freilich eine recht formale Rekonstruktion der Verhältnisse beim Argumentieren und Diskutieren. Natürlich können wir unser fiktives Beispiel eines Argumentationszusammenhangs, in dem sprechdenkend nach Gründen für Gewalt in der Schule gesucht wird, mit MAAS als strittiges Behauptungspaar beschreiben:

*These A*: Gewalt in der Schule ist in der Schule erzeugte Gewalt.

*These B*: Gewalt in der Schule ist gesellschaftlich und/oder familiär erzeugte Gewalt, unter der die Schule zu leiden hat.

### Deskriptive vs. normative Sätze

Man kann bei der Formulierung einer These unterscheiden zwischen deskriptiven Sätzen („etwas ist der Fall") und normativen Sätzen („etwas sollte der Fall sein": vgl. BAYER 1984, 315). Ich führe das jetzt nicht mehr am Beispiel aus; man erkennt auch so nun sicherlich in diesem „Strittigen" eine Dialektik, die es letztlich unmöglich macht, von der Richtigkeit des einen und der Unrichtigkeit des anderen Arguments zu sprechen; statt um Richtig/Falsch geht es hier um Akzeptabel/Nicht-Akzeptabel, und das sind nicht logische, sondern soziale Kategorien.

Beide bzw. mehrere Seiten könnten ja gute Gründe und reichlich Belege und Beispiele für ihre These ins Feld führen, und der Sinn der Diskussion wäre dann nicht eine Art Ausscheidungskampf (so wie in der Fußball-WM, wo nur der Sieger eine Runde weiter kommt), sondern eine im gemeinsamen Sprechdenken gefundene Erklärung der in Rede stehenden Verhältnisse, die von beiden bzw. von allen Seiten akzeptiert werden kann; MAAS (1973, 161) sagt: wiederum „zur Voraussetzung einer eigenen Sprachhandlung werden". Den *goodwill* zum Konsens in Hinblick auf gedankliche Klärung und/oder gemeinsames Handeln setzen wir beim Diskutieren jedenfalls voraus. Wo er institutionell fehlt, sprechen wir von *Debatte*, wo er individuell fehlt, von *Streit*. Und auch das Austragen von Streit bzw. Konflikten ist eine Frage der Kompetenz, wie BAURMANN/FEILKE/VOSS (2002) zeigen.

### Argumentieren nicht nur in der Diskussion

So weit – nicht weiter – nähern sich diese Überlegungen jener Theorie des Argumentierens, die wir nicht haben; Argumentation gibt es nicht nur in Diskussionen, sondern natürlich auch im Gespräch und in der Rede (vgl. SCHOENKE/SCHNEIDER 1981, 73). Die Grenze zwischen einem Gespräch und einer Diskussion mag nicht scharf zu ziehen sein; aber *Gespräch* ist jedenfalls der Oberbegriff. Jede Diskussion ist auch ein Gespräch. Aber nicht jedes Gespräch ist eine Diskussion. Diese ist vielmehr ein Gespräch, das nicht nur „themabereichsfixiert" ist, sondern tatsächlich thema- bzw. problemfixiert, das sozusagen eine gespanntere Atmosphäre aufweist als das entspannte (Gelegenheits-)Gespräch – das kann auch heißen: ein höheres Tempo, eine hitzigere Abfolge der Redebeiträge –, und das eben deshalb der Aufstellung und Einhaltung von Regeln bedarf. Es ist wie im Straßenverkehr: Je größer das Verkehrsaufkommen und je höher die Geschwindigkeit, desto wichtiger wird die Einhaltung von Verkehrsregeln.

### Diskussionsregeln

Deshalb hat es die Didaktik des mündlichen Sprachgebrauchs schon immer als wichtiges Ziel betrachtet, vor dem Diskutieren Regeln zu verabreden und ihre Einhaltung während des Ablaufs zu überwachen. Einfache Diskussionsregeln findet man in jedem besseren Sprachbuch (differenziert etwa in ISB 1995, 254–285 oder bei GRÜNWALDT 1984, 30); eine relativ anspruchsvolle, d.h. auch für die Sek. II noch geeignete methodische Ausarbeitung bieten SCHOENKE/ SCHNEIDER (1981, 66 ff.). Ist das Thema emotional sehr besetzt oder sind die Diskussionsteilnehmer noch sehr ungeübt, so ist die Ernennung eines Diskussionsleiters unerlässlich, und da dessen Fähigkeiten den Status von Lernzielen haben (sprachliches Vermittlungsgeschick, Empathie und Ambiguitätstoleranz), ist auf die Dauer gerade nicht die Lehrkraft dazu berufen, sondern wechselnde Schüler, die dabei mehr lernen, als wenn sie selbst mitdiskutieren würden.

## Diskussionen als inszenierte Gespräche

Diskussionen werden in dieser Darstellung aus zwei Gründen „inszenierte Gespräche" genannt:

- Grundsätzlich haben Diskussionen – im Unterschied zu Gelegenheitsgesprächen – eine Tendenz zur Inszenierung, weil bzw. insoweit ihr Thema vorher bekannt ist, der Teilnehmerkreis fest umrissen ist und aus Personen besteht, die dauernd oder öfter miteinander zu tun haben und schließlich der Gesprächsablauf stärker formalisiert ist, als man das sonst im Alltag kennt. Das geht bis hin zur Podiumsdiskussion, wo geladene Vertreter/-innen bestimmter Interessen und/oder Institutionen etwas aktuell „Strittiges" behandeln. Da gibt es dann auch einen Diskussionsleiter, der für die Inszenierung *sichtbar* verantwortlich ist.
- Konkret-methodisch sind für uns in der Schule nicht nur viele, sondern *alle* Diskussionen inszeniert, denn Schule ist nicht Lebenswelt und das „Strittige" ist nicht einfach von selber da. Inszenieren heißt manchmal nur, das Thema vorher bekanntzugeben und alle oder ausgewählte Schüler bzw. Arbeitsgruppe („Expertenteams") um gezielte inhaltliche Vorbereitung zu bitten und die Diskussion von einem ernannten Leiter moderieren zu lassen; inszenieren kann aber auch heißen, die Rederollen ausdrücklich zu verteilen, d.h. *Diskussion als Rollenspiel* zu veranstalten.

### Beispiel für eine Inszenierung

So diskutierte eine 7. Gymnasialklasse über die Frage, ob Schulaufgaben abgeschafft werden könnten oder sollten. Es wurden folgende Teilnehmer ernannt und auf das „Podium" geschickt: Schulleiter OStD Dös, Schulpsychologe Dr. Ömmes, StR Neugscheiter und Schülersprecher Schröter. Als Leiter fungierte ein Schüler in der Rolle des Elternbeiratsvorsitzenden Sorgenvoll. Nun könnte man befürchten, ein solches Arrangement provoziere den Austausch bloßer Statements im Sinn einer Debatte, nicht einer Diskussion. Eine solche werde ich später auch noch vorstellen; sie entsteht tatsächlich nur dort, wo die eingenommenen Rollen eindeutige Interessengruppenvertreterrollen sind, die Standpunkte also festliegen und nur sehr bedingt veränderbar sind. Im vorliegenden Fall ist das aber nur beim Schulleiter anzunehmen, der für die Erhaltung des *status quo* argumentiert. Bei den anderen war zu hören, dass sie selbst um einen klaren Standpunkt noch rangen – und zwar sowohl als Schüler wie in ihren Rollen! – und ihre Äußerungen wirkliches „Sprechdenken" waren, kein Ablassen von vorgefertigten offiziellen Meinungen.

Die Rollenübernahme hilft erfahrungsgemäß in solchen Situationen dabei, alle wichtigen Argumente in vertretbarer Zeit auf den Tisch zu bringen; sie hilft auch bei der sprachlich wirkungsvollen – z.B. also auch polemischen, ironischen, jedenfalls pointierten – Reaktion auf eine geäußerte Gegenmeinung. Auf eine Phase wenig substanzvoller Statements am Anfang und scheinbar schon ‚fester' Meinungen folgte in der Durchführung eine viel längere zweite Phase, in der einiges in Bewegung kam; die enge Themafixierung hält einem Austausch von wirklichen Argumenten bald nicht mehr stand, mit anderen Worten: Die Diskutanten merkten, dass die Alles-oder-nichts-Frage (Schulaufgaben abschaffen oder beibehalten?) unfruchtbar wird, und sie weiteten innerhalb des Themabereichs die Diskussionsfrage aus; sie diskutieren am Ende über alle mit schulischer Leistungserhebung und Auslese sowie dem damit verbundenen Stress für Schüler und Lehrer zusammenhängenden Fragen, im einzelnen:

- welcher Lerntyp mit Schulaufgaben, welcher mit mündlichen Abfragen besser zurechtkommt,
- wie man Eltern früher und besser Rückmeldungen über den Leistungsstand des Kindes geben könnte,
- inwiefern das Interesse der Institution Schule in dieser Frage ein anderes sein wird als das Interesse der Lernenden,
- als Kompromisslösung die Einführung einer Freischussregelung (die schlechteste schriftliche Note im Schuljahr soll nicht gelten).

### Argumentieren/Diskutieren als gemeinsames Sprechdenken

Argumentieren/Diskutieren sind, um das zusammenzufassen und zu verallgemeinern, aus der Sicht der Lernenden Beiträge zum Gesamtprozess eines gemeinsamen Sprechdenkens. Ein „Strittiges" wird durch Behauptung (These) sowie Begründung/Beleg/Beispiel zum Gegenstand eines durch *goodwill* gekennzeichneten sprachlichen Handelns gemacht. Aus der Sicht der Lehrenden geht es dabei nicht nur um kognitives, sondern immer auch um soziales Lernen.

Mehr und ausdrücklicher als andere, informellere und weniger themafixierte Formen des Gesprächs bedarf die Diskussion verbindlicher Regeln, deren Einhaltung ihrerseits Lernziele erreicht, und einer gewissen Inszenierung, die sich der Methoden des Rollenspiels bedienen kann, aber nicht muss.

**Aufgabe 2 zu Kap. 5**

♦ für zwei Schüler/-innen aller Schulstufen und Studierende

Spieler/-in 1: erhebt den Vorwurf „Du bist unzuverlässig!" und begründet ihn.
Spieler/-in 2: wehrt sich dagegen.

## 5.5 Rede und Antwort stehen: Prüfungsgespräche im Unterricht

Prüfungsgespräche im Unterricht

Diesem Kapitel liegt die Unterscheidung zwischen Lehr-, Lern- und Prüfungsgesprächen zu Grunde: Man kann Gespräche im Unterricht danach einteilen, wie hoch die Lehrerlenkung ist. Zwischen fehlender bzw. nur indirekter Lehrerlenkung im Arbeitsgruppengespräch und im offenen Rollenspiel und sehr starker Lehrerlenkung im Prüfungsgespräch sind die mehr oder weniger gelenkten Unterrichtsgespräche anzusiedeln. Natürlich wird eine Lehrkraft auch da immer prüfend hören, welcher Lern- , Entwicklungs- oder Wissensstand aus den Redebeiträgen der Schüler spricht. Aber wo das Unterrichtsgespräch nicht vordringlich zum *Zweck* einer solchen Prüfung als Lernkontrolle eines Schülers oder der ganzen Klasse stattfindet („Rechenschaftsablage"), spreche ich von Lehr-, nicht von Prüfungsgespräch. Dass Prüfungsgespräche oft nicht *realiter* etwa von einem Unterrichtsbeobachter, sondern nur künstlich abgetrennt werden können von der sonstigen Unterrichtskommunikation, ist selbstverständlich. Nicht zuletzt aus diesem Grund hat sich wohl die Sprachdidaktik mit Prüfungsgesprächen im Unterricht nicht näher befasst. Sie hat vielmehr immer, und im Lernbereich „mündlicher Sprachgebrauch" auch mit einer gewissen systematischen Berechtigung, den *Sozialformen*-Begriff aus der Pädagogik übernommen: Es ‚gibt' Frontalunterricht, Gruppen- und Partnergespräche und natürlich das Rollenspiel. Aber eine solche Einteilung wird noch nicht dem Machtgefälle in Gesprächen gerecht. Ein Partnergespräch unter Schülern, ein Kleingruppengespräch in Abwesenheit des Lehrers verläuft sozusagen gleichberechtigter als ein Gespräch, in dem einer aufgrund seines *Alters*, seines *Wissens* und seiner *Befugnisse* dominiert (selbst wenn er das methodisch geschickt zu verbergen versucht). Insbesondere die dritte Größe, die der *Befugnisse* nämlich, spielt im Prüfungsgespräch eine entscheidende Rolle. Der Status des Prüfers ist, mehr noch als der des Lehrers, ein überlegener. Dass das, was Lernenden gegenüber als Befugnis auftritt (ich bin berechtigt, jede deiner Äußerungen als Leistung zu veranschlagen, d.h. zu bewerten und zu benoten), für die Lehrkraft bzw. gegenüber der Institution auch Verpflichtung ist, sei nur nebenbei gesagt. Mit dieser Verpflichtung können Lehrende leben; bewusst machen müssen sie sich aber: Es gibt eine Form von Gespräch im Unterricht, das nur bei sehr ungenauem Hinhören ein Gespräch zur Sache ist; „die Sache zu klären", ist nicht sein eigentlicher Zweck, denn die in Rede stehende Sache ist bereits geklärt, und eben darum geht es: Kann der Schüler, mit dem ich gerade spreche, zeigen, dass und wie er von dieser Klärung profitiert hat, d.h. was er wie verstanden, behalten und anwenden gelernt hat? Auf eine recht problematische Art verschränken sich hier Inhalts- und Beziehungsaspekt. Auch, wer dem vorangegangenen Unterricht nicht beigewohnt hat und folglich nicht wissen kann, dass die „Sache" schon geklärt ist, könnte hören und sehen, dass es sich um ein Prüfungsgespräch handelt: Der Frager beißt sich sozusagen an einem oder mehreren Lernenden fest, nimmt Meldungen oder Lösungsangebote anderer gar nicht oder nur notfalls zur Kenntnis, lässt lieber Phasen des Schweigens entstehen, die länger – manchmal viel länger – sind, als man sie in Gesprächen sonst dulden würde.

### Prüfungsgespräche als Verhörsituationen

Auch das Einhelfen durch Anbieten geeigneter Stichwörter zeigt an, dass man es mit einer Verhörsituation zu tun hat. *Sage, was du weißt und gestehe damit oder durch Schweigen, was du nicht weißt!* Die These von FORYTTA/LINKE, dass Unterrichtskommunikation *gestörte Kommunikation* ist, kann nirgends so eindrucksvoll belegt werden wie hier. Ein Gespräch, dessen Thema und Verlauf mir aufgezwungen wird, würde ich im Alltag verweigern oder abbrechen; ich muss doch niemandem Rede und Antwort stehen, wenn ich nicht mag! Ein Gespräch geht eigentlich von der Grundannahme aus, dass seine Teilnehmer/-innen kommunizieren *wollen* und auch wissen, worüber. Beides ist im Prüfungsgespräch nicht systematisch der Fall. Die Interaktion ist nicht *symmetrisch*, sondern asymmetrisch, genauer: *komplementär* (WATZLAWICK et al. 1969, 69f.). Symmetrisch kommunizierende Partner sind grundsätzlich gleichberechtigt und verhalten sich spiegelbildlich; *beschimpfst du mich, so beschimpfe ich dich*. Gleichartige Verhaltensweisen lösen hier einander aus bzw. bedingen einander. Jeder ist frei, die Kommunikation verbal fortzusetzen oder nicht; auch ein Abbruch bzw. ein Schweigen bedeutet jedoch eine Botschaft, man kann nicht nicht kommunizieren (WATZLAWICK et al. 1969, 50). Ein gerade ‚abgefragter' Schüler, der von der Lehrkraft gesagt bekommt: *Heute wieder mal nichts gelernt!* kann aber nicht erwidern: *Heute wieder mal besonders fies!*

## Komplementäre Kommunikation im Gespräch

Es gibt also Interaktionsbeziehungen, wo sich symmetrische Kommunikation nicht realisieren lässt bzw. zu Sanktionen führen würde; und das liegt an der Beziehung der Gesprächspartner/-innen, die eben nicht auf Gleichheit gegründet ist. „Komplementär" nennen WATZLAWICK et al. *sich gegenseitig ergänzende Ungleichheiten.* In mindestens einem Punkt besteht bei einem Partner eine Überlegenheit, die mit einer Unterlegenheit beim andern Partner korrespondiert. Einfacher gesagt: Der eine übt Macht über den andern aus, und das äußert sich in verbalen, para- und nonverbalen Aspekten der Interaktion. Wir könnten auch sagen: Der eine hat einen höheren *Status*; aber was JOHNSTONE, der Theaterpädagoge, in seinen Statusübungen meint, das ist an die gerade eingenommene soziale Rolle im ganzen gebunden, und wir müssen jetzt darüber hinaus bedenken, dass jede konkrete Kommunikationssituation ihre eigene Komplementarität schaffen kann. Was mich gegenüber dem Partner in eine überlegene Position bringt, das kann nämlich auch ein Wissen sei, das ich ihm/ihr augenblicklich voraushabe und benutze, um eine zeitweise Abhängigkeit zu schaffen. Und das tun bekanntlich nicht nur Erwachsene, sondern auch Kinder und Jugendliche in ihren *peer groups*, weshalb es nicht angeht, symmetrische Kommunikation nur als die in der *peer group* und komplementäre als die zwischen Kind und Elternteil oder zwischen Schüler und Lehrer zu verstehen. Richtiger wäre, die komplementäre Kommunikation als den Regelfall zu verstehen (in irgendeinem Punkt gibt es fast immer eine Ungleichheit und häufig einen Statusunterschied) und die symmetrische als die Ausnahme, die desto schwieriger wird, je mehr Differenz zwischen den Partnern in Alter, Wissen und sozialem Status herrscht.

Jedenfalls ist die Lehrer-Schüler-Kommunikation normalerweise der Paradefall einer komplementären Interaktion. In Lern- und Lehrgesprächen und mehr noch im Prüfungsgespräch können wir diese einander auslösenden und bedingenden Ungleichheiten exemplarisch studieren. Je weniger der Lernende weiß, desto schwerer wiegen das Wissen und die Befugnis des/der Lehrenden. Je öfter der Schüler die Antwort schuldig bleibt, desto häufiger und bohrender fragt der Lehrer nach, usw. Und je autoritärer ein Unterrichtsstil, desto ‚schülerhafter' und unselbständiger wird sich die Klasse verhalten, solange sie nicht aktuell von Sanktionen bedroht wird.

## Asymmetrie der Unterrichtskommunikation

Lehrkräfte, die die ohnehin angelegte Asymmetrie der Kommunikation durch eine Überbetonung des Frontalunterrichts und eine starke Ausprägung der Lehrerlenkung noch (unnötig) verstärken, rechfertigen sich häufig mit der Begründung, die Schüler im allgemeinen oder jedenfalls speziell diese der Klasse Xa seien eben so, da müsse man durchgreifen, da gingen eben kein Gruppenunterricht, kein Rollenspiel und keine kreativen Mätzchen. Damit ist aber der Charakter komplementärer Kommunikation verkannt: Wenn ungleiche Verhaltensweisen einander auslösen und bedingen, verstärken solche Vorgehensweisen die Ungleichheit und lösen einen Aufschaukelungsprozess aus, der Unterrichtskommunikation empfindlich stört, anders gesagt: der ein Gespräch gar nicht erst entstehen lässt und womöglich auch in eine an sich möglicherweise symmetrische Kommunikation hinein ausstrahlt: Auch in Kleingruppen können dann stark autoritär geführte und gelenkte Schüler nicht wirklich diskutieren, und damit entsteht eine sich selbst erfüllende Prophezeiung: Die Lehrkraft glaubt den Beweis dafür zu haben, dass ihre erste Einschätzung richtig war.

### Bearbeitung von Asymmetrie im Rollenspiel

Wie stark die Mechanismen, um die es hier geht, von Situation und Rolle abhängig sind, kann man feststellen, wenn Lernende Lehrende und umgekehrt spielen sollen, die Asymmetrie sich also im Rollenspiel umdreht. Meine Erfahrung spricht dafür, dass diese Umkehrung, die ja den Verbleib in einer asymmetrischen Struktur bedeutet, von Schülern leichter bewältigt wird als die Aufgabe, eine wirklich symmetrische Kommunikation zu realisieren, d.h. einander als gleiche und gleichberechtigte Partner anzuerkennen. Im Gespräch, besonders in der Diskussion soll eigentlich eine fairer Austausch der Positionen, Argumenten und Meinungen stattfinden, in dem sich keiner durch Ausspielen von Wissensvorsprüngen oder Befugnissen Vorteile verschafft, die woanders liegen als in der Stärke seiner sachlichen Position selber. Natürlich ist damit Utopisches gesagt; ein solches wirklich herrschaftsfreies Gespräch hat vermutlich weder in der Schule noch in irgendeiner anderen Institution einen Ort. Als Zielvorstellung aber hat es Legitimität, ja sogar Notwendigkeit: Die Menschen zu stärken, während und indem ich die Sachen kläre, und die Schüler genau das zu tun lehren, wenn sie dann im Beruf stehen, Familie haben usw., das kann man nicht einmal anstreben, wenn man kein solches Ideal von menschlicher Kommunikation hat. Das Prüfungsgespräch aber klärt nur im Idealfall völligen Gelingens eine Sache noch einmal (besser); in der Regel klärt es keine Sache, sondern einen Auslesevorgang, und das heißt: es nimmt billigend in Kauf, Menschen nicht zu „stärken" (V. HENTIG), sondern zu schwächen.

## 5.6 Gesprächserziehung als Aufgabe des Deutschunterrichts aller Stufen und Schularten

### Erwerb von Gesprächskompetenz

Die durch eine Komplikation bei der Geburt zerebral gelähmte Dorothea SCHRÖDL ist nicht nur körper-, sondern auch sprachbehindert; nur ihre nächsten Verwandten sind imstande, sie ohne Hilfsmittel (Zeichensprache, Schreibwerkzeug) einigermaßen zu verstehen. „Fremden gegenüber hatte ich außer eindeutigen klaren Gesten praktisch keine Chance." (SCHRÖDL 1995, 12) „Nach 40 Jahren Schweigsamkeit und Zurückhaltung" (ebd.) fängt sie an, sich eines Computers mit Sprachausgabe zu bedienen. Die erste Begeisterung darüber, nun an jedem Gespräch teilnehmen und jede verbale Botschaft, z.b. auch am Telefon, *unbehindert* senden zu können, wich jedoch bald einer ernüchternden Erfahrung: Mit dem Sprachcomputer „ganz normal kommunizieren zu können" (ebd., 13) schlug zunächst aus demselben Grund fehl, aus dem der Sprachcomputer überhaupt notwendig war. „Ich verhalte mich im Grunde genommen vom Gesprächsverlauf her wie früher und das heißt, ich warte ab, was von den andern kommt, lasse andere die Diskussion führen, überlege unentwegt, ob mein Beitrag jetzt wichtig ist und überhaupt dazu passt. Und das bremst mich ständig." (Ebd.)

Gerade das Wegräumen der technischen Hindernisse per Computer also bringt ein anderes, schwierigeres Problem zum Vorschein: Mit anderen sprechen setzt nicht nur verständliche „Sprachausgabe" voraus, sondern *Gesprächskompetenz*. Und wo hätte Dorothea SCHRÖDL diese erwerben sollen? Zu ihrer Geburtszeit, in den 1950er Jahren also, gab es noch eine unheilvolle Tradition, besonders im ländlichen Raum Behinderte im Haus zu halten, weil man sich ihrer schämte. Aber das kann im vorliegenden Fall keinen Grund abgeben, denn aus solch ungünstigen Umweltbedingungen emanzipierte sich Dorothea SCHRÖDL, um in der Großstadt mithilfe eines ihr beigeordneten Zivildienstleistenden das Abitur zu machen und Sozialwesen zu studieren. Von einer nicht-anregenden, die Entwicklung hemmenden Sprachumwelt kann also keine Rede sein. Trotzdem betont sie, spontane Kommunikation trotz des Computers zunächst nicht *gekonnt* zu haben. In ein laufendes Gespräch, eine Diskussion gar, selbst schnell „Gesprächsbeiträge einzubringen", das müsse sie nun üben.

Betrifft dies alles den kommunikativen Alltag, so hat BRÜNNER (2007) darüber hinaus Überlegungen zur „professionellen Gesprächskompetenz" im Arbeitsleben angestellt.

## Ausbildung einer kommunikativen Grundhaltung

Dass man die aktive Beteiligung an Gesprächen üben *kann*, haben wir Nichtbehinderten uns vielleicht noch nie überlegt; um spontan zu sein, haben wir gedacht, genüge es völlig, spontan zu sein (und sich halt einzumischen, wenn irgendwo geredet wird und das Thema uns etwas angeht). Wo und wie wir gelernt haben, aufeinander einzugehen, uns im Gespräch aufeinander zu beziehen, ein Thema anzufangen, weiterzuverfolgen, zu wechseln, zu beenden, und für all dies das Rederecht zu bekommen und wieder abzugeben, das ist uns in aller Regel nicht bewusst. Ich behaupte übrigens nicht, es wäre alles in der Schule zu lernen gewesen; aber die Schule, am meisten der Deutschunterricht, kann viel dazu tun, dass eine kommunikative Grundhaltung ausgebildet wird und sprachliche Fertigkeiten erworben werden, Gespräche mitzugestalten, in Diskussionen zu bestehen, sich überhaupt mit anderen auszutauschen.

## „Gesprächserziehung" als Begriff

Darin liegt der Sinn des Begriffs *Gesprächserziehung*. Für ein Gespräch, sagt PSCHIBUL (1980, 340) brauche man „Sachkompetenz" und „Sozialkompetenz"; und Dorothea SCHRÖDL berichtet von der Erfahrung, dass die erstere ihr gar nichts half, solange die letztere fehlte – oder teilweise fehlte, denn die von PSCHIBUL (ebd., 341–343) genannte *Fähigkeit, zuzuhören und zu verstehen*, war sogar besonders gut ausgebildet, halbwegs wohl auch die *Fähigkeit, seine Anteilnahme zu bekunden*, kaum dagegen die *Fähigkeit, mit einer Person in Kontakt zu treten, Fragen zu stellen*, situationsadäquat *zu antworten, an der Planung und Weiterführung des Gesprächs mitzuwirken*, und schließlich *metakommunikativ zu handeln*. „Befähigung zum Gespräch" (RITZ-FRÖHLICH 1982, 14) ist Voraussetzung für das Erreichen jener ‚demokratischen' Richtziele, denen laut den Präambeln unserer Lehrpläne die schulische Arbeit insgesamt gewidmet ist, und deshalb müsse Gesprächserziehung schon in der Grundschule nicht nur zu beginnen, sondern systematisch betrieben werden (vgl. ebd.).

Davon ausgehend, findet man „Elemente der Gesprächserziehung" (SPINNER 1987) besonders für den Deutschunterricht der Grundschule benannt und empfohlen:

- dass die Kinder sich gegenseitig drannehmen und ansprechen,
- dass sie zu warten lernen, bis ihr Vorredner ausgeredet hat und an ihn anknüpfen (ebd., 29f.),

- dass das gelenkte Unterrichtsgspräch vom freien Gespräch oder der Erzählrunde auch räumlich bzw. sitztechnisch klar getrennt werden sollte (ebd., 30),
- dass beim Diskutieren spontanes *brainstorming* helfen kann, Argumente zu finden, doch schon in der Grundschule oft Information eingebracht werden muss, damit Sachkompetenz entsteht,
- dass Vertrauensbildungsübungen (z.B. sich mit verbundenen Augen einem andern oder einem Kreis von anvertrauen) die Sozialkompetenz stärken –

das gehört heute zum Standardwissen angehender Grundschullehrer/-innen. Insgesamt betont SPINNER, „dass Gesprächserziehung nicht in der bloßen Vermittlung von Techniken bestehen kann, sondern getragen sein muss von einer Unterrichtsatmosphäre, die das Eingehen auf den anderen in kognitiver, emotionaler und auch sensomotorischer (körperlicher) Hinsicht zu ihrem Grundprinzip macht" (ebd., 29). Gleichwohl *gibt* es Techniken und Methoden (für die Primarstufe vgl. v.a. POTTHOFF u.a. 1995, für die Sekundarstufen: ISB Hrsg. 1995, 173–213). RÜTIMANN/THÖNY (1987) stellen eine Auswahl vor. Für die Sek. I macht SCHREIER-HORNUNG (1987) Vorschläge, wie die Sozialkompetenz zu stärken ist. LINKE (1987) führt vor, wie man nonverbales und verbales Verhalten in Gesprächen wahrnimmt und beurteilt. Wie man Gesprächsanfänge ausprobiert und analysiert, zeigen WERLEN/WERLEN (1987) für die Sek. II.

### Handlungsorientierter Kompetenzerwerb

Zurück zu dem oben referierten Fallbeispiel: Wie man so etwas macht oder verweigert, das lernt man im Alltag – in der „Lebenswelt", die für eine Behinderte nun einmal ganz anders aussieht als für uns. Einiges andere aber lernt man durchaus in der Schule, und auch SCHRÖDL hat natürlich Schulen, bis hin zur Hochschule, besucht. Aber zum einen war in den 1960er Jahren von Gesprächserziehung noch kaum die Rede, und zum andern hätte sie auch in der Schule von heute, in der man all das weiß und beherzigt, wovon in diesem Band die Rede ist, wenig Chancen gehabt, ihr Gesprächsverhalten auszubilden. „Die Fähigkeit, miteinander reden zu können, eignen sich Schülerinnen und Schüler weitgehend durch ihr *Tun* an, *handelnd in konkreten Situationen*" (RÜTIMANN/THÖNY). SCHRÖDL (1995, 13) aber schreibt: „Als Kind merkte ich sehr bald, dass ich mich durch normales Sprechen nicht verständlich machen konnte. Konsequenterweise habe ich es allmählich ganz sein lassen ..."

## Ziele der Gesprächserziehung im Unterricht

Als Ziele der Gesprächserziehung lassen sich benennen (vgl. POTTHOFF u.a. 1995, 27 f.):

Die Kinder verstehen,
- dass die Einhaltung von Gesprächsregeln wichtig ist,
- dass Gespräche eine räumliche Organisation brauchen,
- welche sprachlichen Mitteln zur Gestaltung des Ablaufs günstig sind,
- aus welchen Gründen Gespräche manchmal schwierig verlaufen.

Die Kinder erleben
- dass sie in Gesprächen ernst genommen werden,
- dass sie mit ihren Äußerungen Wirkungen erzielen,
- dass man von anderen interessante Dinge erfährt, wenn man zuhört,
- wie man mit andern gemeinsam etwas (eine Arbeit, ein Projekt) organisiert. (vgl. MÖNNICH 2006 zur Kommunikation im Team)

Die Kinder erproben
- Gesprächsregeln,
- das Eingehen auf Gesprächspartner und Annehmen von Kritik,
- das Zuhören und Sich-Beziehen auf bereits Gesagtes,
- das Begründen eigener Meinungen und Standpunkte,
- die Leitung eines Gesprächs.

Besonders – aber nicht nur – in dieser dritten Liste scheint die Kompetenzorientierung auf: Es ist nicht mit einmal zu erreichenden und dann als gesichert geltenden Lernzielen getan, sondern es bedarf der fortgesetzten Anwendung des Erkannten in geeigneten Anforderungssituationen – z.B. Planen eines Projekts oder einer Klassenunternehmung, Auseinandersetzung über ein kontroverses Sachthema gleich in welchem Fach, Abstimmung über eine Klassenlektüre, usw.

Seit den Standardwerken von PSCHIBUL (1980) und RITZ-FRÖHLICH (1982) betrachtet man – um das zusammmenzufassen – es mit Recht als Aufgabe des Deutschunterrichts aller Schularten und Schulstufen, besonders aber der Grundschule, all jene Fähigkeiten und Fertigkeiten zu vermitteln, die für eine gelingende Beteiligung an Gesprächen jeder Art nötig sind. Wir fassen sie zusammen in die Begriffe *Sachkompetenz* und *Sozialkompetenz* und betrachten nach wie vor die Vermittlung von Gesprächsfähigkeit und Gesprächsbereitschaft als einen der wichtigsten Beiträge, die der Deutschunterricht heute leisten kann und leisten muss – nicht nur in Hinblick auf alle anderen Schulfächer, sondern vor allem auch in Hinblick auf fächerübergreifende Ziele wie Empathiefähigkeit, Toleranz, Solidarität, demokratisches Bewusstsein, usw. Einschlägige Lernprozesse finden nicht nur in der Schule statt, können aber durch Gesprächserziehung im Deutschunterricht begleitet, gefördert und reflektiert werden. Aussicht auf Erfolg wird dies jedoch nur in einem handlungsorientierten, auf entdeckendes Lernen und eigenes Tun (Sprechen) gerichteten Unterrichtskonzept und in einer Atmosphäre haben, die bestehende Asymmetrien nicht noch verstärkt.

## Info-Seiten 9: die Maximen der „Themenzentrierten Interaktion" (TZI)

Für alle Formen und Weisen des Miteinanderredens ist ein Klima des Vertrauens wichtig. Erst auf solcher Grundlage entwickelt sich die Bereitschaft, der Mut und das Interesse zur Beteiligung. Ein solches Klima ist nur längerfristig aufzubauen. In das Aufgabenfeld des „Mündlichen Sprachgebrauchs" fallen deshalb auch die sog. Aufwärm- („Warming up"-)Übungen.

Für ihre „Humanistische Psychologie" hat COHN das Modell der TZI entwickelt, das von einem kommunikativen Dreieck ausgeht. Beschrieben wird die TZI in ihrer Brauchbakeit für de Deutschdidaktik z.b. in *LUSD* 4 (1992, 2. Aufl. 1994). Ich fasse mich hier kurz: Ruth COHN, geb. 1912 und 1933 über die Schweiz in die USA emigriert, hat von der Psychoanalyse ausgehend Axiome und Hilfsregeln für eine fruchtbare und möglichst wenig gestörte Interaktion entwickelt. Die TZI geht von zwei Postulaten aus. Erstens: *Sei den eigener „Chairman"*, und zweitens: *Beachte Hindernisse auf dem Weg* (vgl. COHN 1983, 121 f.).

Im Unterschied zu angeblich rein sachbezogenen, technischen Kommunikationsmodellen wird hier die Individualität und Ganzheitlichkeit (des Denkens, Fühlens und sich Verhaltens) des einzelnen sowie der Partnerbezug sehr ernst genommen, darüber aber – anders als im therapeutischen Gespräch – der Sachbezug gleichgewichtig gesehen. Grundlegend aber ist COHNS Auffassung, dass die Art der *Beziehung* der Menschen in Gesprächen entscheidend ist. Die Folgerung: Explizitmachen aller störenden Faktoren mit dem Ziel ihrer Beseitigung, Ernstnehmen der Partnerschaftlichkeit, Interesse an gemeinschaftlich erarbeiteten Problemlösungen.

Der Kreis ist der „globe", d.h. die Gesamtheit aller augenblicklich geltenden Kommunikationsvoraussetzungen („historische, soziale und teleologische Gegebenheiten"). Das „ICH", das „WIR" und das „ES" sind interaktiv miteinander zu vermitteln. Keine dieser drei Größen darf absolut gesetzt werden, sonst ist die *Balance* zerstört: jenes „dynamische Gleichgewicht", auf das Cohns Methode hinarbeitet.

- Wird das „ICH" absolut gesetzt, so verhindert ein hemmungsloser Anspruch auf Selbstausdruck (,Aussprache' der eigenen Gefühle, Gedanken, Stimmungen usw.) im Zeichen echter oder eingebildeter ,Authentizität' die Möglichkeit zum Gespräch mit den andern (WIR).
- Wird das „WIR" absolut gesetzt, so erscheint zwar der Prozess der Kommunikation – auf der ganze Bandbreite zwischen unterhaltsamer Plauderei und ernsthaftem Gedankenaustausch – interaktiv fruchtbar und gruppendynamisch sinnvoll, ist aber noch nicht *themazentriert*: Jeder steuert bei, was ihm gerade einfällt.
- Erst wo auch das „ES" – als alle interessierendes Thema, als gemeinsames Problem – als Kristallisationskern für Gesprächsbeiträge die Interaktion bestimmt, entsteht ein Gespräch, das die Sachen klärt und die Menschen stärkt. „ES" *a priori* einfach festzusetzen, wäre aber gerade keine Themenzentriertheit, sondern eine Themenfixiertheit, die den interaktiven, gruppendynamischen Prozess überspringt, der eine Lerngruppe erkennen lässt, womit eine Auseinandersetzung sich *für sie* augenblicklich lohnt.

Um diese Balance zu halten, hat COHN (ebd., 124–127) eine Reihe von Hilfsregeln aufgestellt und vielfach erprobt.

1. Sprich per ich und nicht per man; vertritt dich selbst.
2. Wenn du fragst, sag auch, warum du fragst.
3. Sei authentisch: mach dir bewusst, was du fühlst und denkst, während du kommunizierst.
4. Halte dich mit Interpretationen der anderen so lange wie möglich zurück und sprich lieber deine eigenen Reaktionen aus
5. Sei vorsichtig mit Verallgemeinerungen.
6. Wenn du andere Gesprächsteilnehmer charakterisierst oder beurteilst, sage auch, was es dir bedeutet, daß er so ist, wie er ist.
7. Seitengespräche und andere Störungen haben Vorrag. Sie würden nicht geschehen, wenn sie nicht wichtig wären
8. Es redet immer nur einer.
9. Wenn mehrere zugleich ansetzen, verständigt Euch darüber, wer was sagen will.

## 5.7 Resümee des „Gesprächeführens": Sprechen als Beziehungsarbeit

### Sprechen ist themazentriert

Sprechen bzw. Miteinandersprechen ist in der Regel immer themazentriert (wenn auch nicht unbedingt so fixiert wie oft im Deutschunterricht), ist also Arbeit an einer Sache, am Thema, am Problem („ES"). Aber es ist gleichzeitig immer auch Arbeit am „ICH", indem es ein Sprechdenken voraussetzt, das Vorwissen, Assoziationen und Gefühle, einen Standpunkt klärt; und schließlich ist es Beziehungsarbeit – Arbeit am „WIR". Um diesen dritten Aspekt geht es jetzt; denn das Kapitel Gespräche führen, das hier zu resümieren ist, macht am besten deutlich, was unter *Beziehungsarbeit* verstanden werden soll.

### Gespräche als Beziehungsarbeit

Auch andere Formen der Kommunikation (vom Informieren zum Reden halten) sind selbstverständlich immer auch (nebenbei, oft kaum bemerkt) Beziehungsarbeit; im Gespräch aber ist sie nicht selten sogar wichtiger als die Arbeit an der Sache, ist gerade nicht etwas, was nebenher geschieht (vgl. die bereits wiedergegebene Kritik von BOETTCHER/SITTA). Das beginnt mit den wohlbekannten Gesprächen übers Wetter, die man oft mit bekannten, aber nicht vertrauten Personen führt; warum? Weil Beziehungsarbeit Not tut und es dazu irgendeines Themas bedarf; ohne „ES" geht es nicht, aber was dieses „ES" ist, das ist einigermaßen belanglos, also greift man zu etwas Belanglosem, z.B. einem „offenen Gut" wie der aktuellen Ansage des Wetterdienstes (vgl. WERLEN/WERLEN über Gesprächsanfänge). Indianer, so heißt es (nicht nur bei Karl MAY), pflegten vor der eigentlich zu verhandelnden „Sache" immer erst eine lange – für einen Europäer quälend lange – Zeit von scheinbar Belanglosem zu reden; eine so alte Kultur wie die indianische wusste eben um die Bedeutung der Beziehungsarbeit, und das Aussprechen von Nebensächlichem, Trivialem, das Äußern von Binsenweisheiten und das Erzählen von Geschichten bereitete die Beziehung der Verhandlungspartner vor, schuf oder klärte sie allererst, gab den Partnern Gelegenheit, sich sozusagen gegenseitig zu ‚orten'.

Mit v. HENTIG gesagt, bedeutet das: „die Menschen stärken". Im Deutschunterricht geschieht diese Stärkung themazentriert. Jedes Gespräch muss und kann hoffentlich also auch eine „Sache" klären. Aber dabei muss diese „Sache" nicht eine literarische Epoche oder eine grammatische Regel, sondern kann auch ein Kommunikationsproblem sein: Besonders deutlich wird Beziehungsarbeit dort, wo *Metakommunikation* betrieben wird. Das gilt im Alltag (*Ich habe das Gefühl, dass du mir immer ausweichst, wenn ich davon rede?*) und im Unterricht (*immer wenn ich die Hausaufgabe stellen will, wird es laut!*). Wie man nötigenfalls auf die Metaebene wechselt, das kann im Rollenspiel erprobt und geübt werden. Man kann aber auch im Unterrichtsgespräch daran arbeiten, indem man – wie SCHREIER-HORNUNG (1987) in ihrem Unterrichtsmodell zum „Aneinandervorbeireden" – die Regel einführt, dass für Diskussionsbeiträge eine andere Äußerungsmodalität zu benutzen ist als für Äußerungen zum Gesprächsverhalten. In der Schweiz bot sich der Wechsel Hochdeutsch/Schwyzerdütsch an (vgl. ebd., 44); aber auch ein Wechsel zwischen Sitzen und Stehen o.ä. könnte diesen Zweck erfüllen – alles, was signalisieren kann: *Ich spreche jetzt über „ES"*, bzw.: *Ich spreche jetzt über MICH/UNS*.

### Fähigkeit zur Metakommunikation als eigene Kompetenz

Wichtig ist aber, solche Vorschläge nicht nur sozusagen als Kommunikationsklempnerei zu betrachten, nicht nur als Reparaturmöglichkeit für ein verstopftes Kommunikationsrohr. Metakommunikation kann natürlich Störungen beseitigen und Hindernisse abbauen (Hauptanliegen von COHNs TZI), aber sie dient, mit Augenmaß eingesetzt, viel grundsätzlicher der ‚Beziehungspflege' auch dort, wo keine offensichtliche Störung vorliegt. *Verstehen Sie mich nicht falsch,* sagt man etwa, *ich mache nur einen Vorschlag.* Oder: *Nehmen Sie's nicht persönlich.* Oder: *Ich mag jetzt nicht über die Schule/Uni reden, ich erzähl's dir heute abend, ja?*

Wichtig ist auch hier die „Balance". Mit dauerndem Ausweichen auf die Metaebene kann man jedes Gespräch zerstören; wer aber überhaupt nicht metakommunizieren kann oder will, riskiert nicht nur Gesprächsabbrüche, bleibende Verstimmungen, inhaltliche oder emotionale Missverständnisse usw., sondern er blockiert die Beziehungsarbeit.

Bereitschaft und Fähigkeit zur Metakommunikation wird deswegen in allen ernstzunehmenden Darstellungen des Lernbereichs als wichtiges Ziel geführt. Aber auch das Eingehenkönnen auf den Partner, die Fähigkeit zu partner- und situationsadäquatem Gesprächsverhalten also, ist eine Zielangabe, die Sprechen auch als Beziehungsarbeit begreift und nutzt. Die Lernenden sollten darauf achten, dass in alltäglicher Interaktion viele Sätze nur deswegen gesagt, viele non- und paraverbale Signale nur deswegen gesetzt werden, damit die Beziehung der Gesprächspartner vertieft, verbessert, notfalls auch repariert wird. Und sie müssen lernen, selbst nicht nur sach- oder themaadäquat zu kommunizieren, sondern sprachlich zu handeln *auch* mit dem Ziel, den andern zu stärken, indem sie eine positive Beziehung zu ihm herstellen oder wiederherstellen. So gut wie nichts, was wir in Alltag oder Schule besprechen, bleibt ohne Einfluss auf die Besprechenden in emotionaler Hinsicht und in Bezug auf die künftige Beziehung zwischen ihnen. Was ich mit wem wie bereden kann, sagt eine ganze Menge nicht nur über unser Sachwissen, unsere Fachkompetenz und was immer sonst noch in kognitiver Hinsicht aus, sondern über die Beziehung, die wir zueinander haben, weil wir sie irgendwann hergestellt haben. Wir stärken uns und einander durch Sprechen über „Sachen".

**Aufgaben zu Kap. 5**

finden Sie im jeweiligen Kontext auf S. 121 und S. 131.

# 6 Reden

## 6.1 Funktionen der Rede: Informationsvermittlung, Selbstdarstellung und Publikumsbeeinflussung

Situationen und Handlungsziele des Redens

Mit Reden ist in diesem Kapitel gemeint: freies Sprechen und Zuhören, bzw. „Redebeiträge einbringen". Auch dieser Teilbereich des mündlichen Sprachgebrauchs bezieht seine Legitimation letztlich nicht aus der schulischen, sondern aus der lebensweltlichen Kommunikationspraxis: Seit der Antike hat man das Redenhalten als erlernbare Kunst betrachtet und für drei Zwecke genutzt: Informationsübermittlung, Selbstdarstellung und Herstellen einer Gemeinsamkeit des Wollens und Handelns, einfacher gesagt: Publikumsbeeinflussung. Dass diese drei Zwecke in der Regel nicht isoliert verfolgt werden, sondern im Rahmen und derselben sprachlichen Handlung, sei aber deutlich hervorgehoben. In dieser Dreiteilung ist unschwer das TZI-Schema von Cohn wiederzuerkennen („ES", „ICH", „WIR", vgl. oben, S. 140f.).

Typische Situationen und Handlungsziele des Redens als *Sprechdenkens zu anderen* (GEISSNER) sind in folgende „Formen der Rede" fassbar:

- Schüler der Sek. I sollen – nach welchem Lehrplan auch immer – lernen, in freiem Vortrag oder mit Stichwortzettel (doch keinem ausgeführten Manuskript) einen Sachzusammenhang darzustellen oder den Inhalt eines gelesenen Buches zusammenzufassen und zu kritisieren; die ‚Form' heißt: „Kurzreferat" (vgl. BERTHOLD 1997a; 1998).
- In der Sek. I spätestens lernt man aber auch, andere zu einem Thema zu befragen und von ihnen Auskunft zu erhalten; die ‚Form' heißt: „Interview", und ich habe in der Gliederung noch einmal unterschieden zwischen Interview im allgemeinen und Expertenbefragung.
- Von der Grundschule bis in die Sek. II hinauf wird an dem Lernziel gearbeitet, dass eigene Standpunkte und Meinungen sprachlich dargestellt werden können. (Eine Form, die offensichtlich nicht unter die GESPRÄCHE fällt, in der man das aber üben kann, heißt: „Debatte".)

Nicht erwähnt, auch in der Gliederung nicht eigens vorgesehen habe ich das Halten vorbereiteter (bereits ausformulierter) „Reden", wie man es lebensweltlich kennt: Bundestagsrede, Laudatio zu einer Preisverleihung oder einem Staatsbegräbnis, politische Rede vor Wirtschaftsvertretern oder einem Parlament, Rede zur Eröffnung einer Ausstellung, usw. Der mündliche Vortrag schriftsprachlich konzipierter Manuskripte (und darum handelt es sich in aller Regel) gehört nicht direkt in den Lernbereich, dem es ja um *freies* Sprechen geht; wie viel von dieser Kompetenz überhaupt in der Schule zu vermitteln ist, darüber wäre eigens nachzudenken. Allerdings kann laut SPINNER (1998) das Ausformulieren einer dann doch an Hand von Stichpunkten, Folien etc. *frei* gehaltenen Rede eine sinnvolle Arbeitsmethode sein.

Dass vor 150 Jahren die Ausarbeitung und das Halten einer solchen Rede eine Reifeprüfungsleistung war – und zwar die entscheidende –, sei nebenbei erwähnt; es zeigt erstens, dass die Höhere Schule seinerzeit noch andere Aufgaben hatte, nämlich die Heranbildung einer wirklichen Elite, und zweitens, dass man viel selbstverständlicher als heute aus der antiken Tradition des Rhetorikunterricht schöpfte, sowie drittens, dass in eben dieser Tradition das Mündliche eigentlich sekundär war. Dass man mündlich und somit improvisiert zu erbringende sprachliche Leistungen fordern und fördern könnte, dass sie den Status von Lernzielen haben könnten, das wäre damaligen Pädagogen nicht eingefallen.

### Reden als Sprechdenken zu andern

Nicht um die rhetorisch ausgefeilte, von langer Hand vorbereitete Rede also geht es hier; sondern um etwas viel Grundlegenderes: Überwindung von „Sprechangst" (ISB 1995, 131–142) und „Sprechdenken zu andern" zu verschiedenen Zwecken und in unterschiedlichen Formen, jedenfalls aber unter Einbezug des „nonverbalen Verhaltens", dem eigene methodische Aufmerksamkeit zukommen muss (vgl. z.B. FINKENZELLER 1998).

Redefähigkeit in diesem Sinn spielt, wie SPINNER (1998, 16) feststellt, eine im internationalen Vergleich relativ kleine Rolle. Die Fähigkeit, einen Redebeitrag einzubringen, hebt auf die dialogische Einbettung eines (relativ) monologischen Sprechens ab. Es geht um eine „praktische Rhetorik". SPINNER versteht die Aufgabe allgemeinbildender Schulen (auch) hier als kompensatorisch: „dafür sorgen, dass nicht nur einige Privilegierte Redefähigkeit entwickeln und so verbale Macht über andere ausüben können" (ebd., 17).

Die zu vermittelnden Teilkompetenzen wurden, insofern sie auch für andere Bereiche sprachlichen Handelns wichtig sind, schon genannt:

- Atmung, Sprechtechnik, Artikulation beherrschen,
- Körperhaltung, Gestik, Blickverhalten bewusst gestalten,
- das eigene Raumverhalten kontrollieren,
- Ideen finden.

Den Begriff „Ideenfindung" zieht SPINNER (ebd., 19) dem traditionellen Begriff der Stoffsammlung vor – es geht ja dabei um mehr als Stoff, nämlich auch um Vorstellungen und Botschaften, die man weitergeben möchte. Ein „Kerngedanke" muss sich herausbilden, und das geschieht durch die *inventio* der Rhetorik (vgl. Info-Seiten 10).

Dafür ist „Kreatives Sprechen" (ABRAHAM 1995) hilfreich: Um die eigene Findigkeit zu üben, eignen sich durchaus „unernste" Übungen der Art, wie BAHLKE/JOCKERS (1997) sie als *Übungen zum redegewandten Anpreisen* vorschlagen. („Wie bring' ich das an den Mann? Von der Produktidee bis zum Verkauf")

## Info-Seiten 10: „Rhetorik"

Ein Abriss der antiken Rhetorik und ihres Weiterlebens im lateinischen Mittelalter sowie ihres Überlebens im Schulbetrieb des 16.–19. Jahrhunderts (vgl. hierzu das von SCHANZE 1974 hrsg. Buch sowie OCKEL 1974) ist hier verzichtbar. In den 1980er Jahren hat es aber eine Rhetorik-Renaissance gegeben (vgl. KOPPERSCHMIDT Hrsg. 1990). Die Bedeutung rhetorischer Kategorien für das Schreiben stellt UEDING (1985) in seiner *Rhetorik des Schreibens* heraus.

OCKEL (1974, 31) unterscheidet zum Begriff Rhetorik
- eine dialektisch-formale Definition: „das Gegenüber erreichen" (z.B. W. BARNER)
- eine politische Definition: „Teilnahme am politischen Leben" durch das wirkungsvolle Wort (z.B. G. UEDING)
- eine stilistische Definition: die „Kunst der Wohlredenheit" (M.-L. LINN)
- eine ästhetisch-philosophische Definition: „im Dienst der Wahrheit" (z.B. GADAMER, DOCKHORN)
- eine sprechwissenschaftliche Definition: Besinnung auf das gesprochene Wort wider die „Augenphilologie" (WINKLER)
- eine zweckrationale Definition: das Wort „im Dienst der Propaganda" (KURKA)

Die antiken Rhetoriklehrer – Aristoteles, Quintilian u.a. – gingen von einem Fünfphasenmodell aus: *inventio – dispositio – elocutio – memoria – actio*.

Daneben werden drei Stilebenen unterschieden: *genus subtile, genus medium, genus grande*. Die Wahl der Stilebene richtete sich nach Redezweck und Publikum; in jedem Fall führte der Weg zur freien Rede über das Auffinden der Argumente zum Thema (*inventio*) in einer Gliederung (*disposito*) zur Ausformulierung und Ausschmückung mithilfe geeigneter rhetorischer Figuren, die sprachliche Schönheit, aber auch verbale Überzeugungskraft und Effektivität garantieren sollten (*elocutio*), dann weiter zum Memorieren des Ausgearbeiteten und schließlich zum Redeakt (*actio*).

Die rhetorische Vorstellung, erst seien die Sachen (*res*) da und dann käme die sprachliche Ausführung (*verba*) hinzu, hielt sich an den Schulen bis ins 19. Jahrhundert hinein, wurde allerdings in der Stilistik, die die Rhetorik ablöste, zunehmend massiv kritisiert. Heute gehen wir davon aus, dass *res* und *verba* nicht zu trennen sind, die sprachliche Ausführung also nicht erst später hinzukommt und auch nicht bloß der Ausschmückung dient, sondern dass Redestil, Argumentationsstil und Denkstil zusammengehören. An Bedeutung eingebüßt haben im Zusammenhang mit dieser Entwicklung die „rhetorischen Figuren", ehemals das Kernstück der rhetorischen Lehre als Technik. Ein *Grundkurs Rhetorik* für Schülerhand von GORA (1995) definiert „Rhetorik" bewusst nicht mehr traditionell als „Kunst der Rede" oder als „Beredsamkeit", sondern als *Redetechnik*, genauer: „ein System verschiedener Techniken" (ebd., Lehrerheft, 6). Rhetorik ist nach heutigem Verständnis sowohl eine solche Kunst oder Technik als auch eine Wissenschaft, weshalb es (einige wenige) Lehrstühle für Rhetorik gibt, z.B. in Tübingen. GORA liefert aber keine Einführung in Rhetorik als Wissenschaft, sondern, aufgeteilt in Schüler- und Lehrerheft, eine Einführung in die Technik(en) als *Hinführung zum freien Sprechen* (Untertitel). Legte noch SCHLÜTER (1974) viel Wert auf die traditionell sog. „rhetorischen Figuren", die er (ebd., 320) in überkommener Weise nach den drei Grundfunktionen der Sprache einteilte, die die Antike kannte (*docere, delectare, movere*), so bezeichne ich sie mit GRÜNWALDT (1984, 139) als „typisches Bildungswissen", das nicht unbedingt produktiv wird. GORA erwähnt diese Figuren eher nebenbei und zählt ohne Anspruch auf Vollständigkeit oder Systematik einige auf (Grafik nach GORA 1992, 11):

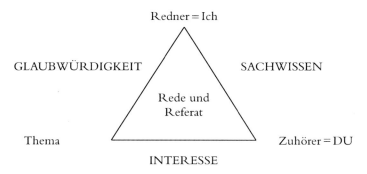

Goras „Dreiecksmodell der Rhetorik" weiß sich modernen Vorstellungen vom Kommunikationsprozess verpflichtet; es unterscheidet Ich-orientiertes, sachorientiertes und Du-orientiertes (ich würde lieber sagen: Ihr-orientiertes) Sprechen. Die Kategorien *Sachwissen, Interesse* und *Glaubwürdigkeit* vermitteln jeweils zwischen diesen Eckpunkten; auch hier entsteht ein Dreieck. Nur, wer sachlich kompetent ist/spricht, wirkt glaubwürdig; nur wer zu interessieren vermag, kann andererseits sein Sachwissen auch loswerden; und interessieren wird die Zuhörer letztlich nur, wer glaubwürdig wirkt. Zwar ist diese Wirkung mehr, als man denkt, einer Rede-Technik geschuldet (frei sprechen, Kontakt mit dem Publikum suchen, richtiges Blick- und Raumverhalten, Atemtechnik und Artikulation). Aber die *Wahrheitsfrage* lässt sich aus der Rhetorik letztlich nicht ausklammern; auch dort nicht, wo Rhetorik ineins gesetzt wird mit „Didaktik der mündlichen. Kommunikation" (OCKEL 1974, 281) oder mit Redetechnik (GORA 1995). Ausgliedern dagegen möchte ich hier den Aspekt der *Sprech*technik: Auf ihn einzugehen, würde den Rahmen dieser Darstellung sprengen.

## 6.2 Frei sprechen – „Redebeiträge einbringen"

Typen der Rede

Man kann, wie die antike Rhetorik, Informations-, Meinungs- und Gelegenheitsreden unterscheiden; man kann, wie SCHOENKE/SCHNEIDER in ihrem *Bändchen für Schülerhand* (1981, 88 f.) das tun, zwischen Überzeugungsreden, Fachreferaten und anderen Reden (z.B. Festreden) unterscheiden. Man kann aber auch, und das ist systematisch sicherlich befriedigender, noch einmal vom Dreiecksmodell ausgehen und dann auch etwas genauer bestimmen, worin eigentlich die drei Typen sich unterscheiden:

- Was SCHOENKE/SCHNEIDER „Fachreferate" nennen (weil sie die Form im Blick haben, nicht die Funktion), das ist eine dominant *sachorientierte* Rede; ihr Beispiel: „Wie restauriere ich alte Möbel?" Ich gebe vordringlich Wissen weiter, theoretisch und/oder praktisch, und nur nebenbei betreibe ich vielleicht Selbstdarstellung oder Beeinflussung (verpfuscht die guten Stücke nicht durch falsches Restaurieren!). Was da referiert bzw. vermittelt wird, muss also nicht „Fachwissen" im schulischen Sinn sein.
- „Überzeugungsreden" sind dominant Ich-orientiert: Ich tue meine Meinung zu einem Thema kund und begründe sie (in der Schriftlichkeit entspricht dem die Erörterung). Als zweite Funktion kann (muss aber nicht) die der Beeinflussung hinzutreten: Ich will, dass IHR so denkt wie ich. (Beispiel ebd.: „Unsere Stadt braucht ein Frauenhaus!")
- Und schließlich bleibt die „WIR"- bzw. IHR- Funktion als mögliche Dominante; „Festreden" sind wie die meisten Gelegenheitsreden Reden, die Beziehungsarbeit bearbeiten, weniger oder gar nicht Aufklärung über eine „Sache" oder Überzeugungsarbeit.

Alle drei Funktionen können sicherlich erlernt werden, sie haben aber nicht alle die gleiche Bedeutung für den Deutschunterricht. Mindestens sollte neben das sachorientierte (freie) Sprechen die Überzeugungsrede treten, wofür das schon erwähnte Lehrwerk von GORA (1995) gute Voraussetzungen bietet. GORA führt die Lernenden „vom Ablesen zum freien Sprechen" und empfiehlt eine „Spickzettelmethode", bei der von einem vorformulierten Redetext immer weniger übrigbleibt: Vom Ablesen eines gut aufbereiteten fortlaufenden Textes (1.) über die Stichwort-Text-Kombination (2.) und die Kärtchen-Methode (3.) und Stichwortgliederung (4.) bis zur letzten Stufe, dem „Medien-Trick", bei dem der Redner nur noch die einzusetzenden Medien (Folien, Dias, usw.) in der richtigen Reihenfolge bereithält und dies ihm genügt, den Text dazu spontan zu (re-) produzieren. In den antiken Begriffen gesagt, wird da nur noch *inventio* und *dispositio* vorab festgelegt, und *memoria* bezieht sich auf sie, während *elocutio* und *actio* miteinander verschmolzen sind.

### Grundregeln für die freie Rede

Damit das zum Erfolg führt, empfiehlt GORA (1995, 14) fünf Grundregeln:
1. Sprich nur so sachorientiert wie nötig.
2. Sprich verständlich.
3. Sprich möglichst frei.
4. Bedenke, dass auch dein Körper spricht.
5. Sprich möglichst du-orientiert.

Der Übung dienen einerseits „freie Überzeugungsreden" mit ernstgemeinten Themen (z.B. „Die Innenstadt sollte für Autos völlig gesperrt werden." – „Das Berufsbeamtentum muss man abschaffen." – „Rauchen in der Öffentlichkeit gehört verboten"). Andererseits gibt es ausdrücklich *unernste* Themen und spielerische Verfahren, wie etwa das „Stichwörterwürfeln" nach PABST-WEINSCHENK (1998). Weitere Vorschläge macht BERTHOLD (1993, Neuaufl. 1997).

## 6.3 Interviews führen

### Doppeladressierung des Interviews

Das Interview als Textsorte fand den 1970er Jahren zwar kurzzeitig das Interesse der Forschung (vgl. BERENS 1975, ECKER 1977), kann aber nur bedingt als zureichend beschrieben gelten. Beim öffentlichen Interview jedenfalls sind die erfragten Äußerungen grundsätzlich „doppelt adressiert" (BAYER 1977, 60), nämlich zum einen an den Interviewpartner und zum anderen an das (Hörfunk-, Fernseh-) Publikum. Zu unterscheiden ist zwischen dem „erklärten Ziel" eines Interviews – z.B. dem Interviewten Gelegenheit zu einer Meinungsäußerung über einen aktuellen Sachverhalt zu geben – und das tatsächliche Ziel, das oft auch darin besteht, den Interviewten in Widersprüche zu verwickeln oder zu Äußerungen zu verlassen, die er nicht geplant hat und die sich mit seinem öffentlichen Ruf bzw. Selbstbild nicht vereinbaren lassen. Das wird vor allem dann der Fall sein, wenn sich die Meinung des Fragers und des Befragten nicht decken; der Frager kann dann versuchen, die ihm durch den Interaktionstyp zufallende Überlegenheit zu nutzen:

- Er kann Begriffe bzw. Beschreibungskategorien für den in Rede stehenden Sachverhalt vorgeben („das brutale Vorgehen der Polizei").
- Er kann mit seiner Frage inakzeptable Voraussetzungen oder Feststellungen verbinden (z.b. den Kandidaten Y fragen: Wie beurteilen Sie den zu erwartenden Wahlsieg von X?)
- Er kann generell den Umstand ausnutzen, dass er als Frager nicht zu expliziten Aussagen über den Gesprächsgegenstand verpflichtet ist, wohl aber der Befragte.
- Er kann aber auch als Fragen getarnte längere Statements einfließen lassen.

Wie solche Interviews ausgehen, ist trotzdem prinzipiell offen; das Ziel, den Befragten ‚vorzuführen', kann verfehlt werden. Wer sein Ziel erreicht, hängt maßgeblich davon ab, wer in welchem Status ‚spielt'. Es gibt Journalisten, die – in JOHNSTONES Begriffen gesagt – grundsätzlich *low status* spielen, und die meisten Politiker spielen *high status*. Damit unterwirft sich der Frager, der dies ja nicht unbedingt nötig hätte, dem Befragten, degradiert seine Rolle selbst zu der eines Stichwortgebers.

### Lernziele für das Interview im Deutschunterricht

Ich habe oben das ‚gutwillige Interview', das auf Verstehen, Geltenlassen, gegenseitigen Respekt ausgelegt ist, bewusst ausgeklammert, denn unter den öffentlichen Interviews scheint es mir eher die Ausnahme zu sein. Wohl aber hat es, als Idealform dieses Interaktionstyps, für den Deutschunterricht eine lernzielsetzende Bedeutung. Ich sage damit nicht, dass es nicht auch wichtig wäre, die respektlose Frage, das mutige Demontieren eines verlogenen, borniierten Selbstbildes zu erlernen; aber das scheint mir doch eher eine Kompetenz, die berufsspezifisch notwendig und erlernbar ist, also mehr etwas für die Journalistenschule oder den Diplomstudiengang als für die Schule. Was hier jede und jeder erlernen sollte, das ist angemessenes – und d.h. auch: ethisch verantwortbares – sprachliches Verhalten und Handeln in einer Interaktionssituation, die zwei stark komplementäre Rollen vorsieht: Wie *frage* ich gegenstandsadäquat und fair, und wie *antworte* ich informativ, und ehrlich? Wie also klären wir gemeinsam, in Frage und Antwort, einen Sachverhalt auf bzw. leisten einen subjektiven Beitrag zu dieser Aufklärung?

Diese Definition von Interview klingt nun ein wenig nach ‚Zeugenbefragung vor Gericht', und das ist natürlich ein Spezialfall dieses Interaktionstyps; die oben referierte Unterscheidung von BAYER zwischen Meinungsgleichheit und Meinungsverschiedenheit kehrt hier wieder. (Es macht einen großen Unterschied, ob der Zeuge von der Verteidigung befragt wird oder von der Anklage.)

Wer allerdings Ziele für den Deutschunterricht formuliert, sollte zunächst nicht von der Realität im Gerichtssaal, in den Medien, am Unglücksort usw. ausgehen, sondern von der Utopie eines herrschaftsfreien Dialogs: Wie klären wir die Sache, indem wir mit Menschen sprechen. In diesem Sinn können als Ziele gelten:

| Für den Interviewer: | Für den Interviewten: |
| --- | --- |
| • die Fähigkeit, sachgerecht und knapp zu fragen<br>• die Bereitschaft zuzuhören und den Befragten nach Möglichkeit ausreden zu lassen<br>• die Fähigkeit, sich vorab über den Gegenstand selbst zu informieren und auf der Basis dieses Wissens Fragen zu planen<br>• die Fähigkeit und Fertigkeit, gezielt nachzufragen (Ergänzungsfragen zu stellen)<br>• die Bereitschaft und Fähigkeit, Meinungsunterschiede mit sprachlich und inhaltlich fairen Mitteln herauszuarbeiten (nicht ‚persönlich' zu werden, nichts Inakzeptables zu unterstellen). | • die Bereitschaft und Fähigkeit, beim Thema zu bleiben, nicht abzuschweifen oder abzulenken<br>• die Fähigkeit, einen eigenen Argumentationsgang auch bei unerwarteten oder ‚störenden' Ergänzungsfragen durchzuhalten<br>• die Fertigkeit, knapp und präzise zu antworten und so einen gesetzten Zeitrahmen einzuhalten<br>• die Fähigkeit der Selbstdarstellung auch mit para- und nonverbalen Mitteln. |

Auch hier spricht der Körper mit, wie GORA (1995) sagt; überhaupt sind GORAS fünf Regeln für die freie Rede auch auf das Interview anzuwenden. Methodisch ist auch GRÜNWALDT (1984, 67 ff.) nützlich, der unterscheidet:

- Ergänzungsfragen,
- Entscheidungsfragen,
- Suggestionsfragen,
- Unterstellungsfragen.

### Ein Unterrichtsmodell zum Interview

Ein Unterrichtsmodell hat MAYOR (1987) vorgelegt: Interviews zu Schulproblemen vor- und nachbereiten. Ziel war – im Rahmen der Gesprächserziehung –, dass nach dem Übertritt auf eine neue Schule (hier: Gymnasium) der Stress abgebaut, die Akklimatisierung gefördert und übertrittsbedingte Probleme der Schüler thematisiert werden konnten. Die Lernenden sollten ihre Kamerad/-innen aus der Parallelklasse befragen, und zwar in Einzelinterviews, die gezielt vorbereitet wurden, einerseits thematisch (dem dient auch ein zuhause geschriebener Text über den ersten Tag an der neuen Schule) und andererseits sprachlich. Der mögliche Ablauf eines solchen Interviews wird herausgearbeitet, denkbare Fragen werden formuliert. Vor der Klasse werden dann, als „Generalprobe", zwei Interviews durchgespielt (vgl. ebd., 40). Die Interviews selbst werden gefilmt; die Lernenden erfahren handlungsorientiert „den Unterschied zwischen passiver Kenntnis und aktiver Handhabung einer scheinbar vertrauten Form" (ebd.).

### Kriteriengeleitete Beurteilung von Interviews

Der Nachbereitung dient dann das Schreiben der Frager über das durchgeführte Interview und natürlich das gemeinsame Ansehen und Besprechen der Aufzeichnungen mithilfe einer Kriterienliste (vgl. ebd.):

- Gesprächseröffnung,
- Zusammenhang und Ablauf der Fragen,
- Eingehen auf die Befragten (statt bloßes Herunterlesen der vorbereiteten Fragen),
- grammatikalische Fehler,
- andere sprachliche Auffälligkeiten (Füllwörter, usw.),
- Körperhaltung, Gestik, Mimik beider Partner,
- Gesprächsabschluss.

Auf die pädagogischen Ziele des Vorhabens gehe ich jetzt bewusst nicht ein. MAYOR selbst schreibt, er würde beim nächsten Mal die Interviews lieber mit älteren Lernenden durchführen, weil die Älteren souveräner sprechen könnten über Erfahrungen, die sie schon hinter sich haben (vgl. ebd., 41). Nicht nur thematisch, auch sprachlich ist das vorzuziehen; denn ältere Schüler können den jüngeren Fragern bei der sprachlichen Bewältigung der nur „scheinbar vertrauten Form" indirekt helfen.

### Andere Interviewanlässe

Das gilt natürlich erst recht, wenn Schüler/-innen Erwachsene interviewen, z.B.

- Eltern nach ihren Arbeitsplätzen befragen,
- Großeltern nach ihrer Kindheit und Jugend befragen bzw. den damaligen Verhältnissen in materieller, sozialer und politischer Hinsicht,
- (fast) erwachsene Schüler (Oberstufe) nach ihren Berufswünschen und konkreten Zukunftsplänen befragen,
- Experten befragen (vgl. den nächsten Abschnitt).

All dies ist selbstverständlich im Rahmen thematischen oder projektorientierten Arbeitens zu denken. Der Unterschied zwischen formlosem Gespräch und Interview liegt in der Vor- und Nachbereitung sowie im seriellen Charakter der inszenierten Gespräche (viele gleichartige Fragesituationen werden geschaffen und ausgewertet).

## 6.4 Experten befragen

### Expert/-innen in der Schule

Gelegentlich findet man die Expertenbefragung als eigene Interviewform aufgeführt, und zwar mit einem gewissen Recht. Hier geht es weniger als in den vorhin besprochenen Fällen um Meinungen; es geht zunächst darum, dass ein Frager, der sich als Laie versteht, Informationen, und dann vielleicht auch Wertungen, von jemandem einholt, der (nicht wie die Lehrkraft für Lehren und Lernen, sondern) für den *Sachverhalt* Experte ist – von Berufs wegen, aufgrund besonderer Kenntnisse und Erfahrungen usw. dafür zuständig und darin kundig. Wir haben es hier mit einem lebensweltlich wichtigen Interaktionstyp zu tun, der für die Didaktik lange kein Thema war, weil in der Schule selbstverständlich zu gelten schien, dass der Lehrer der Experte ist, der schon von selber Auskunft gibt, ohne befragt werden zu müssen.

### Deutschlehrende als Experten: Umkehrung der Fragerichtung

Das gelenkte Unterrichtsgespräch schafft ja eigentlich die paradoxe Situation, dass der Experte den Unkundigen die Fragen stellt. Schon dieses Verhältnis probehalber vom Kopf auf die Füße zu stellen, ist sehr interessant; im Rahmen eines Praktikums habe ich z.B. eine 10. Realschulklasse mit einem komplexen literarischen Text (die berühmte Türhüterparabel von Kafka) konfrontiert und sie in Gruppenarbeit selbst Untersuchungsmöglichkeiten bzw. Fragen benennen lassen. Ich stellte mich dann als „Experte" zur Verfügung, d.h. sagte nichts, wenn und solange ich nicht mit einer klaren Frage konfrontiert wurde, gab aber andererseits auf *jede* Frage eine Antwort, auch auf scheinbar dumme Fragen. (Eigentlich gibt es da keine oder fast keine wirklich dummen Fragen.) Die Fragen waren teils Sachfragen (Biografie des der Klasse noch unbekannten Autors, Entstehung des Textes, Zusammenhang mit dem Gesamtwerk, mit der Religion, mit dem Judentum speziell, usw. usw.), teils Deutungsfragen bzw. eigene, in Fragen gefasste Spekulationen.

Auf viele Fragen und Aussagen, die normalerweise der planende Lehrer für eine Stunde über die Türhüterparabel hätte vorsehen müssen oder wollen, kam diese Expertenbefragung ganz von selbst, d.h. ungelenkt bzw. selbstgesteuert.

Zweierlei ist aber nötig: dass das Vorgehen am Anfang erklärt wird, gegenüber älteren Schüler/-innen ruhig auch pädagogisch begründet, und dass eine Nachbereitung erfolgt, die den Verlauf der Befragung kommentiert, auswertet, bewertet und ein Ergebnis (im Gespräch, nicht im Lehrervortrag) zu fassen versucht.

### Expert/-innen aus der Berufswelt

Gleichzeitig kann ein solcher Versuch auch die Befragung von Experten vorbereiten, die nicht mit dem Lehrer identisch sind; die man also aus der Lebens-, v.a. der Berufswelt hereinholen muss: Naturschützer, Schöffen, Verkehrsplaner, Sozialpädagogen, und nicht zu vergessen die Schulpsychologen. Dass solche Experten nicht einen vorbereiteten Vortrag halten, sondern für ein Interview zu Verfügung stehen sollen, kann man ihnen ja vorab erläutern. Es gibt auch die Möglichkeit, die Expertenbefragung in der Klasse im Anschluss an einen in größerem Rahmen gehaltenen Vortrag stattfinden zu lassen. Dass die Schüler desto mehr profitieren, je mehr sie selber schon über das Thema, das Berufsfeld, usw. wissen, ist klar; eine inhaltliche Vorbereitung ist also notwendig, die offene, nur durch den Experten zu klärende Fragen benennt und festhält. Der Deutschlehrer darf sich für einmal dabei wirklich als das verstehen, was er leider in der Praxis allzu oft nur ist: Laie, nicht Fachmann. (Natürlich ist er Laie mit einer gewissen Allgemeinbildung und gesundem Menschenverstand.)

Dass solche Expertenbefragungen nicht ständig, sondern je nach Möglichkeiten und Beziehungen, die man am Ort hat, mehr oder weniger selten stattfinden werden, ist auch klar; wenn sie nur überhaupt stattfinden.

### Schüler/-innen als Expert/-innen

„Expert/-innen" sind dabei nicht notwendigerweise Profis – aus dem Alltag bzw. Berufsleben stammende; auch Schüler/-innen können sich durch gezielte (arbeitsteilige) Vorbereitung auf ein Thema zu Experten machen. In diesem Sinn ist der Begriff in der Pädagogik heimisch: ROTERING-STEINBERG (1992) unterscheidet für ihr „Gruppenpuzzle" eine „Stammgruppe" von einer „Expertengruppe": Jede(r) in einer Gruppe erhält einen genauen Auftrag, welches Material er lesen und für seine Stammgruppe aufbereiten soll; um Verstehens- und Darstellungsprobleme besprechen zu können, trifft er/sie sich zwischenzeitlich mit den Experten zur selben Sache aus allen anderen Stammgruppen.

## 6.5 Debattieren: inszenierte Meinungs-Verschiedenheiten

„Debatte" als Begriff

Der Unterschied zwischen Diskutieren und Debattieren ist kurz so zu fassen: Das sprachliche Handlungsfeld ist, oberflächlich betrachtet, das gleiche; hier wie dort wird also argumentiert, gerechtfertigt, angegriffen, es werden Vorwürfe erhoben und Standpunkte verteidigt. Aber die Situation ist verschieden: Diskutieren ist prinzipiell auf eine Veränderung mindestens eines Standpunkts angelegt, besser noch auf eine gegenseitige Annäherung der Standpunkte. Debattiert dagegen wird in einer Situation bzw. zwischen Gegnern, die wechselseitig keine Standpunktänderung voneinander erwarten, sondern eine Machtprobe – und oft im Ernst nicht einmal das, sondern lediglich eine öffentliche Demonstration der bestehenden Meinungs-Verschiedenheit, die deshalb noch einmal eigens *inszeniert* wird, indem einzelne Redner gegeneinander antreten. (z.B. Bundestagsdebatten). (Methodisch vgl. wiederum GRÜNWALDT 1984, 60–67, sowie LANGHAMMER 2006).

Beispiel

Eine 7. Gymnasialklasse diskutiert im Rahmen eines projektorientierten Unterrichts zum Thema „Fortschritt" über den seinerzeit gerade „strittigen" Bau eines Teststrecke durch einen deutschen Autokonzern. Informiert aus der Tagespresse und vorbereitet durch allgemeine Überlegungen zum Problem des Individualverkehrs, übernehmen Schüler/-innen verschiedene Rollen, in und aus denen sie auf einer Podiumsdiskussion die verschiedenen Aspekte des Problems beleuchten, für eine konkrete Interessengruppe sprechen und dafür jeweils möglichst plausible Argumentationen spontan entwickeln sollten. Die Lehrkraft hat ein Arbeitsblatt vorbereitet, das die Rollen festlegt, und in das jeweils einige Stichwörter zur Rollengestaltung eingetragen werden.

Inszenierungen der Debatte im Unterricht

Damit liegt eine noch relativ wenig inszenierte Meinungs-Verschiedenheit vor, mit starken Rollenspiel-Elementen. Bei PSCHIBUL (1980, 355 ff.) wird noch stärker inszenierend eingegriffen und ein formelles Arrangement geschaffen:

- Zwei Debattenredner treten gegeneinander an, indem erst jeder eine zeitlich genau begrenzte Stellungnahme abgibt (pro bzw. contra) und dann Gelegenheit zu zeitlich kontrollierter Rede und Gegenrede erhält („englische Debatte").

- Zwei Gruppen von je 3–5 Redner/-innen treten gegeneinander an. Beide haben vorher in Arbeitsgruppen ihre Argumente geklärt und die Redner ernannt; eine dritte Arbeitsgruppe hat sich als Beobachtungsgruppe formiert. Dann werden die Argumente so ausgetauscht, dass auf einen Redner der Pro-Gruppe einer der Contra-Gruppe antwortet und in einer Schlussrunde die Gruppenleiter jeweils ihren Standpunkt verdeutlichen („amerikanische Debatte").

### 6.6 Resümee rhetorisches Sprechens: Überzeugungsarbeit im Medium der Mündlichkeit

#### Rhetorisches Sprechen als Überzeugungsarbeit

Rhetorisches Sprechen ist nicht gleich sachorientiertes Sprechen, auch wenn es sich der „Sachen" natürlich bedient. Es ist auch nicht gleich partner- bzw. beziehungsorientiertes Sprechen, auch wenn es natürlich „Beziehungen" (politische und andere) bearbeitetet. In gewissem Sinn kann man sagen, rhetorisches Sprechen sei das *Chamäleon* unter den mündlichen Sprachtätigkeiten: Es kann als sachliches Sprechen daherkommen, aber auch als episches sowie im Gewand des Gesprächs. Und schließlich ist es immer eine Art Rollenspiel, nicht nur in der Schule.

Jede Überzeugungsarbeit ist rhetorisches Sprechen – also jeder Versuch, ein Gegenüber von der eigenen Wirklichkeitsinterpretation zu überzeugen, eigene Sprachregelungen gegen andere durchzusetzen, die „eigene Wahrheit" gegen eine „fremde" zu behaupten. Absichtlich doppeldeutig ist der Terminus *Überzeugungsarbeit*: Es bleibt offen, ob Überzeugung anderer in der Sache damit gemeint ist oder (nur) das Ziel überzeugender *Selbstdarstellung*; und wenn man in diesem zweiten Sinn (nur) daran arbeitet, überzeugend zu sein (sich als kompetent und/oder überlegen darzustellen), dann kommen Debatten heraus.

#### Redetechnik und soziale Verantwortung

In der Schule wird man das Lernziel, rhetorisch sprechen zu können, zwar nicht überbewerten, aber auch nicht vernachlässigen dürfen; so wenig es angeht, Rhetorik nur als Redetechnik zu vermitteln und die Wahrheitsfrage auszuklammern, so verantwortungslos wäre es, den Lernenden gar keine Redetechnik mit auf einen Lebensweg zu geben, auf dem sie dann ständig anderen begegnen, die überzeugendes Sprechen beherrschen – und damit ihre Mitmenschen *beherrschen*, wenn diese das Chamäleon nicht als solches erkennen.

**Aufgaben zu Kap. 6**

- ◆ für Schülerinnen der Primarstufe und der Sek. I:

*Halte vor der Klasse einen kleinen Vortrag über dein Hobby/deine bevorzugte Sportart/ dein Haustier!*

- ◆ für Schülerinnen der Sek. II und Studierende:

*Halten Sie einen Stegreif-Überzeugungsrede von genau 3 Minuten* zu einem der folgenden Themen:

- An ungeraden Tagen sollte das Autofahren verboten sein.
- Schüler/-innen bzw. Studentinnen sollten auf einem Bein stehend unterrichtet werden.
- Die Erfindung des Geldes war der Anfang alles Übels; schaffen wir es ab!

# 7 Präsentieren

## 7.1 Etwas präsentieren können

**„Präsentieren" als Begriff**

„Präsentation" ist leider ein Allerweltsbegriff geworden: Jede Werbeveranstaltung kommt als Präsentation daher. Näher an dem, was hier in diesem letzten Kapitel Thema sein soll, ist das angelsächsische Wort *presentation*, wie es auf Kongressen ganz selbstverständlich Verwendung findet: *presenting a paper*, das heißt einen Vortrag halten. Dass dabei – sprachlich gesehen – scheinbar Papier präsentiert wird, verweist auf die – unter 7.2 genauer zu beleuchtende – Mittelstellung der Leistung, um die es geht, zwischen Schriftlichkeit und Mündlichkeit. Tatsächlich bedeutet etwas präsentieren können, dass der mündlichen, auf Zuhörer/-innen bezogenen und von ihnen zu würdigenden Leistung etwas vorausgeht: Man hat etwas erarbeitet, dargestellt, dokumentiert, usw., und es gibt einen „Handlungszusammenhang", in den der Akt des Präsentierens als mündliche Form der Wissensvermittlung eingebettet ist (vgl. BECKER-MROTZEK 2005, 6). Trotz dieser Einbettung – und das rechtfertigt eine eigene Unterscheidung von Rede und Referat – ist die Präsentation als durchaus eigenständige Handlungsfolge mit Planungs-, Realisierungs- und Wirkungsphase beschreibbar (vgl. ebd., 8). Geht es um mehr als Textvortrag, so ist darin auch Raum für die Reaktion von Zuhörer/-innen zu lassen (vgl. ebd., 9).

**Präsentieren im Deutschunterricht**

Im Deutschunterricht handelt es sich beim Gegenstand des Präsentierens nicht immer – und hier endet die Analoge zum wissenschaftlichen Kongress – um eine im strengen Sinne eigene Vorarbeit; es kann auch ein fremder Text sein, den man wirkungsvoll präsentieren möchte. Aber dann steckt (hoffentlich) Vorarbeit in der Vorbereitung des Lesens, Vortragens (vgl. die Abschnitte 7.3 und 7.4) und ggf. Erläuterns. Oft sind auch geeignete Textausschnitte selbst zu wählen und durch zusammenfassende Kommentare zu verbinden. So zeigen BERKEMEIER/PFENNIG (2006), wie im Unterricht Jugendbücher präsentiert werden können. Von BERKEMEIER (2006) stammt auch die bisher wohl einzige Monografie zum Präsentieren (und Moderieren) im Deutschunterricht. Sie zieht die Konsequenz aus der Aufwertung der Präsentation als schulischer Leistung durch die KMK-

Bildungsstandards (vgl. hierzu auch BECKER-MROTZEK 2005, 9). Buchvorstellung, Referat und Klassenbesprechung werden unterschieden; die Hinweise zur sprachlichen Gestaltung von Schüleräußerungen beim Präsentieren (sowie beim Moderieren und Beitragen) betreten, soweit ich sehe, Neuland. Auch die Stichwörter *Sprechvorlage* und *Visualisierung* sind innovativ.

Und schließlich ist bei REINECKE (2006) für die späte Sek. I auch die Fähigkeit zur „Selbstpräsentation" behandelt. Auch wenn die Funktionalisierung des Sprachunterrichts für die Bedürfnisse der Wirtschaft und Arbeitswelt leicht übertrieben werden kann, ist das nicht nur, aber besonders für Lernende kurz vor dem Berufseinstieg eine sinnvolle Sache.

### Keine Reduktion auf einen gelungenen Medieneinsatz

Die Reduktion der Fähigkeit, etwas zu präsentieren (der Begriff *Präsentationskompetenz* soll hier dezidiert nicht Verwendung finden), auf einen gelungenen Medieneinsatz ist allerdings abzulehnen. So wirkungsvoll oft die mediengestützte Präsentation eines Arbeitsergebnisses und/oder eines Textes sein kann, so wenig darf sich die Vorarbeit in der Einrichtung von Powerpoint-Folien erschöpfen. Das Zitat z.B., das auf der Folie erscheinen soll, muss richtig ausgewählt werden, und meistens bedarf die Auswahl der Begründung und das Zitat der Erläuterung. KEPSER (2006) zeigt eindrucksvoll, dass gerade Powerpoint-Effekte mit den Kategorien der Rhetorik gut zu beschreiben und entsprechend *reflexiv* einzusetzen sind. „Die Verbindung zwischen Effekt und Assoziation ist nicht rein arbiträr, man müsste sie sonst lesen lernen." (Ebd., 58) Schüler/-innen sollen erfahren, „dass Powerpoint-Effekte ähnlich dem klassischen rhetorischen Ornat zu *handhaben* sind: Sie müssen zum Inhalt, zum Anlass, zur Wirkungsabsicht und zum Publikum passend ausgewählt werden." (Ebd., 63) Mit diesem reflexiven Einsatz des Präsentationsmediums verbinden könne man nicht nur solche Begriffe der Rhetorik, sondern auch eine Einführung in die Zeichentheorie, wie sie in vielen Lehrplänen der Orientierungsstufe vorgesehen ist. Eine allgemeine Warnung vor Effekten sei zwar überzogen, aber eine Beschränkung und Dosierung sei anzuraten. Eine grafische Darstellung von Zusammenhängen in gleich welchem Präsentationsmedium sollte sich nicht in Begriffen erschöpfen, zwischen denen es von Wirkungspfeilen wimmelt, denen eigentlich gar keine Kausalzusammenhänge entsprechen. Und ist ein Textvortrag Teil oder gar Zweck der Präsentation, so sollte man mit besonderer Sprachbewusstheit an die Aufgabe herangehen: Nicht nur standardsprachlich, sondern sprechgestaltend muss ein Text präsentiert werden (vgl. hierzu unten, 7.4).

## Didaktische Eigenschaften des Präsentierens

In der durchaus schon kompetenzorientierten Beschreibung BECKER-MROT-ZEKS (2005, 10) hat das Präsentieren als Leistung im Unterricht einige didaktisch interessante Eigenschaften:

- Es dient als sprachlich-kommunikative Handlung der Wissensvermittlung.
- Es ist funktional eingebettet in einen Handlungs- oder Projektzusammenhang, der die Selbstständigkeit des Wissenserwerbs betont.
- Es setzt sich aus unterschiedlichen Tätigkeiten wie Recherchieren, Schreiben, Visualisieren, Medienproduktion, Vortragen, Erklären und Diskutieren zusammen.

## Zur Bewertung von Präsentationsleistungen

Kriterien für die Bewertung von Präsentationen lassen sich nach BECKER-MROTZEK (2005, 12) in drei Gruppen einteilen:

(1) Inhalte: Angemessenheit der Auswahl in qualitativer und quantitativer Hinsicht, sachliche Richtigkeit, Verständlichkeit

(2) Medien: Funktionalität ihrer Auswahl, bezogen auf Inhalt und Absicht; Angemessenheit von Visualisierungen, ästhetische Aspekte (v.a. bei Powerpoint: keine Überladung der Folien!)

(3) Vortragsweise: Tempo, Zeitmanagement, Adressatenorientierung (auch körpersprachlich), Eingehen auf Fragen, ggf. Moderieren einer Anschlussdiskussion.

## 7.2 Zwischen Mündlichkeit und Schriftlichkeit

### Mittelstellung zwischen Mündlichkeit und Schriftlichkeit

Vorlesen und Vortragen (vgl. *Praxis Deutsch* 199/2006) sind Sprachtätigkeiten, die sowohl lebens- und vor allem medienweltlich bedeutsam sind (man denke an das Radio, aber auch an Poetry Slams) als auch für den Deutschunterricht. Medientheoretisch betrachtet, sind diese Tätigkeiten Zwitter zwischen Mündlichkeit und Schriftlichkeit. Vier Modi der Sprachverarbeitung (vgl. STEINIG/HUNEKE 2002, 21) lassen sich ja unterscheiden: die primären oralen Operationen sind Sprechen bzw. Hören, und die primären literalen Schreiben und Lesen.

Entwicklungsgeschichtlich gesehen, entstehen sowohl in der Entwicklung einer Kultur als eines Individuums (also phylogenetisch und ontogenetisch) orale

Ausdrucksmöglichkeiten vor den literalen; die Fähigkeit zum Sprechen geht der zum Schreiben und die Fähigkeit zum Hören geht der zum Lesen voraus. HAVELOCK (1999, 86 ff.) betont, dass das den Menschen als *homo sapiens* konstituierende Merkmal seine Fähigkeit zum Sprechen bzw. zum mündlichen Sprachgebrauch ist. Schreiben und Lesen sind demgegenüber in anthropologisch-historischer Perspektive sekundär. Trotzdem gilt die Schriftlichkeit seit ihrer Erfindung als höherwertig. „Verba volant, scripta manent" (Gesprochene Worte verfliegen, geschriebene Worte bleiben) – so lautet ein lateinisches Sprichwort. Andererseits aber kann man doch auch sagen: Erst in der Mündlichkeit des Vorlesen oder Vortragen kommt oft das geschriebene Wort zu (verstehendem) Bewusstsein, zur Wirkung und zur vollen Geltung. Das gilt für die Rede, also den rhetorischen Text, und es gilt mindestens so sehr auch für literarische Texte, besonders (aber nicht nur) das Gedicht. Nicht jedes laute Lesen ist freilich schon Präsentation. BAURMANN/MENZEL (2006) treffen folgende, die Anforderungen auf die ausgebaute Textpräsentation hin staffelnde Unterscheidung:

- das laute Lesen von Wörtern, Sätzen, Texten;
- das deutende Vorlesen;
- szenisches Vortragen und Inszenieren.

## 7.3 Vorlesen

Vorlesen gehört zu den Formen ästhetischer Kommunikation und ist sowohl eine kulturelle Praxis als auch ein Verfahren im Deutschunterricht, das vor allem der Leseförderung dient, aber auch der Interpretation. Nicht nur die Lehrenden können und sollten regelmäßig vorlesen, sondern auch Schüler/-innen einander. So beschreibt MASANEK (2006), wie ältere jüngeren Lernenden oder im Lesen Geübte Leseungeübten vorlesen.

### Geschichte des lauten Lesens

Das laute Lesen war nicht immer eine *Hörer/-innen* zugewandte Tätigkeit. Bis etwa 1800 nutzte man lautes Lesen einfach zur Textrezeption und zum besseren Verständnis, wie SCHÖNS Studie zum Mentalitätswandel dem Lesen gegenüber herausgearbeitet hat (vgl. SCHÖN 1987). Vorschul- und Schulkinder, die mit dem Schrifterwerb beschäftigt sich, machen das bis heute so: Es fällt ihnen dann leichter, den Sinn eines Textes zu erfassen. Wir Erwachsenen aber leben in einer Schriftlichkeitskultur, die zur Goethezeit damit aufgehört hat, Leseprozesse als solche durch Vokalisieren hörbar zu machen: Wir lesen still („Augenlesen", sagt

SCHÖN) – es sei denn, wir wollen jemand anderen ausdrücklich an dem teilhaben lassen, was wir gerade lesen (*Hör mal zu, das ist gut!*).

In der Regel aber wollen wir jemanden *erreichen*, wenn wir laut lesen. Wir bringen einen Text, den wir interessant, wichtig oder unterhaltsam finden, zu Gehör und damit zur Wirkung, und wir schaffen damit immer auch eine Gemeinschaft, anders gesagt: ein Stück „literarische Geselligkeit", wie Gundel MATTENKLOTT in den 1970er Jahren formuliert hat.

### Vorlesen als doppeltes Gestalten

Wenn wir vorlesen, gestalten wir immer zweierlei: einen Text (den wir gleichsam als Partitur behandeln, die zur Aufführung gelangt), und unsere Beziehung zu den Zuhörer/-innen. Vorgelesen zu bekommen, ist viel mehr als Textrezeption unter Ersparnis des Leseaufwands; es ist *Zuwendung*. Und es ist – darauf weisen BAURMANN/MENZEL mit ihrer Formulierung „deutendes Vorlesen" ja hin – mehr als akustisches Rezeptionsangebot; es ist immer auch ein Deutungsvorschlag. (So kann man allein über die Frage, ob Rufus Beck „die Hermine" in den *Harry-Potter*-Hörbüchern „richtig" liest, spannende Lesegespräche anstoßen.)

### Vorlesen in der literarischen Sozialisation

Außerhalb des Unterrichts, in Prozessen der literarischen (Früh-) Sozialisation, kommt dem Vorlesen eine außerordentliche Bedeutung zu. WIELER (1997) belegt in ihrer Studie nicht nur, wie wichtig eine gemeinsame kulturelle Praxis des Vorlesens und Zuhörens in der Familie ist, sondern auch, dass es schichtspezifische Unterschiede in der Art gibt, wie diese Praxis aufgefasst und betrieben wird: Die auf Dialog und gemeinsames Erlesen gerichtete Vorlesepraxis in Mittelschichtfamilien ist günstiger als die eher monologische, auf die sich Vorlesen in der Unterschicht beschränkt, soweit es überhaupt vorkommt.

Vorlesen stiftet Gemeinschaft und ist eine Urform der Erziehung. Die Lesesozialisationsforschung spricht nicht umsonst von „Mutter-Kind-Dyade": In jeder Vorlesesituation wiederholt sich die Urszene der Einweihung eines Kindes in das Geheimnis der Schriftlichkeit und das Urerlebnis der „mütterlichen" Zuwendung (die auch vom Vater oder Großvater kommen kann), die im Auswählen der Geschichte, im Schenken von Zeit und im Gespräch über das Gehörte liegt.

Wer in seiner Kindheit vorgelesen bekommen hat, wird mit höherer Wahrscheinlichkeit zum Leser, zur Leser/-in als diejenigen, die diese Erfahrung nicht machen durften: Das gilt in der Forschung als gesichert. Schon deshalb also – in der Perspektive der *Leseförderung* – sollten Deutschlehrer/-innen Vorleser/-innen sein, denn die Sozialisationsinstanz Schule muss da eintreten, wo die primäre Sozialisation versagt (vgl. zuletzt BAURMANN/MENZEL 2006, 10).

### Vorlesen als Inszenierung von Unterricht

Das Vorlesen ist eine einfache, und unter bestimmten Rahmenbedingungen, die geklärt sein müssen, sehr wirkungsvolle Unterrichtsinszenierung, die oft überraschend gut gelingt, vorausgesetzt die Lehrkraft verfügt über Grundfertigkeiten in diesem Bereich.

OCKEL (2000) nennt in diesem Zusammenhang Elementarprozesse des Sprechens wie Stimmklang, Lautung und Sprechausdruck, einfache Techniken wie deutliches und gliederndes Vorlesen, komplexe Techniken wie vorausschauendes Lesen und Hilfen wie das vortragsvorbereitende Anbringen von Pausenzeichen.

### Vorbereitung eines Textes für das Vorlesen

Hinweise zur Vorbereitung eines Textes für das Vorlesen findet sich verstreut in der didaktisch-methodischen Literatur. CLAUSSEN (2006) stellt kommentierte Ratschläge zusammen wie sich selbst vorlesen, von Hörbüchern lernen (z.B. die Handlungsträger stimmlich unterscheiden), Texte hörerbezogen entlasten, in Lautstärke und Tonhöhe variieren, eigene Emotionen (begrenzt) zulassen. Systematischer skizziert MENZEL (1990) für die Vorbereitung ein Arbeitsprogramm in fünf Schritten:

- orientierendes Überlesen,
- aufmerksames Durch-Lesen,
- absatzweises Durcharbeiten,
- kontrollierendes Sprechen des Resultats.

Sowohl Claussen als Menzel zielen darauf ab, den Text in der Vorbereitungsphase als *Partitur* zu sehen bzw. durch Anbringen von Markierungen dazu zu *machen*.

Ratschläge für Vorleser/-innen formuliert auch BEISBART (1993, 172 f.); darunter ist besonders erwähnenswert der Rat, die *Funktion* des geplanten Vortrags zu klären: Information, Handlungsanweisung, Interpretation?

## 7.4 Vortragen

### Vortragen als kulturelle Praxis

Textvortrag vor Publikum muss nun aber kein Vorlesen sein. Nicht nur in der Schule, sondern auch in der kulturellen Praxis außerhalb von Bildungseinrichtungen gibt es den auswendigen Textvortrag. Früher sprach man von „Deklamation". Im 19. Jahrhundert entwickelte sich diese „Deklamation" bzw. – nun synonym – „Rezitation" von Dichtung zur Kunstform; „Deklamator(in)" wurde zum Beruf (vgl. HÄNTZSCHEL 1997).

In der Schule kennen wir die obsolet anmutende Schwundstufe des „Auswendiglernens" und das darauf folgenden Vortrags von Gedichten (vgl. kritisch BAURMANN/MENZEL 2006, 12 f.). Damit so etwas Sinn hat, müssen zwar weder Deutschlehrer/-innen noch ihre Schüler/-innen professionellen Rezitatoren sein, aber sie brauchen Grundkenntnisse und -fertigkeiten auch im *Vortragen*. Die Erstrezeption eines Gedichts noch ohne Augenlesen, nur über die akustische Rezeption, ist manchmal vorzuziehen, und dann sollte man nicht ungeübte Schüler/-innen vortragen lassen, sondern dies selbst tun (eine Alternative bieten oft professionelle Rezitatoren wie Lutz Görner auf Tonträgern).

### Vortragen als Form der Interpretation

Schon das Vorlesen, aber mehr noch das Rezitieren ist nicht nur Kundgabe, sondern eine Form der *Interpretation* der Vorlage. „Sprecherische Arbeit an Gedichten" hat schon BERTHOLD (1985) in einem vom ihm herausgegeben Band mit diesem Titel gefordert und beschrieben. Wie etwas „klingt", kann hinführen zu der Frage nach dem *Ton*, in dem es geschrieben ist, und damit zu Wirkungsabsichten und Textintentionen. Analog zu Farb-Tönen gibt es auch in Texten Töne, allerdings nur wahrnehmbar, nicht lesbar im strengen Sinn.

Es gibt eine didaktische Tradition des lauten Lesens als einer „tonalen Realisation" des Textes (vgl. ABRAHAM 1996, 295–306). Allerdings ist in Studium und Unterricht noch immer eine „herrschende Praxis der Unterbewertung des Akustischen" (KLÖCKNER 1986, 167) zu beklagen. Sie lässt sich damit erklären, „daß unser Begriffsinstrumentarium für die Beschreibung optischer Phänomene ungleich reicher ausgebildet ist" (ebd.). Unterbewertet in diesem Sinn scheint vor allem der heuristische Wert tonaler Realisation. Die deutschdidaktische Tradition des *klanggestaltenden Lesens*, die ja nicht nur Ideen der Kunsterziehungsbewegung, sondern auch die Tradition eines Deklamationsunterrichts („Tonlesekunst") fortführt, war lange verschüttet. Schon DRACH (1953, 212) stellt fest, im Vortrag liege oft die beste Erklärung. Der Text wird damit zur Partitur (vgl. ARENS 1980), die erst tonal realisiert werden muss, um Wirklichkeit zu gewinnen. Theoretisch ist das natürlich anschließbar an Einsichten der Rezeptionsästhetik. Das sprachliche Werk ist *Partitur* (vgl. JANNING 1980, 35), deren Realisation als rückverwandelnde Herstellung oder Darstellung tonaler Gestalten gelten kann.

## Sprechwissenschaftliche Beschreibung der Leistung des Vortragens

ABRAHAM (1996, 309) hat in Anlehnung an GUTENBERG (1983, 257 f) versucht, von sprechwissenschaftlichen Kategorien aus eine Kriterientafel für die Beurteilung tonaler Realisationen literarischer Texte zu entwickeln.

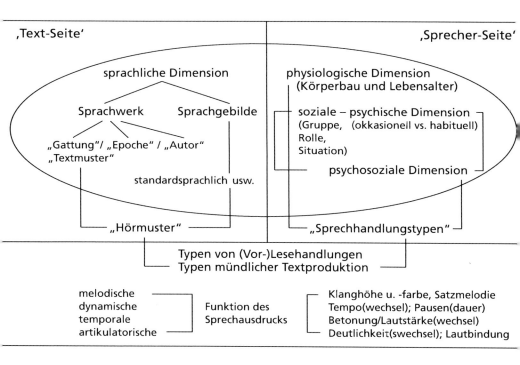

## Aufgabe zu Kap. 7

◆ für Schüler/-innen aller Schulstufen und Studierende

*Bereitet/Bereiten Sie das folgende Gedicht zum Vortrag vor. Die Sprechfassungen werden im Unterricht verglichen und liefern Hinweise auf mögliche Interpretationen. (Zusätzlich kann man Otto Sanders Version im Rahmen des „Rilke-Projekts" heranziehen, hrsg. v. Angelica Fleer und Richard Schönherz, Vol. 1)*

Rainer Maria Rilke

**Der Panther**
*Im Jardin des Plantes, Paris*

Sein Blick ist vom Vorübergehn der Stäbe
so müd geworden, dass er nichts mehr hält.
Ihm ist, als ob es tausend Stäbe gäbe
und hinter tausend Stäben keine Welt.

Der weiche Gang geschmeidig starker Schritte,
der sich im allerkleinsten Kreise dreht,
ist wie ein Tanz von Kraft um eine Mitte,
in der betäubt ein großer Wille steht.

Nur manchmal schiebt der Vorhang der Pupille
sich lautlos auf –. Dann geht ein Bild hinein,
geht durch der Glieder angespannte Stille –
und hört im Herzen auf zu sein.

(R.M. Rilke: Der Panther. *Ausgewählte Gedichte*, Frankfurt a.M. 1966, S. 29)

## Schluss

Wie wichtig Sprache für die Erschließung der Welt durch Heranwachsende, also für Lern-/Lernprozesse jeder Art ist, muss hier nicht eigens betont werden. Heranwachsende sollen und können nicht nur ihr Weltwissen erweitern, sondern auch, je älter sie werden, immer bewusster und reflektierter mit der *Sprachlichkeit* ihrer Umwelt umgehen: Sie verstehen die Welt in sprachlicher Interaktion und sie erfahren im Deutschunterricht, dass Sprache mehr ist als ein Vehikel. das Inhalte oder Information transportiert. Sprache – vor allem und zuerst im Bereich der Mündlichkeit – ist der Königsweg dazu, sich Begriffe von Dingen, Menschen und Zusammenhängen zu machen. In Erzählung und Sachdarstellung, in Rollenspiel, Gespräch und Diskussion, in Redebeitrag und Präsentation kann man „Sachen klären": Kenntnisse und Erkenntnisse weitergeben, Erfahrungen mit der Welt beschreiben und schildern, Bedeutungen aushandeln, Sinnfragen ansprechen. Noch einmal mit V. HENTIGS Doppelformel gesagt, die die Rolle eines Leitmotivs gespielt hat, heißt das gleichzeitig auch „die Menschen zu stärken".

Das gilt vor allem dann, wenn diese Sprachtätigkeiten nicht nur aus- und eingeübt, sondern als solche *bewusst gemacht* werden. Alltägliches Sprechen zu Menschen und mit Menschen, wie es seit der „Kommunikativen Wende" als fachdidaktische Zielgröße gilt, wird zum *reflexiven Sprechen* in einem kompetenzorientierten Deutschunterricht, der geeignete Anforderungssituationen dafür schafft, dass die Schüler/-innen sich nicht nur ausdrücken können, sondern allererst ausdrücken wollen, und der darauf achtet, dass ihre eigenen Ausdrucksmöglichkeiten und -bedürfnisse ihnen dabei bewusst werden. Wo immer im Unterricht erzählt, nacherzählt, berichtet, beschrieben, geschildert, zusammengefasst, diskutiert und debattiert wird; wann immer Redebeiträge eingebracht sowie Inhalte oder Texte präsentiert werden, erfordert das die kleine Anstrengung der Selbst- und Fremdbeobachtung: Nicht nur im Fall der Kommunikationsstörung sollte die metakommunikative Ebene da sein, sondern auch im Fall *gelingender Verständigung*: Mit welchen Mitteln schaffen wir das, was uns da gelingt?

# Verzeichnis der Aufgaben

**Aufgabe zu Kap. 1: Sprechen/Miteinander reden**

S. 40 Sprachtätigkeiten einteilen: 3-Spalten-Schema (vgl. bes. Kap. 1.2)

**Aufgabe zu Kap. 2: Erzählen**

S. 61–62 „Ein Obdachloser beim Bäcker": drei Versionen derselben Alltagsgeschichte vergleichen (vgl. bes. Kap. 2.3)

**Aufgabe zu Kap. 3: Informieren**

S. 80 „Wie komme ich da hin?" Verschiedenen Adressaten denselben Weg erklären

**Aufgabe zu Kap. 4: Szenisch spielen**

S. 101–105 für Grundschüler/-innen:
Der „kleine Prinz" besucht eine Lehrerin (vgl. bes. Kap. 4.3)
für Schüler/-innen der Sekundarstufen und Studierende:
Ein Gespräch im Lehrerzimmer aus Jutta Strippels Roman *Kreide trocknet die Haut aus* im literarischen Rollenspiel bearbeiten
(vgl. bes. Kap. 4.3)

**Aufgaben zu Kap. 5: Gespräche führen**

S. 121 1. Literarische Gespräche zu Kafkas *Kleiner Fabel* führen (zu Kap. 5.3)

S. 131 2. „Du bist unzuverlässig!" (vgl. bes. Kap. 5.4)

**Aufgaben zu Kap. 6: Reden**

S. 160 für Schülerinnen der Primarstufe und der Sek. I:
ein Hobby/eine bevorzugte Sportart/ein Haustier vorstellen
für Schülerinnen der Sek. II und Studierende:
eine Stegreif-Überzeugungsrede von genau 3 Minuten halten

**Aufgabe zu Kap. 7: Präsentieren**

S. 169 Rilkes *Panther* zum Vortrag vorbereiten und Sprechfassungen vergleichen

# Literaturverzeichnis

Abraham, Ulf: StilGestalten. Geschichte und Systematik der Rede vom Stil in der Deutschdidaktik. Tübingen: Niemeyer 1996.

Abraham, Ulf/Baurmann, Jürgen/Feilke, Helmuth/Kammler, Clemens/Müller, Astrid: Kompetenzorientiert unterrichten. Überlegungen zum Schreiben und Lesen. In: Praxis Deutsch 203 (2007), 6–14.

Abraham, Ulf: „Kreatives Sprechen". Vom allmählichen Verfertigen der Gedanken im Rollenspiel. In: RAAbits Deutsch/Sprache. Impulse und Materialien für die kreative Unterrichtsgestaltung. Heidelberg: Raabe 1996 (= 9. Erg.Lieferung), 1–20.

Abraham, Ulf: "Stills" aus Filmen beschreiben – Der Strömung im Fluss der Bilder widerstehen. Überlegungen zur Untrennbarkeit von Sprachdidaktik und Medienpädagogik. In: Klotz, Peter/Lubkoll, Christine (Hrsg.): Beschreibend wahrnehmen – wahrnehmend beschreiben. Sprachliche und ästhetische Aspekte kognitiver Prozesse. Freiburg/Br.: Rombach 2005, 153–164.

Abraham, Ulf: Sich ins Spiel bringen. Inszenierung im Kopf und ausgespielter Sinn im Übergang von der Rezeption zur dramatischen Gestaltung fiktionaler Texte. In: Beisbart, Ortwin et al. (Hrsg.): Leseförderung und Leseerziehung. Donauwörth: Auer 1993, 185–194.

Abraham, Ulf/Kammler, Clemens (Hrsg.): Drama – Theater – Szenisches Spiel. Praxis-Deutsch-Sonderheft, Velber: Friedrich-Verlag 2006.

Abraham, Ulf/Fix, Martin: Inhalte wiedergeben. Informationen verarbeiten – Texte reformulieren. In: Praxis Deutsch 197 (2006), 6–14.

Ader, Dorothea u.a.: Sprechakte als Unterrichtsgegenstand. Ein Vorschlag für die Sekundarstufe I. In: Linguistische Berichte 30 (1974), 77–84.

Andresen, Helga: Schriftspracherwerb und die Entstehung von Sprachbewußtheit. Opladen: Westdeutscher Verlag 1985.

Andresen, Helga: Spiel, Interaktion und Dekontextualisierung von Sprache vor Schulbeginn. In: Der Deutschunterricht 54 (2002), H. 3, 39–46. 2002

Andresen, Ute: Versteh mich nicht so schnell. Gedichte lesen mit Kindern. Weinheim: Beltz; Quadriga 1992.

Antos, Gerd: Grundlagen einer Theorie des Formulierens. Textherstellung in geschriebener und gesprochener Sprache. Tübingen: Niemeyer 1982.

Arbeitsgruppe Kommunikativer Unterricht: Handbuch zum kommunikativen Sprachunterricht. Dokumentation von Lerneinheiten für den Sprachunterricht in Vorschule und Primarstufe, nach Lernzielen geordnet. Weinheim: Beltz 1987.

Arens, Bernd: Texte als Sprechpartituren. In: Conrady, Peter u.a. (Hrsg.): Literaturunterricht 5–10. München: Urban & Schwarzenberg 1980, 182–202.

Austin, John L.: Zur Theorie der Sprechakte. Stuttgart: Reclam 1962.

Baacke, Dieter: Kommunikation und Kompetenz. Grundlegung einer Didaktik der Kommunikation und ihrer Medien. München: Juventa (1973). 2. Aufl. 1975.

Babbe, Karin: Andere sprechen mit anderen anders. Die Verschiedenheit von Sprech- und Schreibweisen entdecken (2./3. Kl.). In: Praxis Deutsch 110 (1991), 21–27.

Bahlke, Michael/ Jockers, Gudrun: Wie bring´ ich das an den Mann? Von der Produktidee bis zum Verkauf: Übungen zum redegewandten Anpreisen. In: Praxis Deutsch 144 (1997), 54–56.

Balhorn, Heiko: Didaktische aspekte zum lernbereich „sprache". In: ders. et al. (Hrsg.): Sprachunterricht 2–4, München: Urban & Schwarzenberg 1981, 11–52.

Bark, Karin: Deine Geschichten – Meine Geschichten. Erzählen in der Sekundarstufe. In: Praxis Deutsch 49 (1981), 50–53.

Bärmann, Fritz: Erzählen wider die Kälte. In: Grundschule 1985, H.1, 11–21.

Barz, André: Rollenspiel. In Kliewer, Heinz-Jürgen/Pohl, Inge (Hrsg.): Lexikon Deutschdidaktik. Hohengehren: Schneider 2006, 640–642.

Barz, André: Stereotyp und darstellendes Spiel. Plädoyer für ein eher konstruktives Verhältnis. In: Der Deutschunterricht 47 (1995), H. 3, 45–57.

Baudet, Jean-Claude et al.: Sich im Gespräch öffnen und mitteilen. Möglichkeiten anhand eines Kurzfilms. In: Praxis Deutsch 83 (1987), 31–37.

Baurmann, Jürgen/Feilke, Helmut/Voss, Elisabeth: Streit und Konflikt. In: Praxis Deutsch 174 (2002), 6–15.

Baurmann, Jürgen/Menzel, Wolfgang: Texte zum Vorlesen vorbereiten. In: Praxis Deutsch 104 (1990), 26–33.

Baurmann, Jürgen: Im dunkeln gesehen werden. Einen sachverhalt klären: beobachten und darüber sprechen. In: Praxis Deutsch 88 (1987), 26–28.

Baurmann, Jürgen: Mündlicher Sprachgebrauch. In: ders./Hoppe, Otfried (Hrsg.): Handbuch für Deutschlehrer. Stuttgart: Kohlhammer 1984, 258–280.

Bayer, Klaus (Hrsg.): Studienbuch: Mündliche Kommunikation. Paderborn: Schöningh 1982.

Bayer, Klaus/ Seidel, Brigitte: Gesprochene Sprache. Praxis Deutsch 24 (1977), 11–20.

Bayer, Klaus/Kreuder, H.-D.: Lernziel: Kommunikation. Stuttgart: Kohlhammer 1978.

Bayer, Klaus: Interview. In: Praxis Deutsch 24 (1977), 60–64.

Bayer, Klaus: Mündliche Kommunikation. In: Hopster, Norbert (Hrsg.): Handbuch ‚Deutsch' Sekundarstufe I. Paderborn: Schöningh 1984, 307–333.

Beck, Götz: Funktionale Textmuster und die Formen ihrer internen Verknüpfung. In: DU 40 (1988), H. 6, 6–27.

Becker, Tabea: Mündliche Kommunikation. In: Lange, Günter/Weinhold. Swantje (Hrsg.): Grundlagen der Deutschdidaktik. Sprachdidaktik – Mediendidaktik – Literaturdidaktik. Hohengehren: Schneider 2005, 55–72.

Becker, Tabea: Mündliches und schriftliches Erzählen. Ein Vergleich unter entwicklungstheoretischen Gesichtspunkten. In: Didaktik Deutsch 12 (2002), 23–38.

Becker-Mrotzek, Michael: Präsentieren. In: Praxis Deutsch 190 (2005), 6–13.

Becker-Mrotzek, Michael/Brünner, Gisela: Gesprächsanalyse und Gesprächsführung. In: RAAbits Deutsch/Sprache. Impulse und Materialien für die kreative Unterrichtsgestaltung. Heidelberg: Raabe 1997 (= 13. Erg.-lieferung).

Becker-Mrotzek, Michael/Quasthoff, Uta: Unterrichtsgespräche zwischen Gesprächsforschung, Fachdidaktik und Unterrichtspraxis. In: Der Deutschunterricht 50 (1998), H. 1, 3–11.

Beisbart, Ortwin/Marenbach, Dieter: Einführung in die Didaktik der deutschen Sprache und Literatur. Donauwörth: Auer, 7. erg. u. bearb. Aufl. 1997.

Beisbart, Ortwin/Michael Krejci: Sprechanlässe. Ein Beitrag zum mündlichen Sprachgebrauch im Deutschunterricht. In: Pädagogische Welt 321 (1977), H. 10, 605–615.

Beisbart, Ortwin: der Ton macht nicht nur die Musik. Plädoyer für das Vorlesen in der Schule sowie einige Ratschläge für die Vermittlung dieser Fähigkeit. In: ders./Ulrich Eisenbeiß/Gerhard Koß/Dieter Marenbach (Hrsg.): Leseförderung und Leseerziehung. Theorie und Praxis des Umgangs mit Büchern für junge Leser. Donauwörth. Auer 1993, 167–176.

Benz-Irmscher, Hannerose: Rhetorische Bausteine. In: Praxis Deutsch 144 (1997), 32–35.

Berens, Franz-Josef: Analyse des Sprachverhaltens im Redekonstellationstyp ‚Interview'. Eine empirische Untersuchung. München: Hueber 1975.

Berkemeier, Anne: Präsentieren und Moderieren im Deutschunterricht. Hohengehren: Schneider 2006.

Berkemeier, Anne/Pfenning, Lothar: Den Zuhörer im Blick: Jugendbücher erfolgreich präsentieren. Mündliche Präsentationen üben und bewerten. In: Deutschunterricht 5/2006, 20–25.

Berthold, Siegwart: Einleitung in ein mündliches Referat. Eine Übung zum freien Sprechen. In: Praxis Deutsch 144 (1997a), 44–46.

Berthold, Siegwart: Reden lernen im Deutschunterricht. Überarb. u. erw. Neuaufl. Essen 1997b.

Berthold, Siegwart: Rede und Gespräch. In: Neue deutsche Schule 49 (1997), H. 11, 18 f.

Berthold, Siegwart Rhetorische Kommuniaktion. In: Bredel, Ursula et al. (Hrsg.): Didaktik der deutschen Sprache. Paderborn: Schöningh 2003, 148–159.

Beste, Gisela: Sprechen, Zuhören und Mündlichkeit. In: Michael Kämper-van den Boogaart (Hrsg.): Deutschdidaktik. Leitfaden für die Sek. I und II. Berlin: Cornelsen Scriptor 2003, 263–273.

Biederbick, Dankwart: Sich frei sprechen. Spielerische Vorübungen zur Förderung der Redefähigkeit. In: Praxis Deutsch 144 (1997), 47–49.

Bleckwenn, Helga/Loska, Rainer: „Phantasiereise". Imaginative Verfahren im Deutschunterricht. Pädagogik 12 (1988), 25–35 (ausführlichere Fassung in: Themenzentrierte Interaktion 1/1989, 54–71).

Blumensath, Heinz: Ein Text und seine Inszenierung. In: Praxis Deutsch 115 (1992), 27–29.

Boeuke, Dietrich et al.: Wie Kinder erzählen. Untersuchungen zur Erzähltheorie und zur Entwicklung narrativer Fähigkeiten. München 1995.

Boeuke, Dietrich/Frieder Schülein: „story grammars". Zur Diskussion um ein erzählstrukturelles Konzept und seine Konsequenzen für die Erzähldidaktik. In: Wirkendes Wort 38 (1988), 125–143.

Boeuke, Dietrich/Schülein, Frieder: Beobachtungen zum Verlauf der Entwicklung kindlicher Erzählfähigkeit. In: E. Neuland/H. Bleckwenn (Hrsg.): Stil – Stilistik – Stilisierung. Linguistische, literaturwissenschaftliche und didaktische Beiträge zur Stilforschung. Frankfurt a.M.; Bern; N.Y.; Paris: P. Lang 1991a, 71–86.

Bollnow, Otto F.: Sprache und Erziehung. Stuttgart: Kohlhammer 1966.

Boueke, Dietrich/Wolfgang Klein (Hrsg.): Untersuchungen zur Dialogfähigkeit von Kindern. Tübingen: Narr 1983.

Bredel, Ursula et al. (Hrsg.): Didaktik der deutschen Sprache. Paderborn: Schöningh 2003, Bd. 1, Kap. II: Sprechen und Hören.

Brunken, Otto: Jede Menge Leben – daily soaps im geschlechterdifferenzierenden Unterricht. In: Praxis Deutsch 143 (1997), 42–47.

Brünner, Gisela: Mündliche Kommunikation im Beruf – zur Vermittlung professioneller Gesprächskompetenz. In: Deutschunterricht 59 (2007), H. 1, 39–48.

Bühler, Karl: Ausdruckstheorie (1933); 2., unveränd. Aufl. Stuttgart: G. Fischer 1968.

Bühler, Karl: Die Darstellungsfunktion der Sprache (1934). Stuttgart: Fischer 1982.

Christ, Hannelore et al.: „Ja, aber es kann doch sein ...". In der Schule literarische Gespräche führen. Frankfurt a.M.: P. Lang 1995.

Claussen, Claus/Valentin Merkelbach: Erzählwerkstatt. Mündliches Erzählen. Braunschweig 1995.

Claussen, Claus: Tipps fürs Vorlesen. In: Praxis Deutsch 199 (2006), 14.

Cohn, Ruth: Von der Psychoanalyse zur themenzentrierten Interaktion. Stuttgart: Klett 1983 6. Aufl.

Dehn, Mechthild/Ute Warm: Grundschul-Kolloquium ‚Erzählen und Zuhören'. In: Grundschule 1/1986, 34–41.

Dehn, Mechthild/Wilhelm Dehn: Erzählstruktur und Lernprozeß. In: DU 32 (1980), H. 2, 94–104.

Der Deutschunterricht 50 (1998), H. 1: Unterrichtsgespräche zwischen Gesprächsforschung, Fachdidaktik und Unterrichtspraxis.

Dijk, Teun A. van: Textwissenschaft. Eine interdisziplinäre Einführung. Tübingen: Niemeyer; München: dtv 1980, bes. 68–95 (Pragmatik) und 221–267 (Text und Interaktion – Das Gespräch).

Dolle-Weinkauf, H./Ewers, Hans-Heino (Hrsg.): Erzählen und Erzählliteratur im Kindesalter. Weinheim: Beltz 1991.

Drach, Erich: Sprecherziehung. Die Pflege des gesprochenen Wortes in der Schule. München 1953 (12. Aufl.).

Dyck, Joachim (Hrsg.): Rhetorik in der Schule. Kronberg: Scriptor 1974.

Eberle, Annette (Hrsg.): Filmschule. Anregungen, Methoden, Beispiele. Frankfurt a.M.: Bundesverband Jugend + Film 1998.

Ecker, Hans-Peter et al.: Textform Interview. Darstellung und Analyse eines Kommunikationsmodells. Düsseldorf 1977.

Eggert, Heinz/ Rutschky, Michael (Hrsg.): Literarisches Rollenspiel in der Schule. Heidelberg: medium lit. 10, 1978.

Eggert, Heinz: Literarische Rollenspiele. In: Der Deutschunterricht 1980, H. 4, 80–86.

Ehlich, Konrad (Hrsg.): Erzählen in der Schule. Tübingen: Narr 1984.

Ehlich, Konrad (Hrsg.): Erzählen im Alltag. Frankfurt a.M.: Suhrkamp 1980.

Ehlich, Konrad: Alltägliches Erzählen. In: Sanders, Willy/Wegenast, Klaus (Hrsg.): Erzählen für Kinder – Erzählen von Gott. Begegnung zwischen Sprachwissenschaft und Theologie. Stuttgart; Berlin; Köln; Mainz: Kohlhammer 1983, 128–165.

Ehlich, Konrad/Rehbein, Jochen: Sprachliche Handlungsmuster. In: Soeffner, H.-G. (Hrsg.): Interpretative Verfahren in den Sozial- und Textwissenschaften, Stuttgart: Metzler 1979, 243–274.

Ehrlich, Miriam/Vopel, Klaus W.: Phantasiereisen. Hamburg: Isko-Press 1987.

Eisenberg, Peter/Klotz, Peter (Hrsg.): Sprache gebrauchen, Sprachwissen erwerben. Stuttgart: Klett 1993.

Ekman, Paul/Friesen, Wallace V.: The Repertoire of Nonverbal Behaviour: Categories, Origins, Usage and Coding. In: Semiotica 1/1969, 49 ff.

Feilke, Helmuth: „Der Stand der Dinge". Berichten und Berichte. In: Praxis Deutsch 195 (2006), 6–16.

Feilke, Helmuth: Beschreiben und Beschreibungen. In: Praxis Deutsch 182 (2003), 6–15.

Feilke, Helmuth: common-sense-Kompetenz. Überlegungen zu einer Theorie des ‚sympathischen' und ‚natürlichen' Meinens und Verstehens. Frankfurt a.M.: Suhrkamp 1994.

Fienemann, Jutta/v. Kügelgen, Rainer: Formen mündlicher Kommunikation in Lehr- und Lernprozessen. In: Bredel, U. et al. (Hrsg.) Didaktik der deutschen Sprache. Paderborn: Schöningh 2003, 133–147.

Finkenzeller, Kurt: Rhetorik und nonverbales Verhalten. In: Praxis Deutsch 144 (1997), 40–43.

Forytta, Claus/Linke, Jürgen: Ist Unterricht „gestörte Kommunikation"? Eine Untersuchung zum sprachlichen Handeln im Unterricht der Primarstufe. 2 Bde. München: Minerva 1981.

Forytta, Claus: „Das kann ja keine autobahn sein, da sind in der mitte nie bäume." Sprachliches handeln im primarstufenunterricht. Analyse einer unterrichtssequenz. In: Diskussion Deutsch 12 (1981), H. 60, 346–355.

Freudenreich, Dorothea u.a.: Rollenspiel und soziales Lernen im Unterricht. In: K. J. Kreuzer: Handbuch der Spielpädagogik. Düsseldorf: Schwann 1983. Bd. 2.

Freudenreich, Dorothea/Sperth, Klaus: Stundenblätter: Rollenspiele Literaturunterricht. Sekundarstufe I. Stuttgart: Klett 1983.

Fricke, R./Thiele, H.: Trainingskurse zur Veränderung des Lehrerverhaltens. In: Kury, H. (Hrsg.): Interdisziplinäre Beiträge zur kriminologischen Forschung. Köln 1982.

Fritz, Jürgen (Hrsg.): Interaktionspädagogik. Methoden und Modelle. München. Juventa 1975.

Fritzsche, Joachim: Wie Kinder das Erzählen lernen. In: Ewers, Hans-Heino et al. (Hrsg.): Kinder- und Jugendliteraturforschung 1995/96. Stuttgart; Weimar: Metzler 1996, 109–118.

Fröhlich, Pea: Rollenspiel und Sozialverhalten. Frankfurt a.M.: Haag + Herchen 1981.

Frommer, Harald: Lesen und Inszenieren. Produktiver Umgang mit dem Drama auf der Sekundarstufe. Stuttgart: Klett 1995.

Frommer, Harald: Ein kleines Praktikum in Erzähltheorie. In: ders./Körsgen, Siegfried (Hrsg.): Über das Fach hinaus. Fachübergreifender Unterricht. Praktisches Lernen. Pädagogische Tradition. Düsseldorf: Schwann 1989, 221–225.

Frommer, Harald: Erzählen. Eine Didaktik für die S I und II. Frankfurt a.M.: Cornelsen Scriptor 1992.

Frommer, Harald: Warum nicht Nacherzählen? Eine methodische Anregung für den Literaturunterricht auf allen Stufen. In: DU 36 (1984), H. 2, 21–36.

Fuchs, Anna: Erzählen in der Schule und spontanes Erzählen. In: Ehlich (Hrsg.) 1984, 176–200.

Fuchs, Claudia: Interaktionen im Unterricht. In: Diskussion Deutsch (20) 1989, H. 105, 90–99.

Gardt, Andreas: Die zwei Funktionen von Sprache: kommunikativ und sprecherzentriert. In: ZGL 23 (1995), 153–171.

Geißner, Hellmut: Sprecherziehung. Didaktik und Methodik der mündlichen Kommunikation. Königstein/Ts.: Scriptor 1982.

Geißner, Hellmut: Über Hörmuster. Gerold Ungeheuer zum Gedenken. In: Gutenberg. Norbert (Hrsg.): Hören und Beurteilen. Gegenstand und Methode in Sprechwissenschaft, Sprecherziehung, Phonetik, Linguistik und Literaturwissenschaft. Frankfurt a.M. 1984, 13–56.

Geißner, Hellmuth: rhetorik (bsv-Studienmaterial), München: Oldenbourg, 3. Aufl. 1978.

Geißner, Hellmuth: Rhetorische Kommunikation. In: Praxis Deutsch 33 (1979), 10–21.

Geißner, Hellmuth: Sprecherziehung. Didaktik und Methodik der mündlichen Kommunikation. Königstein: Scriptor 1982.

Geißner, Ursula: Gesprächserziehung in der Grundschule. In: Hannig, Christian (Hrsg.): Deutschunterricht in der Primarstufe. Neuwied 1978.

Goffman, Erving: Wir alle spielen Theater. Die Selbstdarstellung im Alltag. München: Piper, Neuausg. 1983.

Gora, Stephan: Grundkurs Rhetorik. Eine Hinführung zum freien Sprechen. Stuttgart: Klett 1995 (Schüler- u. Lehrerheft).

Grundschule 1985, H. 1: Narrative Unterrichtskultur.

Grundschule 1986, H. 1: Literarisches Erzählen.

Grünwaldt, Hans Joachim: Mündliche Kommunikations-Übungen. Handreichungen für die Unterrichtspraxis. Frankfurt a.M. 1984.

Grünwaldt, Hans Joachim: Zur Didaktik und Methodik mündlicher Kommunikations-Übungen. In: DU 50 (1998), H. 1, 65–73.

Gudjons, Herbert: Spielbuch Interaktionserziehung. Bad Heilbrunn: Klinkhardt 1977; 5. Aufl. 1992.

Gumbrecht, Hans Ulrich: Erzählen in der Literatur – Erzählen im Alltag. In: Ehlich, Konrad (Hrsg.) 1980, 403–419

Gutenberg, Norbert: Sprecherische Arbeit an Gedichten. Eine Methodenübersicht. In: Berthold, Siegwart (Hrsg.): Gedichte sprechen und interpretieren: Konzepte und Beispiele für den Deutschunterricht ab 5. Schuljahr. Godesberg 1985, 11–24.

Hallberg, Peter: Gesprochene Sprache – Gegenstand der Didaktik? Diss. Kassel 1985.

Häntzschel, Günter: Deklamation. In. Reallexikon der deutschen Literaturwissenschaft, hg. v. Klaus Weimar. Berlin; New York: de Gruyter 1997, Bd. I, 332–334.

Härle, Gerhard/ Steinbrenner, Marcus (Hrsg.): Kein endgültiges Wort. Die Wiederentdeckung des Gesprächs im Literaturunterricht Hohengehren: Schneider 2004.

Hausendorf, Heiko/Dagmar Wolf: Erzählentwicklung und -didaktik. Kognitions- und interaktionstheoretische Perspektiven. In: DU 50 (1998), H. 1, 38–52.

Havelock, Eric A.: Gesprochener Laut und geschriebenes Zeichen. In: Pias, Claus et al. (Hrsg.): Kursbuch Medienkultur. Die maßgeblichen Theorien von Brecht bis Baudrillard. DVA 1999, 81–94. (auch in: Eric A. Havelock, Eric A.: Schriftlichkeit. Das griechische Alphabet als kulturelle Revolution. Weinheim 1990).

Heilmann, Christa: Redebaustein „Zurückweisung". In: Praxis Deutsch 144 (1997), 50–53.

Henne, Helmut/Rehbock, Heinz: Einführung in die Gesprächsanalyse. Berlin: de Gruyter 1982.

v. Hentig, Hartmut: Die Menschen stärken, die Sachen klären. Ein Plädoyer für die Wiederherstellung der Aufklärung. Stuttgart: Reclam 1985.

Henze, Hanne: Referieren. In: Praxis Deutsch 21 (1977), 53–57.

Herold, Theo: Literarisches Erzählen – Erzählen in der Schule (5./6. Schuljahr). In: Praxis Deutsch 49 (1981), 46–49.

ISB (Hrsg.): Handreichung zum Mündlichen Sprachgebrauch an bayerischen Gymnasien Dillingen 1995.

Ingendahl, Werner: Szenische Spiele im Deutschunterricht. Düsseldorf: Schwann 1981.

Janning, Jürgen: Zur sprechgestaltenden Gedichtinterpretation auf der Sekundarstufe I. In: Der Deutschunterricht 32 (1980), H. 1, 35–39.

Jesch, Jörg/Stoffel, Rainer M.: Informierendes Sprechen. In: Ockel, Eberhard (Hrsg.): Sprechwissenschaft und Deutschdidaktik FS für W. L. Höffe. Kastellaun: Henn 1977, 183–204.

Jesch, Jörg: Informierendes Sprechen. In: Praxis Deutsch 33 (1979), 48–50.

Johnstone, Keith: Improvisation und Theater. Berlin: Alexander 1993 (engl. 1981).

Kallmeyer, Werner (Hrsg.): Kommunikationstypologie. Handlungsmuster, Textsorten, Situationstypen. Düsseldorf: Schwann 1986.

Kallmeyer, Werner: Gestaltungsorientiertheit in Alltagserzählungen. In: Kloepfer, Rolf/ Janetzke-Dillner, Gisela (Hrsg.): Erzählung und Erzählforschung im 20. Jahrhundert. Mainz: Kohlhammer 1981, 409–429.

Kepser, Matthis: Rhetorik des Effekts. Sprachbewusster Umgang mit MSPowerPoint im Deutschunterricht. In: Marci-Boehncke, Gudrun/Rath, Matthias (Hrsg.): BildTextZeichen lesen. München: kopaed 2006, 55–65.

Klein, Wolfgang: Gesprochene Sprache – geschriebene Sprache. In: Zeitschrift für Literaturwissenschaft und Linguistik 59 (1985), 9–35.

Kliewer, Heinz-Jürgen/Pohl, Inge (Hrsg.): Lexikon Deutschdidaktik. Hohengehren: Schneider 2006. „Mündlicher Sprachgebrauch" (S. 523–530) und „Mündlicher Sprachgebrauch als Lerngegenstand" (S. 530–535).

Klinge, Rudolf: Szenisches Interpretieren. In: Der Deutschunterricht 1980, H. 4, 87–97.

Klöckner, Klaus: „... durchs Ohr vermittels Sprache". Originalton als notwendige Voraussetzung der Reflexion über Sprache. In: Hohberg, Rudolf (Hrsg.): Texterfahrungen. Franz Hebel zum 60. Geburtstag. Frankfurt a.M.: Athenäum 1986, 167–174.

Klotz, Peter/Sieber, Peter (Hrsg.): Vielerlei Deutsch. Umgang mit Sprachvarietäten in der Schule. Stuttgart: Klett 1993.

Kluckhuhn, Rainer: Rollenspiel in der Hauptschule. Braunschweig: Westermann 1978.

Kochan, Barbara (Hrsg.): Rollenspiel als Methode sprachlichen und sozialen Lernens. Kronberg/Ts.: Scriptor 1974. 2. Aufl. 1981.

Kochan, Barbara: Rollenspiel, Planspiel. In: Stocker, Karl (Hrsg.): Taschenlexikon der Literatur- und Sprachdidaktik. Frankfurt: Hirschgraben (1976). 2. Aufl. 1987.

Kochan, Barbara: Sprachgebrauch, mündlich. In: Stocker, Karl (Hrsg.): Taschenlexikon der Literatur- und Sprachdidaktik, Bd. 2, Kronberg: Scriptor/Frankfurt a.M.: Hirschgraben (1976), 2. Aufl. 1987, 486–493.

Kochan, Barbara: Szenisches Spielen. In: Praxis Deutsch (1976) H. 20, 10–18.

Kochan, Detlef C./Wallrabenstein, Wulf (Hrsg.): Ansichten eines kommunikationsbezogenen Deutschunterrichts. Kronberg: Scriptor 1974.

Kochan, Detlef C.: Sprachdidaktische Hinweise zum Problem gestörter Kommunikation. In: Braun, P./Krallmann, D. (Hrsg.): Handbuch Deutschunterricht. Düsseldorf: Schwann 1983. Bd. 1, 225–248.

Kopfermann, Thomas: Produktives Verstehen von Literatur. Ein Kurs auf der Oberstufe. Stuttgart: Klett 1994.

Kopperschmidt, Josef (Hrsg.): Rhetorik. Bd. 1: Rhetorik als Texttheorie; Bd. 2: Wirkungsgeschichte der Rhetorik. Darmstadt: Wiss. Buchgesellschaft 1990.

Krämer, Felix: SpielFilmSpiel. Szenisches Interpretieren von Film im Rahmen von Literaturdidaktik und Medienerziehung. München: Kopaed 2006.

Krappmann, Lothar: Lernen durch Rollenspiel. In: M. Klewitz/H.-W. Nickel (Hrsg.): Kindertheater und Interaktionspädagogik. Stuttgart: Klett 1972, 37–57.

Kunz, Marcel: Spieltext und Textspiel. Szenische Verfahren im Literaturunterricht der S II. Velber: Kallmeyer'sche Verlagsbuchhandlung 1997.

Labov, William/Joshua Waletzky: Narrative Analysis: oral version of personal experience (1967); zit. nach: Ihwe, Jens (Hrsg.). Literaturwissenschaft und Linguistik. Frankfurt a.M.: Athenäum 1978. Bd. 2, 78–126.

Langenmayr, Margret: Lese-Erfahrungen im Gruppengespräch. Ein Beitrag zur psychoanalytischen Erforschung literarischer Rezeptionsprozesse. Frankfurt a.M.: P. Lang u.a. 1993 (Diss. München 1992).

Langhammer, Ralf: „Ich bin dafür!" – Debattieren in den Klassen 9 und 10. Anwendung eines einfachen Debattenformats. In: Deutschunterricht 5 (2006), 8–13.

Linke, Angelika/Sitta, Horst: Gespräche: Miteinander reden. In: Praxis Deutsch 83 (1987), 14–25.

Linke, Angelika/Voigt, Gerhard: Sprachen in der Sprache. Soziolinguistik heute: Varietäten und Register. In: Praxis Deutsch 110 (1991), 12–20.

Luchtenberg, Sigrid: Entwicklung mündlicher Fähigkeiten im mehrsprachigen Kontext. In: Bredel, Ursula et al. (Hrsg.): Didaktik der deutschen Sprache. Paderborn: Schöningh 2003, 121–132.

Luckmann, Thomas: Identität, Rolle, Rollendistanz. In: Marquardt, Odo/Stierle, Karlheinz (Hrsg.): Identität. München: Fink 1979, 293–313.

Ludwig, Otto/Menzel, Wolfgang: Diskutieren als Gegenstand und Methode des Deutschunterrichts. In: Praxis Deutsch 14 (1976), 13–22.

Lüschow, Frank/Pabst-Weinschenk, Marita (Hrsg.): Mündliche Kommunikation als kooperativer Prozeß. Sprechwissenschaftliche Arbeitsfelder. FS für Elmar Bartsch. Frankfurt a. M.; Bern; N.Y.; Paris: Lang 1991.

Maas, Utz/Wunderlich, Dieter: Pragmatik und sprachliches Handeln. Mit einer Kritik am Funkkolleg Sprache. Frankfurt a. M.: Athenäum 1972.

Maas, Utz: Sprachliches Handeln I: Auffordern, Fragen, Behaupten. In: Funkkolleg Sprache. Eine Einführung in die moderne Linguistik. Frankfurt a. M.: Fischer 1973. Bd. 2, 144–157.

Maas, Utz: Sprachliches Handeln II: Argumentation. In: Funkkolleg Sprache. Eine Einführung in die moderne Linguistik. Frankfurt a. M.: Fischer 1973. Bd. 2, 158–178.

Marenbach, Dieter: Mündliche Sprachgestaltung und Kommunikation. In: Päd. Welt 28 (1974), H. 10, 602–609.

Martin, Jean-Pol: Das Projekt ‚Lernen durch Lehren' – fachdidaktische Forschung im Spannungsfeld von Theorie und selbsterlebter Praxis. In: Liedtke, Max (Hrsg.): Gymnasium: neue Formen des Unterrichts und der Erziehung. Bad Heilbrunn/Obb.: Klinkhardt 1998, 151–166.

Martin, Jean-Pol: Lernen durch Lehren (LdL). In: Die Schulleitung – Zeitschrift für pädagogische Führung und Fortbildung in Bayern 29 (2002), Heft 4, 3–9.

Masanek, Nicole: Fördern durch Vorlesen. Kinder unterstützen sich gegenseitig als Lesepaten und Lesecoaches. In: Praxis Deutsch 199 (2006), 34 f.

Mattern, Kirsten: Mein Star heißt Pippi Langstrumpf. Eine Filmfigurenanalyse. In: Praxis Deutsch 175 (2002), 22–26.

Matthias, Dieter: Assoziationstraining mit Videoclips. Meine kleine Schwester von Spectacoolär. In: Praxis Deutsch 153 (1999), 29–34.

Mayor, Guy André: Gespräche führen, Interviews zu Schulproblemen vor- und nachbereiten. In: Praxis Deutsch H. 83 (1987), 39–41.

Menzel, Wolfgang: Texte zum Vorlesen vorbereiten. In: Praxis Deutsch 104 (1990), 26–33.

Merkel, Johannes/Nagel, M. (Hrsg.): Erzählen: die Wiederentdeckung einer vergessenen Kunst. Reinbek: Rowohlt 1982.

Merkel, Johannes: Den Kindern Geschichten mit Händen und Füßen erzählen. In: päd.extra 1980, H. 2, 22–26.

Merkelbach, Valentin: Über literarische Texte sprechen. In: Der Deutschunterricht 50 (1998), H. 1, 74–82.

Merkelbach, Valentin: Zur Theorie und Didaktik des literarischen Gesprächs. In: Christ, Hannelore et al. (Hrsg.): „Ja, aber es kann doch sein ...". In der Schule literarische Gespräche führen. Frankfurt a.M.: P. Lang 1995, 12–52.

Metzger, Klaus: Stimmpflege – Spiele – Situationen. Anregungen und Ideen für das freie Sprechen. In: Praxis Deutsch 144 (1997), 23–25.

Mihm, Arend: Mündliche Kommunikation im Deutschunterricht. In: Sowinski, Bernhard (Hrsg.): Fachdidaktik Deutsch. Köln: Böhlau (1975), 2. Aufl. 1980, 84–103.

Mihm, Arend: Mündliche Kommunikation. In: Zabel, H. (Hrsg.): Studienbuch: Einführung in die Didaktik der deutschen Sprache und Literatur. Paderborn: Schöningh 1981, 184–195.

Mönnich, Annette: Miteinander sprechen – eine Form gemeinsamen Handelns. In: Deutschunterricht 5 (2006), 4–7.

Mönnich, Annette: Übungen zur Verbesserung der Teamkommunikation. In: Deutschunterricht 5 (2006), 29–35.

Muckenhaupt, Manfred: Lernziel sprachlichen Handelns. Beispiele für einen kommunikativen Sprachunterricht in der Sekundarstufe I. München 1978.

Müller, Astrid: Wissen und Schreiben. Ergebnisse und Folgerungen aus der Aufsatzstudie Ost. Frankfurt a.M.: Peter Lang 1997.

Neuland, Eva: Sprachbarrieren oder Klassensprache? Untersuchungen zum Sprachverhalten im Vorschulalter. Frankfurt a.m.: Fischer 1975.

Nündel, Ernst: Grundzüge einer Didaktik der sprachlichen Kommunikation. In: Braun, B./Krallmann, D. (Hrsg.): Handbuch Deutschunterricht. Düsseldorf: Schwann 1983. Bd. 1, 209–223.

Nündel, Ernst: Zur Grundlegung einer Didaktik des sprachlichen Handelns. Kronberg: Scriptor 1976.

Ockel, Eberhard: Rhetorik im Deutschunterricht. Untersuchungen zur didaktischen und methodischen Entwicklung mündlicher Kommunikation. Göppingen: Kümmerle 1974 (bes. 1–43 und 52–156).

Ockel, Eberhard: Vorlesen als Aufgabe und Gegenstand des Deutschunterrichts. Hohengehren: Schneider 2000.

Oksaar, Els: Sprachkultur und mündliche Kommunikation. In: Der Deutschunterricht 37 (1985), H. 1, 6–20.

Ong, Walter J.: Oralität und Literalität. Die Technologisierung des Wortes. Opladen: Westdt. Verlag 1987.

Ossner, Jakob: Sprachdidaktik Deutsch. Eine Einführung. Paderborn u.a.: Schöningh 2006.

## LITERATUR

Oswald, Hans: Interaktion. In: Enzyklopädie Erziehungswissenschaften, hrsg. v. D. Lenzen. Stuttgart: Klett-Cotta 1983, Bd. 1, 446–451.

Pabst-Weinschenk, Marit/Berthold, Siegwart (Hrsg.): Sprecherziehung im Unterricht. München: Reinhardt 1997.

Pabst-Weinschenk, Marita: Stichwörter würfeln. Ein Spiel zur Förderung freien Redens. In: Praxis Deutsch 144 (1997), 36–39.

Pabst-Weinschenk, Marita: Geschichte der Sprech- und Gesprächsdidaktik. In: Bredel, Ursula et al. (Hrsg.): Didaktik der deutschen Sprache. Paderborn: Schöningh 2003, 93–106.

Payrhuber, Franz-Josef: Gesprochene Sprache, rhetorische Kommunikation und mündliche Spracharbeit im Deutschunterricht des Sekundarbereichs. In: Lehmann, Jakob/Stocker, Karl (Hrsg.): Deutsch 2. Fachdidaktisches Studium in der Lehrerbildung. München: Oldenbourg 1981, 44–54.

PD 144 (1998): Reden lernen.

Praxis Deutsch 2 (1974): Sprache als soziales Handeln.

Praxis Deutsch 30 (1978): Gestörte Kommunikation.

Praxis Deutsch 33 (1979): Rhetorische Kommunikation.

Perrig, Walter J.: Vorstellungen und Gedächtnis. Berlin; Heidelberg 1988.

Polz, Marianne: Mündlicher Sprachgeberauch. In: Kliewer, Heinz-Jürgen/Pohl, Inge (Hrsg.): Lexikon Deutschdidaktik. Hohengehren: Schneider 2006, 523–530.

Polz, Marianne: Mündlicher Sprachgebrauch als Lerngegenstand. In: Kliewer, Heinz-Jürgen/Pohl, Inge (Hrsg.): Lexikon Deutschdidaktik. Hohengehren: Schneider 2006, 530–535.

Portmann, Paul R.: Kommunikation als Problem der Sprachdidaktik. Untersuchungen zur Integration kommunikationstheoretischer Modelle in einigen neueren Theorien des Sprachunterrichts. Tübingen: Niemeyer 1981.

Potthoff, Ulrike/Steck-Lüschow, Angelika/Zitzke, Elke: Gespräche mit Kindern. Berlin: Cornelsen Scriptor 1995.

Pschibul, Manfred: Mündlicher Sprachgebrauch. Verstehen und Anwenden gesprochener Sprache. Donauwörth: Auer 1980.

Quasthoff, Uta: Entwicklung mündlicher Fähigkeiten. In: Bredel, Ursula et al. (Hrsg.): Didaktik der deutschen Sprache. Paderborn: Schöningh 2003, 107–120.

Quasthoff, Uta: Erzählen in Gesprächen. Tübingen: Narr 1980.

Quasthoff, Uta: Soziales Vorurteil und Kommunikation – eine sprachwissenschaftliche Analyse des Stereotyps. Frankfurt a.M.: Athenäum Fischer 1973.

Rehberg, Sabine: Eine Zirkusschule für das Sprechen. In: Praxis Deutsch 144 (1997), 26–29.

Reinecke, Stefan: Assessment Center – fit für den Berufseinsteig. Eine Übung zur Selbstpräsentation. In: Deutschunterricht 5 (2006), 26–28.

Renk, Herta: Spielprozesse und szenisches Spiel im Deutschunterricht. In: Praxis Deutsch 76 (1986), 18–25.

Ritz-Fröhlich, Gertrud: Das Gespräch im Unterricht. Anleitung – Phasen – Verlaufsformen. Bad Heilbrunn: Klinkhardt 1977. 2. Aufl. 1982.

Rosenbusch, Heinz/Schober, Otto: Körpersprache in der schulischen Erziehung. Pädagogische und fachdidaktische Aspekte nonverbaler Kommunikation. Hohengehren: Schneider 1986.

Rosenbusch, Heinz: Unterricht, kommunikativ. In: Enzyklopädie Erziehungswissenschaften Bd. 3, 606–611.

Rotering-Steinberg, Sigrid: Gruppenpuzzle und Gruppenrallye. Beispiele für kooperative Arbeitsformen. In: Pädagogik 1/1992, 27–30.

Rütimann, Hansheinrich/ Thöny, Reto: Miteinander reden: Gespräche, Spiele, Übungen. In: Praxis Deutsch 83 (1987), 38.

Schank, Gerd/Schwitalla, Johannes: Gesprochene Sprache und Gesprächsanalyse. In: Lexikon der germanistischen Linguistik, hrsg. v. H. P. Althaus, H. Henne, H. E. Wiegand. 2., vollst. neubearb. u. erw. Aufl. Tübingen 1980, 313–322.

Schank, Gerd/Schönthal, Gisela: Gesprochene Sprache. Tübingen: Niemeyer 1976.

Schanze, Helmut (Hrsg.): Rhetorik. Beiträge zu ihrer Geschichte in Deutschland vom 16.–20. Jahrhundert. Frankfurt a.M.: Fischer 1974.

Schau, Albrecht: Handbuch szenisches Interpretieren. Stuttgart: Klett 1996.

Schau, Albrecht: Szenisches Interpretieren im Unterricht. Stuttgart: Klett 1991 (Reihe Werkstatt Literatur).

Schau, Albrecht: Szenisches Interpretieren. Konzeption – Modell – Versuch. In: Deutschunterricht 1992, H. 9, 430–435.

Scheffer, Bernd: Klischees und Routinen der Interpretation. Vorschläge für eine veränderte Literaturdidaktik. In: Der Deutschunterricht 47 (1995), H.3, 74–83.

Scheller, Ingo: Erfahrungsbezogener Unterricht. Praxis, Planung, Theorie. Königstein: Scriptor 1981.

Scherer, Klaus/Wallbott, H.G. (Hrsg.): Nonverbale Kommunikation: Forschungsberichte zum Interaktionsverhalten. Weinheim: Beltz 1979.

Scherer, Klaus: Die Funktion des nonverbalen Verhaltens im Gespräch. In: D. Wegner (Hrsg.): Gesprächsanalysen. Bonn: Buske 1977, 275–297.

Schlotthaus, Werner/Noelle, Karin: Kommunikationsprobleme mit der Kommunikation? In: Baurmann, Jürgen/Hoppe, Otfried (Hrsg.): Handbuch für Deutschlehrer. Stuttgart : Kohlhammer 1984, 19–40.

Schlüter, Hermann: Grundkurs Rhetorik. München: dtv 1974.

Schober, Otto (Hrsg.): Körpersprache im Deutschunterricht. Praxisanregungen zur nonverbalen Kommunikation für alle Schulstufen. Hohengehren: Schneider 2004.

Schoenke, Eva/Schneider, Irmela: Sprechen in unterschiedlichen Situationen. München: Hueber 1981.

Schoenke, Eva: Didaktik sprachlichen Handelns. Überlegungen zum Sprachunterricht in der Sekundarstufe I. Tübingen: Niemeyer 1991 (bes. 63–89).

Schoenke, Eva: Sprachliche Handlungsfelder im Deutschunterricht. In: Diskussion Deutsch 12 (1981), H. 60, 356–369.

Schön, Erich: Der Verlust der Sinnlichkeit oder Die Verwandlungen des Lesers. Mentalitätswandel um 1800. Stuttgart: Klett-Cotta 1987.

Schön, Walter: Rollenspiel als Unterrichtsmethode. Wien: Österreichischer Bundesverlag 1982.

Schreier-Hornung, Antonie: Aneinandervorbeireden. In: Praxis Deutsch 83 (1987), 42–47.

Schrödl, Dorothea: „Edi, mein Assistent". Erfahrungen mit einem Kommunikationsgerät. In: Zusammen. Behinderte und nicht behinderte Menschen 15 (1995), H. 9, 12 f.

Schulz von Thun, Friedrich: Miteinander reden. Allgemeine und differenzielle Psychologie der Kommunikation. 2 Bde. Reinbek: Rowohlt (1981/89) 1993.

Schuster, Karl: Aspekte des literarischen Rollenspiels. In: Grundschulunterricht, H. 4, 1993, 13–16.

Schuster, Karl: Das Spiel und die dramatischen Formen im Deutschunterricht. Baltmannsweiler: Schneider 1994.

Schuster, Karl: Theorie und Praxis des literarischen Rollenspiels. In: Blätter für den Deutschlehrer, H. 2, 1988, 33–46.

Schwitalla, Johannes: Über einige Weisen des gemeinsamen Sprechens. Ein Beitrag zur Theorie der Beteiligungsformen im Gespräch. In: Zeitschrift für Sprachwissenschaft 11 (1992), H. 1, 68–98.

Searle, John R.: Sprechakte. Ein sprachphilosophischer Essay. Frankfurt a. M.: Suhrkamp 1971.

Seidel, Günter: Spiel ohne Probe. Stegreifspiele mit Kindern von 7–12. München: Don Bosco 1989.

Spanhel, Dieter (Hrsg.): Schülersprache und Lernprozesse. Düsseldorf: Schwann 1973.

Spanhel, Dieter: Die Sprache des Lehrers. Düsseldorf: Schwann 1971.

Spinner, Kaspar H : Literarisches Lernen. In: Praxis Deutsch 2006, 6–16.

Spinner, Kaspar H.: Elemente der Gesprächserziehung (1.–4. Schuljahr). In: Praxis Deutsch 83 (1987), 29f.

Spinner, Kaspar H.: Reden lernen. In: Praxis Deutsch 144 (1997), 16–22.

Spinner, Kaspar H: Textanalyse im Unterricht. In: Praxis Deutsch 98 (1989), 19–23.

Staatsinstitut für Schulpädagogik und Bildungsforschung (Hrsg.): Handbuch Praktische Rhetorik. Donauwörth: Auer 1995.

Switalla, Bernd: Die Sprache als kognitives Medium des Lernens. In: Eisenberg, Peter/Klotz , Peter (Hrsg.): Sprache gebrauchen – Sprachwissen erwerben. Stuttgart: Klett 1993, 35–62.

Techtmeier, Bärbel: Das Gespräch. Funktionen, Normen und Strukturen. Berlin: Akademie-Verlag 1984.

Vogt, Rüdiger: Was heißt Gesprächserziehung? Institutionelle Bedingungen von mündlicher Kommunikation (nicht nur) in der Sekundarstufe I. In: Der Deutschunterricht 47 (1995), H. 1, 43–51.

Vogt, Rüdiger: „… ich wollte jetzt aufhören." Über die Schwierigkeiten, im Unterricht eine Diskussion zu einem Abschluss zu bringen. In: Der Deutschunterricht 50 (1998), H. 1, 14–25.

v. Hentig, Hartmut: Die Menschen stärken, die Sachen klären. Ein Plädoyer für die Wiederherstellung der Aufklärung. Stuttgart: Reclam 1985.

Waegner, Heinrich: Theaterwerkstatt. Von innen nach außen – über den Körper zum Spiel. Stuttgart: Klett 1994.

Wagner, Klaus R.: Erzähl-Erwerb und Erzählungs-Typen. In: Wirkendes Wort (1986), H. 2, 142–156.

Wallrabenstein, Wulf: Kinder befragen Passanten. In: Praxis Deutsch 12 (1975), 16–19.

Warm, Ute: Rollenspiel in der Schule. Tübingen: Niemeyer 1981.

Watzlawick, Paul/Beavin, Janet H./Jackson, Donald D.: Menschliche Kommunikation. Formen, Störungen, Paradoxien. Bern: Huber 1969.

Weihs, Angie: Freies Theater. Hamburg: Rowohlt 1981.

Weisgerber, Bernhard: Das Gespräch als Form und Ziel des Sprachunterrichts. In: ders. et al. (Hrsg.): Handbuch zum Sprachunterricht. Weinheim: Beltz 1983, 247–259.

Werlen, Erika u. Iwar: Gespräche anfangen (S II). In: Praxis Deutsch 83 (1987), 53–60.

Wermke, Jutta: „Hab a Talent, sei a Genie!" Kreativität als paradoxe Aufgabe. 2 Bde. Weinheim: Dt. Studienverlag 1989.

Wermke, Jutta: Die Kunst des Hörens – ein Desiderat der Deutschdidaktik. In: Josting, Petra et al. (Hrsg.): Bücher haben ihre Geschichte. Hildesheim: Olms 1996, 111–131.

Wermke, Jutta: Horchen – Hören – Lauschen. Zur Hörästhetik als Aufgabenbereich der Deutschdidaktik unter besonderer Berücksichtigung der Umweltwahrnehmung. In: Spinner, Kaspar H. (Hrsg.): Imaginative und emotionale Lernprozesse im Deutschunterricht. Frankfurt a.M.: P. Lang 1995, 193–216.

Werner, Johannes: Literatur im Unterrichtsgespräch – Die Struktur des literaturrezipierenden Diskurses. München: Vögel 1996 (Diss. Augsburg).

Wieler, Petra: Vorlesen in der Familie. Fallstudien zur literarisch-kulturellen Sozialisation von Vierjährigen. München: Juventa 1997.

Wieler, Petra: Gespräche über Literatur im Unterricht. In: Der Deutschunterricht 50 (1998), H. 1, 26–37.

Wintersteiner, Werner: Erzählen im Deutschunterricht. Bemerkungen zu einem vernachlässigten Thema. In: ide 3 (1990), 75–81.

Wolff, Gerhart: Sprechen und Handeln. Pragmatik im Deutschunterricht. Königstein: Scriptor 1981.

Wunderlich, Dieter: Lernziel Kommunikation. In: Diskussion Deutsch 6 (1975), H. 23, 263–277.

Wygotski, Lew S.: Denken und Sprechen. Frankfurt a.M.: Fischer 1986 (zuerst 1969).

Zeuner, S.: „Jetzt bin ich fünfzehn und denke nach." Gestaltpädagogisches Lehren und Lernen in der Klassengruppe. Pädagogik 5/1990, 17–23.

Zitzlsperger, Helga: Kinder spielen Märchen. Schöpferisches Ausgestalten und Nacherleben. Weinheim; Basel: Beltz Praxis 1984.

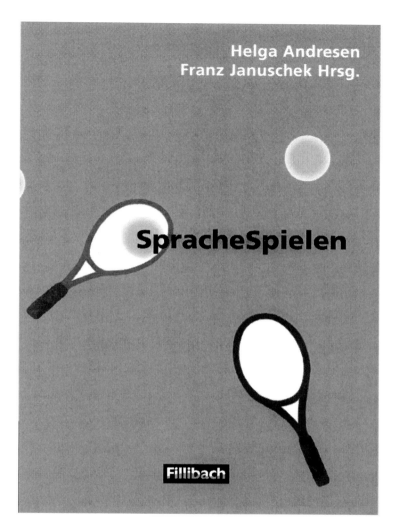

HELGA ANDRESEN, FRANZ JANUSCHEK HRSG., **SpracheSpielen**.
2007, ISBN 978-3-931240-41-7, 314 Seiten, Euro 21

Sprachspiele gehören zum unverzichtbaren Bestandteil des Sprachunterrichts und dienen keineswegs bloß zu dessen Auflockerung. Der Band spürt den vielfältigen Zusammenhängen von Sprache und Spiel aus den Perspektiven verschiedener wissenschaftlicher Disziplinen und Ansätze nach. Im Spiel lernen Kinder nicht nur sprechen und kommunizieren, sondern auch schon Sprache zu reflektieren und mit Sprache zu spielen. Insbesondere in sprachlich heterogenen Lerngruppen kann das Spielen mit Sprache seine Potenz zur Förderung von Verständigung und Sprachbewusstheit entfalten.

# Deutschdidaktik bei Fillibach

MECHTHILD DEHN, PETRA HÜTTIS-GRAFF HG.,
**Kompetenz und Leistung im Deutschunterricht – Spielraum für Muster des Lernens und Lehrens. Ein Studienbuch.** 2005, 978-3-931240-31-8, 256 Seiten, Euro 20

„Kompetenz" und „Leistung" werden häufig synonym gebraucht. In dem Band wird eine Differenzierung vorgeschlagen: Leisten ist als Lösen einer Aufgabe messbar, Aussagen über Kompetenz setzen Verstehensprozesse voraus. Die vielfältigen Bezüge von Lernen und Lehren haben wir als „Spielraum für Muster" konzipiert: Strukturen der Aneignung und Strukturierung von Lernfeldern, Musterbildung und Mustervorgabe.

PETRA WIELER HG., **Narratives Lernen in medialen und anderen Kontexten.**
2005, 978-3-931240-32-5, 216 Seiten, Euro 18,50

Die Beiträge thematisieren den Zusammenhang von Erzählentwicklung und sozialer Kognition sowie die Beziehung des mündlichen Erzählens zu schriftlichen Strukturierungsfähigkeiten; sie erörtern Erzählen als Sprachförderung von Migrantenkindern. Dabei geht es auch um die Bedeutung von Phantasiegeschichten für die Identitätsentwicklung, um die Wirkung des Erzählens, auch des Vorlesens, als Höreraktivierung und um ganzheitlich-ästhetische Sinneserfahrung.

SUSANNE RIEGLER, **Mit Kindern über Sprache nachdenken** – eine historisch-kritische, systematische und empirische Untersuchung zur Sprachreflexion in der Grundschule. 2006,
978-3-931240-40-0, 207 Seiten, Euro 19

In diesem Buch geht es um einen alternativen Ansatz des Nachdenkens über Sprache in der Grundschule, um Sprachreflexion, die mehr ist als Wort- und Satzlehre. Bewusst wird an den Spracherfahrungen von Kindern angesetzt, und es werden Kontinuitäten zwischen vor- und außerschulischen sowie schulischer Sprachreflexionen geschaffen.

SILKE HOLSTEIN, INGELORE OOMEN-WELKE,
**Sprachen-Tandem für Paare, Kurse, Schulklassen.** Ein Leitfaden für Kursleiter, Lehrpersonen, Migrantenbetreuer und autonome Tandem-Paare. 2006,
978-3-931240-37-0, 174 Seiten, Euro 14

Es geht um Fremdsprachenlernen und um Sprachbewusstheit in der Muttersprache, die in der Kooperation von Sprachpartnern entstehen. Diese autonomen Lernformen liefern Impulse auch für schulische Methoden und Motivation. Theoretische Grundlagen werden reflektiert, praktische Anleitungen erleichtern den Einstieg.

Fillibachstr. 16
79104 Freiburg
Tel. 0761-555.718
Fax 555.719
www.fillibach.de
inf@fillibach.de